W0176702

hänssler

Billy Graham

Was mir auf den Nägeln brennt

PERSÖNLICHE
LEBENSBERATUNG
VON
BILLY GRAHAM

Die Deutsche Bibliothek — CIP-Einheitsaufnahme

Graham, Billy:
Was mir auf den Nägeln brennt : persönliche Lebensberatung / von
Billy Braham. [Übersetzt von Eva Weyandt]. — Neuhausen-Stuttgart :
Hänssler,1992
   TELOS-Bücher ; 7601 : TELOS-Taschenbuch)
   Einheitsacht. : Answers to life's problems <dt.>
   ISBN 3-7751-1827-6
NE: GT

TELOS-Taschenbuch Nr. 7601
Bestell-Nr. 77.601
© Copyright 1960, 1988 by Billy Graham
© Copyright 1960, 1987, 1988 by Chicago Tribune-N.Y. News Syndi-
cate, Inc. Published by Word Publishing, Dallas, Texas
Originaltitel: Answers to Life's Problems
Übersetzt von Eva Weyandt
© Copyright der deutschen Ausgabe 1992 by Hänssler-Verlag, Neu-
hausen-Stuttgart
Titelbild: Bildagentur Mauritius
Umschlaggestaltung: Daniel Dolmetsch
Satz: AbSatz Ewert-Mohr, Klein Nordende
Printed in Germany

INHALT

Einführung 9

TEIL I   Beziehungen
1. Gibt es so etwas wie echte Liebe? 11
2. Gehört nicht zur Liebe auch die Sexualität? 21
3. Wir lieben uns nicht mehr 30
4. Wie sollen wir unsere Kinder erziehen? 56
5. Ich bin ein Teenager 85
6. Kann Gott mir bei meiner Arbeit helfen? 105
7. Brauche ich die Kirche wirklich? 119

TEIL II   Geistliche Nöte
8. Ich fürchte, mein Leben ist ruiniert 139
9. Ich fühle mich so leer 159
10. Kann das Gebet wirklich etwas bewirken? 183
11. Ich möchte Gottes Willen kennenlernen 193

TEIL III Psychische Probleme
12. Ich fühle mich so schuldig 205
13. Ich bin wütend 210
14. Ich werde immer deprimierter 219
15. Warum tue ich, was ich tue? 236
16. Ich habe Angst vor der Zukunft 248
17. Brauche ich einen Psychiater? 251
18. Gibt es ein Leben nach dem Tod? 259

TEIL IV   Ethische Fragen
19. Warum tut Gott nichts gegen das Böse
    in dieser Welt? 277
20. Wie können wir unterscheiden, was falsch
    ist und was richtig? 291
21. Christen in der Politik 307

TEIL V   Biblische Fragen

22. Beweisen Sie die Existenz Gottes 312
23. Wie sollten wir die Bibel lesen? 319
24. Sagt die Bibel etwas darüber, ob es
    Leben auf anderen Planeten gibt? 327
25. Kommt Jesus wieder? 329

Schlußbemerkung 334

Denn alle Schrift, von Gott
eingegeben, ist nütze zur Lehre,
zur Zurechtweisung, zur Besserung,
zur Erziehung in der Gerechtig-
keit, daß der Mensch Gottes
vollkommen sei, zu allem guten
Werk geschickt.
2. Timotheus 3,16-17

EINFÜHRUNG

Tips, wie man schnell zu Geld kommt, Krankheiten vermeiden und eine gute Figur bekommen kann, gibt es wie Sand am Meer. Eine ganze Schar von Astrologen und sonstigen »Profi-Propheten« für einschlägige Literatur verdient damit nicht schlecht. Doch kaum einer dieser Ratschläge ist etwas wert. Vieles basiert auf menschlicher Klugheit, falschen Hoffnungen oder Motiven — und am Ende stehen oft große Enttäuschungen, weil die Erwartungen zu hoch waren.

In Amerika wurde der Generation der 60er Jahre suggeriert, daß es notwendig sei, traditionelle Wertvorstellungen über Bord zu werfen. Die jungen Leute befreiten sich dann auch von allem, was sie als Einengung empfanden und wandten sich einem »alternativen Lebensstil« zu, in dem sie sich ohne Einschränkungen frei entfalten wollten. Die Bewegung wurde auf breiter Ebene kulturell unterstützt. Es wurde modern, »zu tun und zu lassen, was man wollte«.

Ein Artikel der Zeitschrift Rolling Stone berichtete vor einiger Zeit, daß viele, die sich dieser »konterkulturellen« Bewegung verschrieben und geglaubt hatten, was ihnen erzählt worden war, sich nun darum bemühten, ihren Kindern die Wertvorstellungen nahe zu bringen, die sie selbst zurückgewiesen hatten. Dem Bericht zufolge suchen viele »Blumenkinder« der sechziger Jahre, die zügellos Drogen und »freie« Liebe genossen hatten, heute Halt in der Psychologie.

Gibt es einen Maßstab, nach dem wir gute Ratschläge und Antworten auf Fragen über uns selbst und unser Leben beurteilen können?

Ja, den gibt es. Seit fast dreißig Jahren schreibe ich eine Zeitungskolumne mit der Überschrift »Meine Antwort«. Diese Kolumne ist mehr als meine Antwort auf die mir von vielen

Menschen gestellten Fragen. Meine Antworten sind auf das gegründet, was die Bibel uns sagt. Wenn es auch verschiedene Kulturen gibt und die Zeiten sich ändern, das Wort unseres Gottes bleibt für immer bestehen als unveränderliche Quelle für Antworten auf die Probleme des Lebens.

Präsident Reagan sagte ganz richtig, daß die Antwort auf jedes Lebensproblem in der Bibel gefunden werden könnte, wenn die Menschen sie nur lesen würden. Er hat recht, denn jedes Problem hat eine geistliche Ursache.

Vielleicht finden Sie in diesem Buch Antworten auf Fragen über Gott, die Bibel, zwischenmenschliche Beziehungen, Enttäuschungen an Ihrem Arbeitsplatz, die Welt oder viele andere Themen, die hier angesprochen sind. Viele haben uns geschrieben, daß diese Antworten ihnen geholfen haben. Ich bin davon überzeugt, daß einige von uns so viele ungelöste Probleme mit sich herumschleppen, weil wir Gottes Willen nicht kennen (oder seine Antworten von vornherein zurückgewiesen haben).

In meiner mehr als fünfzigjährigen Tätigkeit als Evangelist habe ich eine große Anzahl Bücher gelesen und mit vielen Psychologen und Experten anderer Gebiete gesprochen. Nirgendwo habe ich eine Informationsquelle gefunden wie die Bibel, mit ihren weisen Ratschlägen und einer Hoffnung, die über den Tod hinausreicht.

Ich bete darum, daß Sie durch das vorliegende Buch diese Quelle – und, was noch wichtiger ist – Gottes Plan für Ihre Erlösung durch Jesus Christus entdecken.

Billy Graham

TEIL I

BEZIEHUNGEN

1. GIBT ES SO ETWAS WIE ECHTE LIEBE?

Ich bin Anfang zwanzig und meine moralischen Wertmaßstäbe waren immer sehr hoch. Ich habe viele Verabredungen, doch ich bin, ehrlich gesagt, von den Männern ziemlich enttäuscht. Offenbar sind alle nur an Sex interessiert. Ich möchte aber als Person geliebt werden. Ich frage mich, ob es so etwas überhaupt noch gibt.

Vor einigen Jahren gab es ein Lied, in dem es hieß: »Ich suchte nach Liebe an den falschen Orten«. Heutzutage gibt es viel sogenannte Liebe, die keine wirkliche Liebe ist, sondern auf Selbstsucht und blanker Begierde beruht. Jeden Tag bekomme ich Briefe von Menschen, die geheiratet haben, um ihre eigenen, selbstsüchtigen Bedürfnisse zu befriedigen; erst später haben sie erkannt, daß das nicht funktioniert.

Aber es gibt noch echte Liebe — ehrliche, selbstlose Liebe. Von dieser Liebe spricht die Bibel; sie meint damit Gottes Liebe zu uns. In 1.Korinther 13,4-7 heißt es: „Die Liebe ist langmütig und freundlich, die Liebe eifert nicht, die Liebe treibt nicht Mutwillen, sie bläht sich nicht auf, sie verhält sich nicht ungehörig, sie sucht nicht das Ihre, sie läßt sich nicht erbittern, sie rechnet das Böse nicht zu, sie freut sich nicht über die Ungerechtigkeit, sie freut sich aber an der Wahrheit; sie erträgt alles, sie glaubt alles, sie hofft alles, sie duldet alles«.

Mein Gebet ist, daß Sie an Ihren Wertmaßstäben festhalten — später werden Sie froh darüber sein. Doch noch wichtiger ist, daß Sie diesen Bereich Ihres Lebens - und jeden anderen — Jesus Christus übergeben. Gott möchte Ihnen echte

Liebe zeigen, wenn Sie seine Liebe zu Ihnen verstehen lernen und erfahren. Er hat einen Plan für Ihr Leben — auch einen Ehemann, wenn es sein Wille ist, daß Sie heiraten. Seien Sie mit keinem anderen als dem zufrieden, den Gott für Sie bestimmt hat, wie schwer Ihnen das jetzt auch fallen mag.

Wir leben in einer Zeit, in der Gottes Wertmaßstäbe oft verächtlich als unmodern und nutzlos abgetan werden. Doch Gottes Maßstäbe haben sich nicht geändert, und auch nicht seine Versprechen, die er denen gegeben hat, die Christus nachfolgen. Es gibt so viele junge Männer, die Gott mit ihrem Leben ehren wollen und Sie sollten Gott vertrauen, daß er Sie den Weg führen wird, der für Ihr Leben der beste ist.

Mein Freund ist nicht vollkommen, und manchmal bezweifle ich, daß er je ein überlegt handelnder und gefühlvoller Ehemann sein wird. Ich habe Angst, mich von ihm zu trennen, denn ich frage mich, ob ich einen anderen Mann finde. Was soll ich tun?

Ich denke, viele Frauen, die das lesen, würden Ihnen gerne sagen: »Glauben Sie nicht, daß Sie den ersten besten Mann nehmen müßten. Wenn er jetzt egoistisch und gefühllos ist, dann wird er es auch als Ehemann sein. Ich habe früher auch so gedacht und habe meine Heirat bitter bereut!«

Natürlich ist kein Mann und keine Frau vollkommen; auch Sie haben wahrscheinlich Ihre Fehler! Aber wichtig ist, daß Sie lernen, Ihre Zukunft Gott anzuvertrauen und seinem Wort zu gehorchen. Das bezieht sich auf jeden Bereich Ihres Lebens, auch auf eine mögliche Eheschließung.

Eine der größten Wahrheiten der Bibel ist, daß Gott uns liebt. Und weil er uns liebt, möchte er uns das geben, was gut für uns ist. Ich bin der festen Überzeugung, daß Gott schon den richtigen Mann für Sie ausgesucht hat, wenn er möchte, daß Sie heiraten. Fragen Sie nach Gottes Willen und vertrauen Sie ihm, weil sein Wille das beste für Sie ist. Jesus sagt:

»Wer ist unter euch Menschen, der seinem Sohn, wenn er ihn bittet um Brot, einen Stein biete? ... Wenn nun ihr, die ihr doch böse seid, dennoch euren Kindern gute Gaben geben könnt, wieviel mehr wird euer Vater im Himmel Gutes geben denen, die ihn bitten«(Matthäus 7,9.11).

Suchen Sie sich einen Mann, der Christus liebhat und seinen Willen tun will. Ein solcher Mann wird liebevoll und einfühlsam sein, und Sie werden eine glückliche Ehe führen, die auf gegenseitiger Liebe und Fürsorglichkeit gegründet ist.

Vor einiger Zeit habe ich herausgefunden, daß mein Freund Drogen verkauft. Vermutlich sollte ich mit ihm Schluß machen, doch ich liebe ihn und hoffe immer noch, daß ich ihn davon abbringen kann. Glauben Sie, daß das möglich ist?

Ich bin davon überzeugt, daß Sie Ihren Freund lieben und ihm helfen wollen, aber ich bezweifle ernsthaft, daß Sie ihn von seinem Weg abbringen können. Außerdem ist die Ehe keine Besserungsanstalt. Ich habe schon so viele Frauen getroffen, die der Meinung waren, sie könnten mit ihren mütterlichen Instinkten die Männer, die sie heiraten wollten, bessern. Es besteht eine große Gefahr, daß Sie, anstatt ihn zum Guten zu beeinflussen, von ihm in die entgegengesetzte Richtung gezogen werden. Vielleicht besinnt er sich und erkennt den Ernst seines Handelns, wenn Sie die Beziehung abbrechen.

Denn was er tut, ist eine ernste Sache — nicht nur vor dem Gesetz, sondern auch in den Augen Gottes. Er ist nämlich schuld daran, daß andere drogenabhängig werden und hilft auf diese Weise mit, zahllose Menschenleben auf die schrecklichste Weise ins Verderben zu führen. Sie müssen offen mit ihm darüber reden. Und Sie müssen sich bewußt machen, daß eine solche Beziehung wenig Zukunft hat. Was wird, wenn Sie eines Tages heiraten? Wie wird er sich als Ehemann und Vater verhalten?

Für Sie und Ihren Freund ist vor allem wichtig, Ihr Leben Jesus Christus zu übergeben. Im Augenblick leben Sie nur für sich selbst. Doch Gott hat Sie erschaffen und er liebt Sie. Er möchte, daß Sie das Richtige tun und ihm folgen, weil nur bei ihm wahrer Frieden und echtes Glück zu finden sind. Jesus sagt: »Ich bin gekommen, damit sie das Leben und volle Genüge haben sollen«(Johannes 10,10).

Gott hat einen Plan für Ihr Leben. Er möchte auch, daß Sie einen Mann heiraten, der Christus liebt. Sie und Ihr Freund sind auf einem falschen Weg, der Sie nur in Schwierigkeiten bringen wird. Fragen Sie nach Gottes Plan für Ihr Leben, bevor es zu spät ist.

Ich liebe einen Arbeitskollegen aus meinem Büro. Er weiß noch nichts von meinen Gefühlen für ihn. Soll ich mit ihm darüber reden? Das Problem ist nur, daß er verheiratet ist und Kinder hat.

Drehen wir die Frage einmal herum. Wie wäre es, wenn Sie mit diesem Mann verheiratet wären, und eine andere Frau würde mir schreiben, daß sie in Ihren Mann verliebt ist? Ich bitte Sie inständig, sich diese Beziehung aus dem Kopf zu schlagen — auch, wenn es bedeutet, sich eine andere Stellung suchen zu müssen. Wenn Sie das nicht tun, werden Sie nur Enttäuschung und Schmerz erleben. Denn sollten Sie ihn für sich gewinnen und dazu bringen, seine Familie zu verlassen, dann würden Sie damit das Leben vieler Menschen zerstören. Und auch Sie könnten sich in Ihrer Ehe niemals sicher fühlen. Welche Garantie hätten Sie, daß er Sie nicht auch eines Tages verlassen würde? Das einzig Richtige ist, die ganze Sache so schnell wie möglich zu vergessen.

Ihr Brief zeigt mir, daß Sie sich nach Liebe sehnen. Das ist ganz in Ordnung, so lange Sie am rechten Ort danach suchen. Denn schließlich hat Gott uns befähigt, andere zu lieben und Liebe selbst zu erfahren. Aber Sie müssen erkennen, daß Sie die Liebe zerstören, wenn Sie egoistisch handeln, ohne die Konsequenzen für andere in Betracht zu ziehen.

Ich mache mir Gedanken um Ihren jetzigen Zustand und über die Richtung, die Ihr bisheriges Leben genommen hat. Im Moment brauchen Sie nicht einen Partner, sondern Sie müssen erkennen, daß Sie ein Geschöpf Gottes sind. Gott liebt Sie und hat einen Plan für Ihr Leben. Er kennt Ihre Bedürfnisse, und wenn er möchte, daß Sie heiraten (was wahrscheinlich ist), dann wird er Ihnen auch den Mann zeigen, der für Sie bestimmt ist. Sie müssen ihm nur vertrauen und den Weg gehen, den er Sie führen will. Vertrauen Sie Gott, daß er Ihnen den Mann zeigen wird, den er für Sie als Ehemann bestimmt hat — einen Mann, der an Gott glaubt, und der Sie selbstlos liebt.

Die Ehe meiner Eltern war schon zerrüttet, als ich noch ein Kind war. Jetzt bin ich alt genug, daß mich das nicht mehr belastet, doch mein Problem ist, daß ich mich in einen Mann verliebt habe, der auch kein intaktes Familienleben kennengelernt hat. Glauben Sie, daß das einen negativen Einfluß auf unsere künftige Ehe haben könnte?

Da Sie beide dieselben Kindheitserfahrungen gemacht haben, sehe ich gute Chancen für ein glückliches Eheleben. Sie haben selbst erlebt wie es ist, wenn die Familie zerbricht, und sicherlich ist Ihnen dadurch klargeworden, wie wichtig es ist, eine gesunde Basis für ein glückliches Familienleben zu schaffen. Die Fehler Ihrer Eltern werden Ihnen als Warnung dienen, und Sie werden versuchen, es besser zu machen.

Wenn Sie über Ihre gemeinsame Zukunft sprechen, seien Sie bitte in allem offen und ehrlich zueinander, damit es nicht zu Mißverständnissen kommt. Gründen Sie Ihre Liebe nicht auf gegenseitiger Sympathie und Sehnsucht nach Liebe, die von Ihren negativen Erlebnissen herrührt, sondern auf Respekt voreinander und Bewunderung füreinander. Vor allem sollten Sie Christus in Ihre Pläne miteinbeziehen. Obwohl viele Ehen auch ohne Christus glücklich zu sein scheinen, fehlt doch das Wichtigste, wenn Christus nicht der Mittelpunkt der Ehe ist.

Lesen Sie gemeinsam in der Bibel, bekennen Sie sich gegenseitig Ihre Fehler und beten Sie füreinander. Das Vertrauen zueinander wird auf diese Weise wachsen und das Glück, nach dem Sie sich sehnen, wird das Ergebnis der Nähe und des Segens Gottes sein. Die Bibel sagt: »Wer eine Ehefrau gefunden hat, der hat etwas Gutes gefunden und Wohlgefallen erlangt vom Herrn«(Sprüche 18,22).

Der Mann, der mich heiraten möchte, behauptet, Christ zu sein. Auf dieser Basis könnte ich ihn heiraten. Doch hin und wieder lügt er mich an, und das macht mir Sorge, denn ich mag es nicht, getäuscht zu werden. Wird eine solche Ehe gelingen?

Wenn jemand von sich behauptet, er sei Christ, bedeutet das noch lange nicht, daß er es auch ist. Sie haben des öfteren festgestellt, daß Ihr Freund Sie angelogen hat. Ist Ihnen noch nie der Gedanke gekommen, daß auch seine Behauptung, Christ zu sein, eine Lüge sein könnte?

Ehrlichkeit und Wahrhaftigkeit sind die Grundlagen eines Lebens als Christ. Jesus sagte einmal: »Ich bin der Weg und die Wahrheit und das Leben«(Johannes 14,6). Und an anderer Stelle heißt es: »Der kam zum Zeugnis, um von dem Licht zu zeugen«(Johannes 1,7). Wenn der junge Mann Sie in einem Bereich belügt, wird er Sie auch in anderen Dingen belügen, denn ihm fehlt offenbar der Respekt vor der Wahrheit.

David bekannte vor Gott: »Siehe, dir gefällt Wahrheit, die im Verborgenen liegt«(Psalm 51,8). Mit vielen anderen Fehlern können Sie viel leichter leben als mit Unehrlichkeit. Versuchen Sie unter allen Umständen, das zu vermeiden.

Ich liebe einen netten jungen Mann, doch meine Eltern sind dagegen.
Wie weit bin ich verpflichtet, Rücksicht auf meine Eltern zu nehmen?

Die Bibel sagt uns, daß wir unsere Eltern ehren sollen, aber das bedeutet nicht, daß die Eltern das Recht haben, in das Leben ihrer erwachsenen Kinder einzugreifen. »Du sollst deinen Vater und deine Mutter ehren, auf daß du lange lebest in dem Lande, das dir der Herr, dein Gott, geben wird«(2.Mose 20,12). Im Neuen Testament heißt es: »Ihr Kinder seid gehorsam den Eltern in allen Dingen; denn das ist wohlgefällig in dem Herrn«(Kolosser 3,20). Es gab eine Zeit in Ihrem Leben, wo Sie vollkommen abhängig waren von Ihren Eltern. Sie hatten ihnen in allen Dingen zu gehorchen. Ihre Eltern scheinen nicht begriffen zu haben, daß sich die Eltern-Kind-Beziehung ändert, wenn die Kinder erwachsen werden. Sie sollten sie weiterhin als Eltern ehren, doch Sie brauchen nicht das Glück einer Ehe und einer eigenen Familie ihretwegen aufzugeben.

Aber manchmal entdecken wir den Willen Gottes auch, wenn wir den Rat anderer erfahrener Christen befolgen. Ich bin sicher, daß Sie sich fragen, ob dieser junge Mann wohl der richtige Ehepartner für Sie ist. Überdenken Sie sorgfältig auch den Standpunkt Ihrer Eltern und treffen Sie dann Ihre Entscheidung.

Manchmal denke ich, ich müßte an gebrochenem Herzen sterben. Drei Jahre lang habe ich mit meinem Freund zusammengelebt und gehofft, wir würden eines Tages heiraten. Doch letzte Woche hat er mir gesagt, ich solle ausziehen, weil er nichts mehr mit mir zu tun haben wolle. Warum hat Gott mir das angetan, wo ich diesen Mann doch wirklich liebe?

Nehmen Sie einmal an, Sie hätten einen Unfall, weil Sie das Tempolimit ignoriert und doppelt so schnell gefahren sind, wie erlaubt war. Wer wäre für Ihren Unfall verantwortlich?

Derjenige, der das Tempolimit erhoben hat oder Sie? Ich glaube, Sie kennen die Antwort: Sie selbst wären dafür verantwortlich. Der Unfall passierte, weil Sie die Geschwindigkeitsbegrenzung nicht einhalten wollten.

Wir dürfen nicht Gott für Dinge verantwortlich machen, die das Ergebnis unseres eigenen Handelns sind — besonders, wenn diese Handlungen ganz eindeutig gegen Gottes Gebote verstoßen. Die Bibel warnt: »Irret euch nicht! Gott läßt sich nicht spotten. Denn was der Mensch sät, das wird er auch ernten«(Galater 6,7). In Gottes Augen war es falsch von Ihnen, unverheiratet mit einem Mann zusammenzuleben; er sagt es ganz deutlich in seinem Wort. Deshalb können Sie nicht ihn für das Ergebnis verantwortlich machen.

Doch wie geht es nun bei Ihnen weiter? In der Vergangenheit haben Sie Ihre Sicherheit in dieser Beziehung gesucht — einer Beziehung, in der es keine Verbindlichkeit gab. Werden Sie denselben Fehler wiederholen? Ich hoffe nicht. Gott liebt Sie und er möchte nicht, daß Sie sich haltlos durchs Leben treiben lassen. Suchen Sie in Christus Ihren Halt. Er wird Sie verändern und Ihnen ein neues Lebensziel geben.

Ich bin achtzehn Jahre alt und Studentin im ersten Semester. Ich habe mich in einen älteren Studenten verliebt. Er möchte mich heiraten, obwohl er noch nicht weiß, was er mit seinem Studium anfangen will. Soll ich mein Studium seinetwegen aufgeben?

Die Tatsache, daß Sie Ihre eigene Karriere gegen die Unsicherheit einer Ehe abwägen zeigt mir, daß Sie im Moment noch nicht in der Lage sind, eine solche Entscheidung zu treffen. Offensichtlich kennen Sie den jungen Mann erst seit einigen Monaten. Außerdem sind seine Zukunftspläne noch so unbestimmt, daß Sie ins Überlegen gekommen sind. Wenn ich all das in Betracht ziehe, kann ich Ihnen nur raten zu warten. Das Warten hat zwei Vorteile: Erstens, Sie können sich gegenseitig besser kennenlernen und herausfinden, ob Sie einander wirklich lieben. Zweitens, es verschafft Ihnen beiden mehr Zeit, in Ihrem Denken und Planen zu reifen. Außerdem hat ein Christ das Privileg und das Recht, Gott um Führung zu bitten. In der Bibel heißt es: »Trachtet vielmehr nach seinem Reich, so wird euch das alles zufallen«(Lukas 12,31).

Mein Freund und ich wollen uns bald verloben, aber unsere Eltern sind dagegen. Obwohl wir noch ziemlich jung sind, meinen wir es ernst, und wir wollen auch frühestens in drei Jahren heiraten. Sollen wir uns trotzdem verloben?

Vielleicht sind Ihre Eltern gegen Ihre Verlobung, weil Sie noch so jung sind. Wahrscheinlich denken sie, daß Sie für eine so wichtige Entscheidung noch nicht reif genug sind. Es scheint nur einen Grund dafür zu geben, daß Sie auf der Verlobung bestehen: Sie haben Angst, daß sich Ihr Freund zu frei fühlen könnte. Ich möchte Sie eindringlich warnen: Wenn Sie sich unter den gegebenen Umständen nicht richtig vertrauen können, dann lieben Sie sich vielleicht gar nicht richtig.

Sie müssen auch Ihre gegenseitige Beziehung zu Christus mit in Betracht ziehen. Eine glückliche Ehe kommt nicht von allein. Ich würde Ihnen raten, auf die Meinung Ihrer Eltern zu hören und die Verlobung zu verschieben. Sie ist ja nicht das Wichtigste. Viel wichtiger ist Ihre Beziehung zu Christus. So kann Ihre Freundschaft in den kommenden Jahren reifen und tiefer werden.

Seit mehr als einem Jahr lebe ich mit meinem Freund zusammen. Ich weiß, daß das nicht richtig ist, aber ich fürchte mich davor, ihn zu verlassen, weil ich nicht allein sein möchte. Beten Sie dafür, daß ich die Weisheit bekomme zu erkennen, was richtig ist.

Ja, ich werde dafür beten, daß Sie erkennen, was das Richtige ist — aber ich werde noch mehr dafür beten, daß Sie das Richtige auch tun. Ich glaube, Sie haben schon erkannt, daß Ihr augenblickliches Verhalten in Gottes Augen nicht gut ist. Doch Ihr Problem liegt nicht in der Erkenntnis, sondern im Handeln.

Gottes Wort, die Bibel, sagt ganz klar, daß eine sexuelle Beziehung außerhalb der Ehe Sünde ist. Eines der zehn Gebote lautet: »Du sollst nicht ehebrechen«(2.Mose 20,14). Gott hat uns die Ehe zu unserem Besten gegeben und die Sexualität sollte der Ehe vorbehalten bleiben. Denn wenn man mit sexuellen Beziehungen gleichgültig umgeht, ist die Ehe, und damit die Familie, in Gefahr. Ich betone das deshalb so stark, weil ich möchte, daß Sie erkennen, wie falsch Ihr Handeln in den Augen Gottes ist.

Gottes Wille ist es, daß Sie die Beziehung abbrechen. Es wird nicht einfach sein, das weiß ich. Aber ich bete dafür, daß Sie den Mut haben, Gott gehorsam zu sein.

Doch ich bete auch dafür, daß Sie Ihr Leben ganz und ohne Vorbehalte Jesus Christus übergeben. Sie brauchen Kraft, um Gottes vollkommenen Plan für Ihr Leben zu erkennen und seine Hilfe, dann auch das Richtige zu tun.

Ich lebe mit meinem Freund zusammen, der der Vater meines Kindes ist. Ich weiß, daß das falsch ist, aber ich liebe meinen Freund und kann mir ein Leben ohne ihn nicht vorstellen. In letzter Zeit hat er sich jedoch immer weiter von mir entfernt und ich habe Angst, daß er mich am Ende ganz verläßt. Ich weiß einfach nicht, was ich tun soll.

Vielleicht liest jemand Ihre Frage, der in der Versuchung steht, genau das zu tun, was Sie getan haben. Ich hoffe, daß Ihre Erfahrung anderen als Warnung dient und daß sie den Mut bekommen, dieser Versuchung zu widerstehen. Das Problem ist, wie Sie richtig erkannt haben, daß diese Art von Beziehung für eine gewisse Zeit ideal zu sein scheint. Doch wenn keine Verbindlichkeit da ist (wie in der Ehe, die ein Eheversprechen voraussetzt), dann geraten die Dinge schnell aus den Fugen, wenn Spannungen auftreten.

Ich fürchte, es wird nicht einfach für Sie sein, richtig zu handeln. Doch weiterhin das Falsche zu tun, würde Ihnen nur Kummer und Schmerz bereiten. Sie müssen diese Beziehung beenden, vor allem, da Ihr Freund (wie Sie angedeutet haben) Sie nicht richtig zu lieben scheint und nicht die Absicht hat, Sie zu heiraten. Im Augenblick leben Sie in Gottes Augen unmoralisch. Wenn Sie ihr Leben nicht ändern, werden sich Ihre Schwierigkeiten noch steigern. Ihr Kind braucht ein Vorbild und stabile Verhältnisse zu Hause.

Ich möchte Sie noch auf etwas sehr Wichtiges hinweisen. Sie haben Angst vor der Zukunft und dem Alleinsein. Aber Sie sind gar nicht allein — Gott ist bei Ihnen. Sie müssen sich ihm zuwenden, und in ihm werden Sie die Vergebung und Sicherheit finden, nach der Sie sich sehnen. Er möchte, daß Sie sich ihm zuwenden, weil er Sie liebt.

Was Sie getan haben, war falsch, und Ihr Leben als Alleinerziehende wird sicherlich nicht einfach sein. Aber Gott wird für Sie sorgen. »Barmherzig und gnädig ist der Herr, geduldig und von großer Güte ... Denn so hoch der Himmel über der Erde ist, läßt er seine Gnade walten über denen, die ihn fürchten«(Psalm 103,8.11).

2. Gehört nicht zur Liebe auch die Sexualität ?

Mein Freund und ich haben uns viel über Sex unterhalten. Wir sind zu der Überzeugung gekommen, daß Sexualität vor der Ehe ganz in Ordnung ist, wenn zwei Menschen sich richtig lieben. Denken Sie nicht, daß Liebe sich auch in der Sexualität ausdrücken sollte?

Jawohl, Sexualität ist ein Ausdruck von Liebe — aber die Verbindlichkeit gehört unbedingt dazu. Das ist einer der Gründe, warum die Bibel uns sagt, daß Sexualität in die Ehe gehört. Gott macht zu diesem Thema eine klare Aussage, und ich rate Ihnen dringend, Ihre eigene Meinung noch einmal zu überdenken und zu tun, was Gott von Ihnen erwartet. Ich möchte Sie ernsthaft warnen. Man redet sich leicht etwas ein und tut dann etwas, was man später bereut.

Gott sagt uns: »Von Unzucht aber und jeder Art Unreinheit oder Habsucht soll bei euch nicht einmal die Rede sein, wie es sich für die Heiligen gehört«(Epheser 5,3). Je mehr ich in der Bibel lese und die Schwierigkeiten im Leben derer sehe, die dem Wort Gottes ungehorsam sind, desto klarer wird mir, daß Gott uns dieses Gebot zu unserem eigenen Schutz gegeben hat.

In unserer heutigen Zeit ist durch die weitverbreitete sexuelle Unmoral ein alarmierender Anstieg von Krankheiten zu verzeichnen, die durch Sexualverkehr übertragen werden. AIDS zum Beispiel, schwebt wie ein Damoklesschwert über uns. Gott weiß auch um unser Bedürfnis und unsere Sehnsucht nach Liebe — nach einer Verbindlichkeit, die zwei Menschen einander nur in der Ehe versprechen können. Gott hat uns auch geboten: »Du sollst nicht ehebrechen«(2.Mose 20,14). Mit diesem Gebot wollte er die Familie schützen, denn die Familie ist die wichtigste Zelle jeder Gesellschaft. In der Geschichte finden wir nicht ein einziges Beispiel für eine Zivilisation, die überlebt hat, nachdem die Institution Familie aufgelöst worden war.

Ich bete darum, daß Sie und Ihr Freund Ihr Leben Jesus übergeben und sich jeden Tag von ihm führen lassen.

Mein Freund sagt, daß Sexualität vor der Ehe in Ordnung ist, weil die Bibel nur den Ehebruch verurteilt. Ehebruch ist aber doch eine außereheliche (nicht voreheliche) Beziehung einer der Eheleute zu je-

mandem, mit dem er nicht verheiratet ist. Stimmt das? Ich muß das
wissen, weil mein Freund unbedingt mit mir schlafen will.

Die Bibel sagt deutlich, daß sexuelle Beziehungen außerhalb der Ehe in Gottes Augen Sünde sind. Sie sollten das nicht auf die leichte Schulter nehmen.

Die Bibel meint damit sowohl voreheliche Beziehungen als auch außereheliche Beziehungen von Ehepartnern. Jesus faßt die zehn Gebote zusammen, wenn er sagt: »Du sollst nicht töten, du sollst nicht ehebrechen ...« (Matthäus 19,18). Paulus schreibt: »Fliehet die Hurerei! Alle Sünden, die der Mensch tut, bleiben außerhalb des Leibes; wer aber Hurerei treibt, der sündigt an seinem eigenen Leibe« (1.Korinther 6,18). »Hurerei« wird im Urtext des Neuen Testaments in mehrfacher Bedeutung verwendet. Es steht auch für Ehebruch, Wollust und Blutschande. (Es ist interessant, daß auch das Wort »Pornographie« davon abgeleitet wird.)

Bedauerlicherweise wird diese Sünde in unserem Alltag immer mehr als Kavaliersdelikt angesehen, doch ich bitte Sie dringend, sich selbst rein zu halten. Ihre wahre Bestimmung kann die uns von Gott geschenkte Sexualität nur in der Verbindlichkeit der Ehe finden. Sie brauchen Gottes Führung für die Zukunft und Sie brauchen seine Kraft, damit Sie so leben können, wie es zu Ihrem Besten ist — besonders in unserer heutigen Zeit, wo Sie so vieles von Gottes Weg abbringen will.

Mein Freund und ich lieben uns sehr. Wir haben viel über die Ehe gesprochen und passen in jeder Beziehung gut zueinander. Leider interessiert er sich nicht für Gott und die Kirche. Für mich ist das aber sehr wichtig. Denken Sie, daß nach unserer Eheschließung ein Problem daraus werden könnte?

Ja. Ich muß Sie ernsthaft davor warnen. Es wird zum Problem werden, und Sie tun gut daran, jetzt eine Entscheidung zu treffen, die sicher schmerzen wird, die Sie aber vor Folgen bewahrt, mit denen Sie später vielleicht nicht fertig werden.

Ich habe schon zu viele Frauen getroffen, die sich nach jahrelangen Versuchen, ihre Männer zu Christus zu führen, gewünscht haben, sie hätten vor ihrer Eheschließung den Rat der Bibel befolgt und einen gläubigen Mann geheiratet. Welche Probleme können denn entstehen? Das größte werden wahrscheinlich Ihre Kinder und deren geistliche Erziehung sein. Selbst wenn Ihr Mann damit einverstanden wäre, daß sie in die Sonntagschule und die Gemeinde gehen (nicht einmal das ist sicher), zeigt er den Kindern, daß er Gott für unwichtig hält; er wäre ihnen ein schlechtes Vorbild. Das kann einen prägenden Einfluß auf Ihre Kinder ausüben. Warum sollten sie Christus ernst nehmen, wenn er demjenigen, den sie respektieren und lieben, gar nichts bedeutet?

Aber es wird auch noch andere Auswirkungen auf Ihre Ehe haben. Spannungen werden auftreten, weil jemand, der an Gott nicht interessiert ist, andere Prioritäten setzt. Oder aber Ihr Mann beeinflußt Sie dahingehend, daß Sie sich immer mehr von Gott entfernen.

Die Bibel sagt uns ganz klar: »Ziehet nicht am fremden Joch mit den Ungläubigen«(2.Korinther 6,14). Haben Sie Ihr Leben wirklich Jesus Christus übergeben? Reden Sie mit Ihrem Freund offen über Ihre Einstellung, und beten Sie dafür, daß Gott ihm klarmacht, daß er Christus braucht. Wenn er auch weiterhin kein Interesse an Gott hat, dann vertrauen Sie darauf, daß Gott Ihnen einen anderen Mann zeigen wird, damit Ihre Familie sich auf Christus gründen kann.

Ich wuchs in einem christlichen Elternhaus auf und studiere jetzt an einer Universität. Es hat mich schockiert zu sehen, daß für viele Studenten die Sexualität so wichtig ist. Sie wird hemmungslos ausgelebt. Ich fühle mich hier vollkommen fehl am Platz. Soll ich versuchen, mich diesem Leben anzupassen?

Manche jungen Leute denken immer noch, daß sie »wilden Hafer« säen müssen. Sie vergessen dabei: »Denn was der Mensch sät, das wird er ernten«(Galater 6,7).

Lassen Sie sich unter keinen Umständen von dem Sog der Unmoral, der über dieses Land hinwegfegt, mitreißen! Professor Sorokin von der Harvard Universität sagte einmal, daß Amerika der sexuellen Revolution zum Opfer gefallen ist. Was soll aus unserem Land werden, wenn junge Leute wie Sie, die noch Ideale und feste Überzeugungen haben, dem Druck der Unmoral nachgeben?

Viele Eheprobleme haben ihren Ursprung in den losen moralischen Wertvorstellungen während der Studienzeit. Der »wilde Hafer« verfolgt die Menschen und läßt sie in ihrem ganzen Leben nicht wieder los.

Sicherlich gibt es einige, die wegen Ihrer Wertvorstellungen und Ideale über Sie lachen. Doch die meisten werden Sie bewundern. Unsere Nation ist stark geworden in einer Zeit, in der die Moral noch etwas galt. Sie wird schwach werden, wenn wir entschuldigen, was wir einst verurteilt haben. Helfen Sie mit, die Flut von Ehebruch, Scheidung und Obszönität aufzuhalten, indem Sie treu zu Ihren Überzeugungen stehen. Sie gehören zu den jungen Leuten, die Amerika am dringendsten braucht.

Mein Verlobter gehört einer anderen Glaubensrichtung an. Jetzt, wo wir Hochzeitspläne schmieden, stoßen wir zum ersten Mal auf unzählige Hindernisse. Sollen wir trotz dieser Probleme weiter unsere Hochzeit planen?

Sie sollten die religiösen Fragen besser vor der Hochzeit klären, auch, wenn es eine Verschiebung Ihrer Pläne bedeutet. Zweifellos haben Ihre Familien mit ihren Einwendungen bis zur letzten Minute gewartet, weil sie nicht geglaubt haben, daß Sie Ihr Vorhaben in die Tat umsetzen würden. Sie sehen jetzt, daß Schwierigkeiten auftreten und Sie keinen gemeinsamen Grund haben, auf dem Sie stehen können. Manche raten Ihnen vielleicht, das nicht so wichtig zu nehmen. Tatsächlich ist es aber eine ganz entscheidende Frage, wenn zwei Menschen als Mann und Frau zusammenleben wollen. Um glücklich miteinander sein zu können, muß man Vertrauen zueinander haben und den anderen respektieren. Und dafür ist eine grundsätzliche Übereinstimmung im Glauben unbedingte Voraussetzung. Der Christ liebt Christus und glaubt an ihn. Das ist viel mehr als eine intellektuelle Einsicht, das ist Hingabe. Wenn Sie keine vollkommene Übereinstimmung in diesem Punkt erreichen, dann geben Sie Ihre Pläne lieber auf. In Amos 3,3 heißt es: »Können etwa zwei miteinander wandern, sie seien denn einig untereinander?« Diese Frage kann nur mit einem entschiedenen Nein beantwortet werden.

Ist es notwendig, daß man seinem Partner nach der Hochzeit alles aus seinem vorherigen Leben erzählt? Wenn ja, sollte dieses Bekenntnis auch Namen von Personen preisgeben, mit denen man vorher liiert war?

Es ist nicht gut für eine Ehe, wenn sie durch schlechte Erinnerungen an die Vergangenheit belastet wird. Wenn die jungen Leute nur erkennen würden, daß das Gelingen einer Ehe nicht nur von der Gegenwart, sondern auch von der Vergangenheit abhängt, dann würden sie vielleicht vorsichtiger sein mit intimen Beziehungen. Schon viele Ehen sind durch vergangene Sünden belastet worden, die nicht gebeichtet wurden, sondern nachträglich »zum Vorschein« kamen.

Ich denke, es ist nicht immer notwendig oder ratsam, dem Partner die Verfehlungen der Vergangenheit zu beichten. Ich habe schon von Ehen gehört, die durch solche Beichten in die Brüche gegangen sind. Wichtig ist aber auf jeden Fall, Gott seine Verfehlungen zu bekennen und sich vorzunehmen, die

Ehegelübde einzuhalten. In der Bibel heißt es: »Wer seine Sünden leugnet, dem wird's nicht gelingen; wer sie aber bekennt und läßt, der wird Barmherzigkeit erlangen«(Sprüche 28,13).

Ich habe geheiratet, als ich noch sehr jung war; meine Ehe zerbrach nach knapp zwei Jahren. Mit meinem zweiten Mann habe ich zwei gesunde Kinder, doch nachdem ich Christ geworden bin, mache ich mir Gedanken über das, was ich über Scheidung und Wiederheirat gehört habe. Lebe ich in Sünde, weil ich von meinem ersten Mann geschieden bin?

Vor unserer Umkehr zu Christus führen wir ein sündiges und falsches Leben. Deshalb hat Gott uns einen Retter geschickt, der unsere Schuld wegnimmt und uns von Grund auf erneuert. Weil Sie Gott vertraut haben, hat er Ihnen Ihre Sünden vergeben. Die Bibel spricht von Sünde, wenn man seinen Ehepartner wegschickt, um sich einen anderen Partner oder eine andere Partnerin zu nehmen (Matthäus 19,1-10). Gottes Idealvorstellung ist eine bleibende Verbindung zwischen Mann und Frau, doch wichtig ist allein Ihre heutige Einstellung. Jesus sagte zu der Frau am Brunnen: »Gehe hin und sündige hinfort nicht mehr«. Das Blut Christi reinigt uns von aller Sünde. »Wenn wir aber unsere Sünden bekennen, so ist er treu und gerecht, daß er uns die Sünden vergibt und uns reinigt von aller Ungerechtigkeit«(1.Johannes 1,9).

Danken Sie Gott dafür, daß er Ihnen die Vergangenheit vergeben hat und richten Sie dann Ihr weiteres Leben auf ihn aus. Seien Sie eine liebevolle Ehefrau und Mutter. Wenn Gott Ihnen Ihre Schuld vergeben hat, warum sollten Sie sich nicht selbst vergeben? Sie können Gott nur ehren, wenn Sie seine Vergebung annehmen (Galater 5,1).

Ich wuchs in dem Glauben auf, daß Sexualität etwas Schmutziges ist. Jetzt, da ich selbst verheiratet bin, ist diese Einstellung immer noch vorhanden. Das bereitet mir Schwierigkeiten. Wie kann ich mich ändern?

Sexualität ist eine Gabe Gottes, die, wie bei vielen seiner anderen Gaben auch, zerstörend wirken kann, wenn sie mißbraucht wird. Dadurch kann auch die Sexualität zu etwas Schmutzigem und Unanständigem werden. Doch wenn wir begreifen, warum Gott uns diese wundervolle Gabe geschenkt hat, und wenn wir sie in Übereinstimmung mit seinem Willen einsetzen, dann kann sie eine Quelle großen Glücks und großer Freude sein.

Gott hat uns die Sexualität in erster Linie zur Fortpflanzung gegeben. Er sagte zu Adam und Eva: »Seid fruchtbar und mehret euch und füllet die Erde und machet sie euch untertan«(1.Mose 1,28). Gott gab uns die sexuelle Vereinigung aber auch zu unserem Vergnügen. Daran ist nichts Falsches — solange wir uns nicht von der Leidenschaft kontrollieren oder sogar beherrschen lassen. Gott möchte uns Gutes tun. Die Sexualität ist vor allem ein Ausdruck der Liebe und Verbundenheit zwischen Mann und Frau in der Ehe.

Darum sagt uns die Bibel, daß die Sexualität nur innerhalb der Ehe praktiziert werden sollte. »Die Ehe soll in Ehren gehalten werden bei allen und das Ehebett unbefleckt; denn die Unzüchtigen und die Ehebrecher wird Gott richten« (Hebräer 13,4).

Sie müssen begreifen, daß Gott uns die Sexualität nicht als etwas Schmutziges, sondern als etwas Schönes geschenkt hat, wenn sie im Einklang mit seinem Willen praktiziert wird. Vielleicht sollten Sie Hilfe bei einem erfahrenen, gläubigen Seelsorger suchen, der Ihnen helfen kann, Ihre Einstellung zu ändern. Vor allem aber lassen Sie die Wahrheit des Wortes Gottes Ihnen helfen, Ihre falschen Vorstellungen zu überwinden. Beten Sie darum, daß Gott Ihnen hilft, Ihrem Mann eine gute Ehefrau zu sein.

Ich weiß, daß man vor der Ehe keine intimen Beziehungen haben soll-
te, doch ich kann einfach nicht nein sagen, wenn ich mit einem Jungen
ausgehe. Ich habe immer Angst, daß die Jungen mich nicht mehr mö-
gen, wenn ich nicht nachgebe. Helfen Sie mir aus dieser Misere heraus.

Sie werden von Ihren Freunden wie eine Wegwerfflasche behandelt. Wenn der Inhalt leergetrunken ist, wird die Flasche
in den Abfall geworfen. Die sexuelle Beziehung ist keine Ab-
kürzung zur Liebe, denn ihr fehlt die Verbindlichkeit, die notwendig ist, damit Liebe wachsen kann.

Ist Ihnen je der Gedanke gekommen, daß die Männer aufgrund Ihres Verhaltens den Respekt vor Ihnen verlieren könnten? Außerdem verletzen Sie sich nur selbst, denn solange Sie
versuchen, sich Freundschaft auf diese Weise zu erkaufen,
werden Sie nie erfahren, was es bedeutet, eine dauerhafte, er-
füllende und liebevolle Beziehung zu haben.

Gott hat sich schon etwas dabei gedacht, als er dem Menschen gebot: »Du sollst nicht ehebrechen«(2.Mose 20,14).
(Dieses Gebot schließt übrigens jegliche Art von sexueller Unmoral mit ein.) Mit diesem Gebot wollte er uns keine unnötigen Beschränkungen auferlegen oder uns unglücklich machen. Weil er uns liebt, will er das Beste für uns. Gott hat die
Ausübung von Sexualität auf die Ehe beschränkt, weil nur in
der Verbindlichkeit der Ehe die Liebe zwischen Mann und
Frau wirklich ausgelebt werden kann.

Sie können Ihr Problem nicht umgehen. Sie müssen sich
von Ihrem bisherigen Tun abwenden und Gott zuwenden.
Gott liebt Sie — seine Liebe brauchen Sie nicht zu kaufen. Sie
brauchen sie nur anzunehmen.

Ich habe seit fünfzehn Jahren ein Verhältnis mit einem Mann. Wir
haben das siebte Gebot viele Male übertreten. Vor langer Zeit hätte
ich ihn heiraten können, doch ich wollte mein Zuhause nicht verlas-
sen. Jetzt haben wir uns entschlossen, doch zu heiraten. Haben wir
noch eine Chance, glücklich zu werden?

Sie haben nicht die idealen Voraussetzungen für eine glückliche Ehe, doch ich hoffe, daß Sie Ihr Leben noch ordnen können. Ihre Beziehung zu diesem Mann scheint rein biologischer Natur zu sein, aber Sexualität ist natürlich nicht das einzig notwendige Element für eine glückliche Ehe. Es ist sogar so, daß Ehen, die nur auf der körperlichen Beziehung gegründet sind, keine großen Überlebenschancen haben. Die Scheidungsgerichte sind voller desillusionierter Menschen, die ihre animalischen Triebe für die wahre Liebe gehalten haben.

Lieben Sie diesen Mann und sind Sie beide bereit, Gott in Ihre eheliche Gemeinschaft miteinzubeziehen? In der Bibel heißt es: »Was nun Gott zusammengefügt hat, das soll der Mensch nicht scheiden« (Matthäus 19,6). Die wirklich guten Ehen gründen sich auf gegenseitigem Respekt. Empfinden Sie, in Anbetracht der Tatsache, daß Sie beide fortwährend das siebte Gebot gebrochen haben, wirklich noch Respekt voreinander, Bewunderung und Liebe füreinander?

Die Heirat mag Ihr Gewissen ein wenig erleichtern, doch wenn ich Sie wäre, dann würde ich mich, zusammen mit meinem Freund, vor Gott beugen und ihn um Vergebung bitten dafür, daß ich seine Gebote mißachtet und meinen Ruf und Einfluß auf die Gesellschaft gefährdet habe. Gott hat gesagt: »Wenn eure Sünde auch blutrot ist, so soll sie doch wie Wolle werden«. Mit Gott können Sie glücklich sein.

3. WIR LIEBEN UNS NICHT MEHR

Mein Mann und ich lieben uns nicht mehr und es scheint nichts zu geben, das uns noch länger zusammenhalten könnte. Ist es falsch, so zu denken?

Echte Liebe sollte nicht nur auf Gefühlen aufgebaut sein. Was wir tun, gefällt Gott auch nicht immer, doch trotzdem bleibt seine Liebe zu uns immer gleich. Die Frage ist im Moment nicht, wie Sie für Ihren Mann empfinden, sondern ob Sie bereit sind, ihn zu lieben. Wenn das der Fall ist, dann werden auch die Gefühle wiederkommen. Wenn Sie nämlich nicht mehr bereit sind, ihn zu lieben, werden Sie auch nichts mehr für ihn empfinden. In unserer Gesellschaft stehen die Gefühle an erster Stelle, doch die wirkliche Liebe basiert nicht nur auf Gefühlen. Darum gibt es heutzutage auch so viele Scheidungen. Wenn sich die romantischen Gefühle der ersten Verabredungen nicht auch in der Ehe fortsetzen, glauben viele Leute, daß nur die Scheidung der Ausweg ist. Sie versuchen, einen anderen Partner zu finden, bei dem sich diese Gefühle wieder einstellen. Manche heiraten viele Male und sind ständig auf der Suche nach diesem »Hochgefühl«, das man nicht konservieren kann.

Ich bete für Sie, daß Sie und Ihr Mann alles in Ihrer Kraft stehende tun, das Glück und die Freude, die Sie einst in Ihrer Ehe erlebt haben, wiederzufinden. Die Ehe ist ein heiliges Gelübde, das Sie beide vor Gott abgelegt haben, und es ist eine ernste Sache, es zu brechen. Gott gab uns die Ehe zu unserer Freude, und ich bin davon überzeugt, daß Sie mit seiner Hilfe entdecken werden, was es bedeutet, Ihr gemeinsames Leben auf Christus zu gründen.

Es wäre gut, darüber nachzudenken, was in Ihrer Ehe schiefgelaufen ist. Haben Sie sich schrittweise voneinander entfernt? Hat das gemeinsame Gespräch und das gegenseitige Vertrauen nachgelassen oder haben sich andere Dinge, z.B. die Arbeit, Geld, persönlicher Ehrgeiz etc., zwischen Sie und Ihren Mann gestellt? Oder waren es vielleicht nur Kleinigkeiten, eine spitze Zunge, Rechthaberei, die Ihre Beziehung langsam zermürbt haben? Es mag Ihnen vielleicht schwerfallen, aber Sie müssen sich diesen Dingen stellen und so weit kommen, daß Sie aus ganzem Herzen sagen können: »Verzeih mir.« Das kann der erste Schritt für einen Neubeginn Ihrer Beziehung sein.

Aber ich möchte Sie auch ermutigen, Gott in Ihre Beziehung mit hineinzunehmen. In Ihrem Brief (in einem Teil, den ich nicht zitiert habe) schreiben Sie, daß Gott in Ihrem Leben fast keine Rolle gespielt hat. Gott hat uns die Ehe geschenkt, und wenn eine Ehe glücklich sein soll, dann ist es wichtig, daß er der Mittelpunkt in dieser Beziehung ist. Lassen Sie Gott Ihre Ehe in Ordnung bringen. Er möchte Ihnen helfen; wenden Sie sich an ihn.

Ich bin seit mehreren Jahren verheiratet und fange an, mir Sorgen um meine Ehe zu machen. Zuerst waren wir sehr ineinander verliebt, doch diese Gefühle verschwinden immer mehr. Wie können wir sie zurückbekommen?

Vor einigen Jahren gab es ein Lied, in dem es hieß: »Ein Gefühl nimmt mich gefangen«. In den sechziger Jahren hieß ein Schlagwort: »Tu nur das, was dir gefällt«. Zwischen romantischen Gefühlen und echter Liebe gibt es jedoch einen Unterschied. Ich will Ihnen diesen Unterschied erklären.

Romantische Liebe ist oft sehr emotional. Zwei Menschen finden einander attraktiv und es entwickeln sich starke Gefühle zwischen ihnen; sie sind ineinander verliebt. Das ist jedoch nur die emotionale Seite der Liebe.

Die romantischen Gefühle lassen mit der Zeit nach und viele denken dann, daß keine Hoffnung mehr auf eine erfüllte gemeinsame Zukunft besteht. Sie lassen sich scheiden.

Ich hoffe sehr, daß dieser Fall bei Ihnen nicht eintritt. Sie müssen aber an der Erneuerung Ihrer Liebe arbeiten. Echte Liebe beinhaltet auch romantische Liebe, doch sie ist mehr als das. Einen Menschen zu lieben bedeutet, eine gegenseitige Verbindlichkeit einzugehen und dem anderen freundlich und aufmerksam zu begegnen.

Sie sehen, Liebe ist mehr als nur ein Gefühl — man muß aktiv an ihr arbeiten. Die Bibel gibt uns einige Merkmale: »Die Liebe ist langmütig und freundlich, die Liebe eifert nicht, die Liebe treibt nicht Mutwillen, sie bläht sich nicht auf, sie verhält sich nicht ungehörig, sie sucht nicht das Ihre, sie läßt sich nicht erbittern, sie rechnet das Böse nicht zu, sie freut sich nicht über die Ungerechtigkeit, sie freut sich aber an der Wahrheit, sie erträgt alles, sie glaubt alles, sie hofft alles, sie duldet alles«(1.Korinther 13,4-7).

Diese Art von Liebe empfindet Gott uns gegenüber und ich hoffe sehr, daß Sie und Ihre Frau diese Liebe entdecken werden, indem Sie Ihr Leben Christus übergeben und ihn zur Mitte Ihrer Ehe machen. Bemühen Sie sich darum, sich gegenseitig Ihre Liebe zu zeigen. Sie werden entdecken, daß die romantischen Gefühle von einst langsam wiederaufkeimen. Ihre Liebe zueinander wird sehr viel tiefer und reicher sein, als Sie sich je hätten vorstellen können.

Ich hätte nie gedacht, daß mir so etwas einmal passieren könnte. Mein Mann ist mittleren Alters und hat sich in ein Mädchen von Anfang zwanzig verliebt. Er sagt, er käme nicht dagegen an. Bitte beten Sie für mich.

Ja, ich werde für Sie beten und ich werde auch für Ihren Mann beten. Was er tut, ist falsch und, wie Sie aus eigener Erfahrung wissen, es verletzt andere Menschen. Was er vielleicht nicht erkennt oder nicht zugeben will, ist, daß er auch sich selbst damit verletzt.

Ich habe mich oft gefragt, warum solche Dinge passieren. Leider ist es nichts Ungewöhnliches, daß ein Mann mittleren Alters oder noch älter anfängt, sich wie ein verliebter Teenáger zu verhalten und seine Frau und Familie verläßt, um mit einer viel jüngeren Frau zu leben. Vielleicht spielt die geheime Angst vor dem Älterwerden dabei eine Rolle. Möglicherweise fühlt er sich geschmeichelt, wenn er bemerkt, daß er für jüngere Frauen noch attraktiv ist. Seine Aufmerksamkeit wird dadurch von der Tatsache abgelenkt, daß er älter wird.

Was immer auch die Gründe sein mögen, Ihr Mann muß sich darüber klarwerden, daß er für sein Handeln verantwortlich ist. Seine Behauptung, »er käme nicht dagegen an«, entspricht nicht der Wahrheit — er will einfach nicht das Richtige tun, nämlich die Beziehung abbrechen und sich darauf konzentrieren, ein guter Ehemann und Familienvater zu sein. Er kann vor der Tatsache, daß er älter wird, nicht davonlaufen, sondern muß sich damit abfinden und entdecken, daß auch das Alter eine wundervolle Zeit sein kann.

Ihr Mann muß sein Handeln bereuen, daran geht kein Weg vorbei. Er verletzt damit nicht nur Sie, sondern tut auch, was in Gottes Augen falsch ist. Gott hat uns die Ehe geschenkt. Als Sie beide Ihr Eheversprechen abgelegt haben, haben Sie das vor Gott und vor anderen Menschen getan. »Was nun Gott zusammengefügt hat, das soll der Mensch nicht scheiden« (Matthäus 19,6). Konzentrieren Sie sich in der Zwischenzeit darauf, eine gute Ehefrau zu sein und Ihren Mann wissen zu lassen, daß Sie ihn trotz allem lieben und bereit sind, ihm seinen Fehltritt zu vergeben.

Mein Mann hat ein Verhältnis mit einer anderen Frau; das bricht mir fast das Herz. Er gibt zu, daß es falsch ist, doch er ist der Meinung, daß Gott ihm sowieso vergibt und es dann nicht so darauf ankommt. Stimmt es oder betrügt er nur sich selbst?

Die Bibel fragt: »Sollen wir denn nun in der Sünde beharren, damit die Gnade um so mächtiger werde«(Römer 6,1). Ich glaube, daß Ihr Mann sich aus verschiedenen Gründen in einer falschen Sicherheit wiegt, und ich bete dafür, daß er erkennt, wie töricht sein Verhalten ist und umkehrt.

Gottes Vergebung ist in der Bibel immer ganz eng mit Buße

verknüpft. Buße bedeutet aber, sein falsches Handeln zu erkennen und sich bewußt davon abzuwenden. Es genügt nicht zu wissen, daß wir etwas Falsches tun. Wir sind auch aufgefordert, uns davon abzuwenden. Jesus sagt: »Ich bin gekommen, die Sünder zur Buße zu rufen und nicht die Gerechten«(Lukas 5,32). Paulus schreibt: »Nun aber gebietet er (Gott) den Menschen, daß alle an allen Enden Buße tun«(Apostelgeschichte 17,30). Viele andere Verse könnten noch angeführt werden. Wir verspotten Gottes Vergebung, wenn wir ganz bewußt sündigen und denken, daß er uns das schon vergeben wird.

Ihr Mann macht sich selbst etwas vor, wenn er denkt, er könnte glücklich werden, indem er Gottes Willen für sein Leben so bewußt zurückweist und sich statt dessen einem sündigen Leben zuwendet. Eine Zeitlang mag er vielleicht der Meinung sein, er habe endlich das Glück gefunden, doch das ist nur eine Täuschung. Auf diese Art wird er jedoch niemals bleibende Freude oder Sicherheit finden. Die Bibel warnt uns: »Aber die Gottlosen sind wie das ungestüme Meer, das nicht still sein kann und dessen Wellen Schlamm und Unrat auswerfen. Die Gottlosen haben keinen Frieden, spricht mein Gott«(Jesaja 57,20-21).

Beten Sie für Ihren Mann, daß Gott ihm den Ernst seiner Sünde klarmachen kann, und daß er seine Verantwortung erkennt, die er mit dem Ablegen des Eheversprechens übernommen hat. Beten Sie dafür, Ihrem Mann eine gute Frau sein zu können, damit er zuhause Freude und Geborgenheit findet.

Ich habe das Gefühl, in ein Loch gefallen zu sein, das ich mir selbst gegraben habe. Ich habe mehrere Verhältnisse mit anderen Männern gehabt, bin aber zu meinem Mann zurückgekehrt, der mich oft sehr unschön behandelt. Mir ist aber klargeworden, daß mich die vielen Beziehungen nur selbst verletzt haben. Kann Gott mir vergeben?

Es tut mir leid, daß Sie so lange gedacht haben, Sie könnten auf diese Weise irgend etwas ändern. Wie Ihnen selbst klargeworden ist, kann darin keine Zukunft liegen, es kann nur noch mehr zerstören. Weder sind jetzt Ihre Eheprobleme gelöst noch haben Sie echtes Glück und Sicherheit erfahren. Ich schreibe das, weil vielleicht jemand, der in der Versuchung steht, genauso zu handeln wie Sie, dieses Buch lesen könnte. Ihre Erfahrung kann anderen als Warnung dienen.

Sie brauchen die Vergebung Gottes — nicht nur für die Sünden, die Sie erwähnt haben, sondern für jede Sünde, die Sie außerdem noch begangen haben. Ihre größte Sünde ist, daß Sie Gott den Rücken zugewendet und versucht haben, Ihr Leben ohne ihn zu führen. Doch ich möchte, daß Sie etwas wissen: Gott liebt Sie trotz all Ihrer Fehltritte. Er möchte Ihnen Ihre Schuld vergeben, denn er hat alles in seiner Macht stehende getan, eine völlige Vergebung möglich zu machen. Er hat seinen Sohn in diese Welt geschickt und ihn für uns am Kreuz sterben lassen. In Christus »haben wir die Erlösung durch sein Blut, die Vergebung der Sünden, nach dem Reichtum seiner Gnade, die er uns reichlich hat widerfahren lassen« (Epheser 1,7-8).

Sie brauchen seine Weisheit und Hilfe — und nur er kann Ihnen helfen, einen Neuanfang in Ihrer Ehe und Ihrem Leben zu machen. Übergeben Sie ihm die Führung Ihres Lebens!

Ich brauche Ihr Gebet für meine Ehe. Mein Mann zeigt mir niemals, daß er mich liebt und wird immer böse, wenn ich versuche, einen besseren Ehemann aus ihm zu machen.

Es tut mir leid, daß Ihre Ehe nicht glücklich ist. Gottes Vorstellungen von der Ehe waren vollkommen, und er möchte, daß sie eine Quelle großer Freude und Kraft ist.

Ich kenne natürlich keine Einzelheiten Ihrer Situation, doch ich möchte Ihnen raten aufzupassen, daß Sie nicht eine nörgelnde und sich ständig beklagende Ehefrau werden. Dann wird sich Ihr Mann nämlich noch mehr zurückziehen und Ihnen gegenüber noch feindlicher gesinnt sein. In der Bibel heißt es: »Besser in der Wüste wohnen als bei einem zänkischen und zornigen Weib«(Sprüche 21,19). Ihr Mann muß Ihre Gefühle kennenlernen, und Sie müssen lernen, das Gespräch mit ihm zu suchen, ohne ihn ärgerlich zu machen. Würde Ihr Mann mit Ihnen zu einem erfahrenen gläubigen Seelsorger gehen?

Ich möchte Sie auch ermutigen, Ihrem Mann unter allen Umständen Ihre Liebe zu zeigen. Achten Sie auf Ihre äußere Erscheinung, und geben Sie sich Mühe, Ihr Heim zu einem gemütlichen Zuhause zu machen, in dem er Glück und Frieden finden kann. All das wird Ihrem Mann deutlich machen, daß er Ihnen viel bedeutet. Und mit der Zeit wird er darauf reagieren. Ihre Aufgabe ist es auf jeden Fall, ihm die bestmögliche Ehefrau zu sein.

Ihrem Brief entnehme ich, daß weder Sie noch Ihr Mann ernsthaft über Ihre Beziehung zu Gott nachgedacht haben. Gott hat Sie geschaffen und als Mann und Frau zusammengeführt. Sie haben ein Versprechen vor Gott abgelegt, zusammenzubleiben, »bis daß der Tod uns scheidet«. Warum bringen Sie nicht Ihre Eheprobleme zu Gott, der die Ehe gestiftet hat und bitten ihn, sie wieder in Ordnung zu bringen? Lassen Sie Gott zur Mitte und Grundlage Ihres Lebens und Ihrer Ehe werden. Versuchen Sie, jeden Tag so zu leben, wie er es von Ihnen erwartet. Beten Sie für Ihren Mann, daß auch er die Verantwortung erkennt, die er als Ehemann übernommen hat, Christus sucht und nach Gottes Willen fragt.

Mein Mann und ich hatten schon jahrelang Schwierigkeiten miteinander. Jetzt hat er seine Sachen gepackt und ist zu einer anderen Frau gezogen. Ich bin wütend und deprimiert und weiß nicht, was ich tun soll. Können Sie mir Hoffnung geben?

Ich weiß nicht, ob Ihr Mann je zu Ihnen zurückkehren wird, doch ich bete darum, daß Ihre Ehe irgendwie wieder in Ordnung kommt. Allerdings kann ich Ihnen eine andere Hoffnung anbieten — und es kann durchaus sein, daß Gott auf wunderbare Weise Ihre Ehe wieder in Ordnung bringt.

Gott möchte in dieser Situation bei Ihnen sein. Er will Ihnen helfen, die Bitterkeit und Wut zu überwinden, die Sie im Moment empfinden und Ihnen Mut machen. Gott liebt Sie und weiß, daß Ihre Wut und Depression Ihnen niemals helfen werden, mit Ihren Problemen fertigzuwerden — im Gegenteil, sie werden sie nur schlimmer machen. Hören Sie, was die Bibel sagt: »Wirf dein Anliegen auf den Herrn, der wird dich versorgen«(Psalm 55,22). Oder: »Alle eure Sorge werfet auf ihn, denn er sorgt für euch«(1.Petrus 5,7). Gott fordert Sie auf, Ihre Probleme in seine Hände zu legen und zu lernen, Ihr Vertrauen auf ihn zu setzen und bei ihm Kraft zu suchen. Als erstes müssen Sie daher Gott bekennen, daß Sie ärgerlich und deprimiert sind, aber daß Sie die ganze Angelegenheit in seine Hände legen und nach seinem Willen suchen wollen.

Ich muß Sie auf die Möglichkeit aufmerksam machen, daß Ihre Ehe nicht wieder in Ordnung kommt. Gottes Wille ist zwar, daß eine Ehe lebenslang bestehen bleibt, doch die Sünde der Menschen hat viele Beziehungen vergiftet. Sie sollten für Ihren Mann beten, sich aber gleichzeitig dem Leben stellen und darauf warten, was Gott an Ihnen und durch Sie tun möchte.

Suchen Sie sich eine Gemeinde, wo sie andere Christen treffen. Sie werden erkennen, daß viele eine ähnliche Erfahrung gemacht haben wie Sie. Diese Menschen können Ihnen bei Ihren Problemen helfen.

Was, glauben Sie, ist das größte Problem in einer Ehe? Viele Menschen sind der Meinung, es sei das Geld, doch ich habe die Erfahrung gemacht, daß es die Verwandten sind, die versuchen, sich einzumischen.

Es gibt viele Dinge, die zu einem ernsthaften Problem in einer Ehe werden können; zwei davon haben Sie genannt. Ich habe schon viele Briefe von Ehepaaren bekommen, deren Ehe aufgrund von finanziellen Problemen ernsthaft gefährdet war. Aber auch Probleme, die dadurch entstanden sind, daß Verwandte versuchen, sich in das Leben eines jungen Paares einzumischen, sind mir nicht fremd. Die eigentliche Frage ist aber nicht, welches im allgemeinen das größte Problem in einer Ehe ist, sondern was ist konkret schiefgelaufen in einer Ehe, die sich in Gefahr befindet.

Meiner Erfahrung nach ist in jeder Ehe, in der es Probleme gibt, die wirkliche Ursache für die Schwierigkeiten geistlicher Natur. Gott hat die Ehe eingerichtet, und er wollte, daß drei Personen daran beteiligt sind — der Mann, die Frau und Gott. Wenn Gott aus einer Ehe ausgeschlossen wird, dann entspricht diese Ehe nicht mehr seinem ursprünglichem Plan; auch wenn die Eheleute äußerlich glücklich wirken. Wenn Gott ausgeschlossen wird, bedeutet das, daß zwei Individuen im Wettstreit miteinander liegen, anstatt sich zu lieben und einander zu vergeben. Doch wenn jeder der Partner nach Gottes Willen fragt, und wenn jeder Partner Gott erlaubt, seinen Egoismus durch Liebe zu ersetzen, dann kehrt Frieden und Freude ein.

Darum betont die Bibel so ausdrücklich, daß die Ehe ein Bild für die Liebe sein soll, mit der Christus die Menschen liebt. »Ihr Männer, liebt eure Frauen, wie auch Christus die Gemeinde geliebt hat und hat sich selbst für sie dahingegeben« (Epheser 5,25).

Ihre Verwandten müssen begreifen, daß sie sich aus einer Ehe heraushalten müssen. Sich einzumischen ist fast so, als wenn man in ein fremdes Haus einbrechen würde. Es kann eine Verletzung der Privatsphäre des Einzelnen sein und Unzufriedenheit säen, die viel mehr neue Probleme verursacht, statt zur Lösung der alten beiträgt. Sie sollten ihnen freundlich aber entschieden sagen, daß Sie ihre Anteilnahme zwar zu schätzen wüßten, es aber lieber sehen würden, wenn sie für Sie beten würden. Wenn Sie mehr als ihre Gebete benötigen würden, würden Sie es sie wissen lassen.

Ich hatte immer sehr romantische Vorstellungen von der Ehe, doch die sind mir gründlich vergangen. Mein Mann leistet nicht nur vollen Arbeitseinsatz, er geht nebenher auch noch zur Schule. In unserem ersten Ehejahr bekamen wir ein Kind, und mir wächst allmählich alles über den Kopf. Manchmal möchte ich alles stehen und liegen lassen und fortgehen. Was ist an der Ehe überhaupt so toll?

Ja, ich fürchte, viele junge Leute haben heutzutage sehr romantische Vorstellungen von der Ehe — Vorstellungen, die mit der Wirklichkeit sehr wenig zu tun haben. Das heißt nicht, daß Romantik falsch ist. Doch romantische Gefühle allein reichen nicht aus, wenn Probleme und Belastungen auftauchen, was unausweichlich ist.

Ich möchte Ihnen Mut machen; Ihre momentane Situation wird sich auch eines Tages ändern. Ich hoffe, daß Sie und Ihr Mann sich offen (und nicht verbittert) darüber unterhalten haben, und daß die Zeit kommen wird, wo er seine Schulzeit abgeschlossen hat und der Druck nicht mehr so groß ist. Es besteht allerdings die Gefahr, daß Ihr Mann sich nach Abschluß seiner Ausbildung von etwas anderem gefangennehmen läßt und Sie beide sich immer weiter voneinander entfernen.

Warten Sie nicht zu lange, bevor Sie dieses Problem in Angriff nehmen. Sie und Ihr Mann müssen sich offen über den Druck, der auf Ihnen lastet, unterhalten. Er muß Ihre Situation verstehen und Sie seine. Sie beide haben einander ein Versprechen gegeben — nicht nur vor Menschen, sondern auch vor Gott. Sie haben einander versprochen, den anderen zu lieben und ihm treu zu sein, auch in Schwierigkeiten. Die Ehe bringt eine große Verantwortung mit sich, und Sie sollten darum beten, daß Gott Ihnen die Kraft und die Weisheit schenkt, Ihrer Verantwortung in der jetzigen Situation gerecht zu werden.

Gott hat die Ehe als etwas Gutes erdacht. Darum bete ich dafür, daß Sie und Ihr Mann Ihr Leben Christus übergeben und ihn den Herrn über Ihr Leben und Ihre Ehe sein lassen. Sie erreichen gar nichts, wenn Sie davonlaufen, im Gegenteil, Sie verletzen andere damit. Bitten Sie Christus, daß er Ihnen hilft und Ihnen zeigt, wie Sie beide das Glück einer Ehe erfahren können. Fangen Sie an, das Beste aus der gemeinsamen Zeit zu machen, die Ihnen und Ihrem Mann bleibt.

Vor einigen Wochen hat mein Mann mir gestanden, daß er ein Verhältnis mit einem Mädchen aus seinem Büro hatte. Er sagt, es sei alles vorbei und ich glaube ihm, aber tief innen frage ich mich, ob ich ihm wirklich vergeben kann.

Das Vergeben fällt uns nicht leicht, besonders, wenn jemand, dem wir vertraut haben, unser Vertrauen mißbraucht. Und doch, wenn wir nicht lernen zu vergeben, müssen wir erkennen, daß wir niemals wieder Vertrauen aufbauen können. Die Tatsache, daß Ihr Mann Ihnen sein Verhältnis gestanden hat, zeigt möglicherweise, daß er sein Handeln bedauert und sich nach Ihrer Vergebung sehnt.

Die Bibel sagt uns, daß wir anderen vergeben sollen — auch wenn sie uns manchmal sehr weh tun. Petrus fragte den Herrn Jesus einmal: »Herr, wie oft muß ich denn meinem Bruder, der an mir sündigt, vergeben?« Die Antwort Jesu macht deutlich, daß unsere Vergebung unbegrenzt sein sollte: »Ich sage dir: nicht siebenmal, sondern siebzig mal siebenmal« (Matthäus 18,21-22).

Wie können wir anderen, die uns verletzt haben, vergeben? Ich glaube, das ist nur möglich, wenn wir von dem, was andere uns angetan haben, wegsehen und uns auf das konzentrieren, was wir Gott angetan haben — und wie er uns trotzdem vergeben hat. Ist Ihnen klar, wie sehr Sie sich gegen Gott versündigt haben? Das bedeutet nicht, daß Sie nach menschlichen Maßstäben ein schlechter Mensch sind. Aber Gott hat Sie erschaffen und Sie haben ihn aus Ihrem Leben ausgeschlossen. Sie haben ihm den Rücken zugewendet und in Gedanken, mit Worten und Taten gegen ihn gesündigt. Sie haben seinen Urteilsspruch verdient, genau wie jeder von uns.

Aber Gott hat Sie lieb und es Ihnen ermöglicht, durch Jesus Christus, seinen Sohn, Vergebung zu bekommen. Darum müssen wir auch anderen vergeben — so, wie Gott uns in Christus vergeben hat. »Seid aber untereinander freundlich und herzlich und vergebt einer dem andern, wie auch Gott euch vergeben hat in Christus«(Epheser 4,32). Ich werde dafür beten, daß Sie und Ihr Mann lernen, jeden Tag mit Christus zu erleben und Ihre Ehe auf ihn zu gründen.

Ich fürchte, ich bin ein ziemlich chaotischer Mensch. Vor einigen Monaten habe ich mich von meinem Mann getrennt und wurde dann von einem anderen Mann schwanger. Jetzt bat mich mein Mann, zu ihm zurückzukommen, machte aber zur Bedingung, das Kind abtreiben zu lassen. Ich weiß einfach nicht, was ich tun soll.

Sie haben im Moment zwei Probleme — einmal das Kind, das in Ihnen wächst, zum anderen die Zielrichtung Ihres Lebens. Ich kann nicht in einigen kurzen Absätzen all das sagen, was ich gerne möchte, doch ich hoffe, daß Sie eine Person Ihres Vertrauens finden (einen Pastor z.B.), der Ihnen durch Ihre Schwierigkeiten hindurchhelfen kann.

Vor allen Dingen bitte ich Sie, dem Drängen Ihres Mannes nach einer Abtreibung nicht nachzugeben. Zugegebenermaßen sieht es so aus, als würde dadurch Ihr Problem gelöst, doch fügen Sie dem Unrecht, das Sie schon getan haben, nicht noch ein weiteres hinzu. Das Leben in Ihnen ist ein

Mensch, geschaffen im Bilde Gottes, und es wäre schlimm, wenn Sie es töten würden. Möglicherweise können Sie das Kind zur Adoption freigeben. Eine solche Entscheidung kann allerdings erst getroffen werden, wenn Sie sorgfältig Ihre Möglichkeiten abgewogen und mit einem Seelsorger gesprochen haben, der Ihnen helfen kann, alles klarer zu sehen.

Ich mache mir Gedanken um Ihre Zukunft — nicht nur in den nächsten Monaten. Bisher haben Sie sich vom Leben treiben lassen und nach dem Glück gesucht, ohne es zu finden. Solange Sie sich kein Ziel für Ihr Leben gesetzt haben, werden Sie immer wieder solchen Problemen ausgesetzt sein.

Bisher hat Gott in Ihrem Leben keine Rolle gespielt. Sie haben gelebt, als ob er gar nicht existieren würde. Doch Gott ist nicht nur eine Realität, er liebt Sie und möchte, daß Sie sein Kind werden. Sie sollen die Freude kennenlernen, die man erfährt, wenn man sein Leben an seiner Hand führt, nach seinem Willen fragt und seinen Geboten und moralischen Gesetzen folgt.

Vielleicht haben Sie im Moment Gott noch nicht ganz verstanden, doch er liebt Sie und möchte, daß Sie ihn um Vergebung und ein neues Leben bitten.

Das größte Problem in unserer Ehe kann in einem Wort zusammengefaßt werden: Geld. Wir streiten immer öfter, und fast immer geht es dabei ums Geld. Ich habe das Gefühl, als ob wir einen Berg hinunterrutschen und nicht anhalten können. Unsere Ehe wird noch zerbrechen, aber ich weiß nicht, was wir dagegen tun können.

Vor nicht allzu langer Zeit habe ich mit einem Psychologen gesprochen, der sich mit Eheproblemen beschäftigt. Seiner Meinung nach sind bei den meisten Ehepaaren, die er berät, finanzielle Probleme die Ursache für die Ehekrisen.

Es gibt mindestens zwei Dimensionen Ihres Problems. Die erste, und wichtigste, ist die Frage, welchen Stellenwert das

Geld (und alles, was es repräsentiert) in Ihrem Leben hat. Im Augenblick sieht es so aus, als ob Geld und materielle Dinge Sie am meisten beschäftigen und Sie dominieren. Doch die Bibel warnt uns davor, dem Geld den ersten Stellenwert in unserem Leben einzuräumen. Dieser Platz gehört Gott allein. Das Geld herrscht über Sie, doch Jesus sagt: »Niemand kann zwei Herren dienen: entweder er wird den einen hassen und den anderen lieben, oder er wird an dem einen hängen und den anderen verachten. Ihr könnt nicht Gott dienen und dem Mammon«(Matthäus 6,24). Wir werden wie der Gott, den wir anbeten.

Die andere Dimension Ihrer Frage ist die praktische Seite. Wenn Sie stark verschuldet sind oder Ihr Geld nicht sinnvoll einteilen können, dann holen Sie sich Rat bei jemandem, der Ihnen helfen kann. Wenn Sie sich beim Einkaufen nicht zurückhalten können, geben Sie doch ihre Kreditkarten zurück. Einkaufen kann zur Sucht werden. Die Menschen werden davon gefangengenommen und scheinen jegliche Kontrolle über ihre Finanzen zu verlieren. Statt dessen werden sie vom Geld beherrscht. Gott möchte die Kontrolle über Ihr Leben, und wenn Sie sich entschließen, Ihr Leben (und Ihre Finanzen) seiner Kontrolle zu unterstellen, wird er Ihnen helfen. Suchen Sie sich einen Finanzberater, der Ihnen hilft, Ihre Schulden loszuwerden und der Ihnen ein Budget aufstellt, mit dem Sie auskommen können.

Mir ist klargeworden, daß mein Mann den materiellen Dingen vollkommen verfallen ist. Er arbeitet nur noch, und wenn ich versuche, ihn zu bremsen und ihm vorschlage, sein Leben doch auch einmal zu genießen, dann antwortet er, daß er sich das nicht leisten kann, weil er uns finanziell absichern will. Ich mache mir Sorgen um ihn, vor allem, seit einer unserer Freunde vor einer Woche an einem Herzinfarkt gestorben ist. Er war ungefähr im Alter meines Mannes. Ich habe Angst, daß meinem Mann dasselbe passiert. Wie kann ich ihm helfen?

Leider kommt es sehr häufig vor, daß Männer (und Frauen) denselben Fehler machen wie Ihr Mann, ohne darüber nachzudenken, wie unlogisch ihr Verhalten ist. Wenn Sie diese Leute fragen, warum sie so eifrig daran arbeiten, ihre Familie finanziell abzusichern, würden sie antworten, weil sie sie lieben. Dabei verbringen sie nur wenig Zeit mit ihren Kindern und ihrer Frau. Auch lassen sie außer acht, daß Überarbeitung zu einer kürzeren Lebenserwartung führt. Ein solches Verhalten ist äußerst lieblos.

Ihr Mann muß seine Prioritäten neu setzen. Sicherlich hat er die Aufgabe, finanziell für seine Familie zu sorgen. Doch er hat auch eine ihm von Gott gegebene Verantwortung für das emotionale und geistliche Wohl seiner Familie. Die kann er aber nicht erfüllen, wenn er sich vollkommen von Geld und materiellen Dingen gefangennehmen läßt. Jesus sagte einmal: »Darum sage ich euch: Sorget nicht um euer Leben, was ihr essen und trinken werdet; auch nicht um euren Leib, was ihr anziehen werdet. Ist nicht das Leben mehr als die Nahrung und der Leib mehr als die Kleidung? ... Trachtet zuerst nach dem Reich Gottes und nach seiner Gerechtigkeit, so wird euch das alles zufallen«(Matthäus 6,25.33).

Beten Sie für Ihren Mann, und beten Sie auch für sich, daß Gott Ihnen helfen möge, ein gemütliches Zuhause zu schaffen, in dem Ihr Mann ein neues Glück im gemeinsamen Familienleben findet.

Ich bin mit einem wunderbaren Mann verheiratet. Obwohl ich ihn sehr achte, habe ich mich in einen anderen Mann verliebt, der mir die Aufmerksamkeit entgegenbringt, nach der ich mich so sehne, während mein Mann vieles so selbstverständlich hinnimmt. Ich fühle mich außerstande, mit dem Mann, den ich liebe, zu brechen, aber ich weiß auch nicht, wie ich meinem Mann die Wahrheit sagen soll. Was kann ich tun?

Es steht außer Frage, was das Richtige ist. Vergessen Sie Ihre vorübergehende Verliebtheit und kommen Sie wieder zu sich. Es ist einfach, einem anderen gelegentliche Aufmerksamkeiten entgegenzubringen, wenn man nicht die ganze Verantwortung einer ehelichen Lebensgemeinschaft tragen muß. Wenn Sie Ihren Mann immer noch als wunderbaren Menschen ansehen und ihn respektieren, dann verhalten Sie sich wie ein alberner Teenager, der sich einer flüchtigen Verliebtheit hingibt.

Wenn wir unserem Partner unsere Liebe zeigen, wird sie oft auch erwidert. Doch wenn wir Liebe erwarten, ohne sie selbst zu geben, und dem Ehepartner geht es genauso, dann wird die Mauer immer höher. Folgen Sie der biblischen Ermahnung, Ihrem Mann gehorsam und untertan zu sein. Vielleicht ist er dann viel liebevoller, als Sie sich das jetzt vorstellen können. Außerdem ist Ihre Liebe zu dem anderen Mann in Gottes Augen Sünde. Bekennen Sie sie und ziehen Sie Konsequenzen aus dieser Erfahrung. Vielleicht bekommen Sie dadurch eine echte Beziehung zu Christus und zu Ihrem Mann.

Ich habe einen wundervollen Mann, doch ich bin ihm untreu geworden. Mir ist jetzt klargeworden, wie falsch mein Handeln war. Was soll ich tun?

Die Bibel berichtet uns, daß David, als er erkannte, daß er sich einer ähnlichen Sünde schuldig gemacht hatte, zu Gott um Vergebung flehte, und daß Gott ihm vergeben hat. Lesen Sie zuerst 2.Samuel Kapitel 11 und 12 und danach Psalm 51. Hier ist beschrieben, daß Einsicht und Bereuen der Sünde und die Bitte um Vergebung die Schritte sind, um Vergebung zu erhalten. Davids Sünde war vielen bekannt und Nathan warf ihm vor, daß er »die Feinde des Herrn durch diese Sache zum Lästern gebracht« habe. In Ihrem Fall würde ein Bekennen dieser Angelegenheit mehr schaden als nützen. Vermeiden Sie es, den anderen Mann noch einmal zu treffen. Nachdem Sie Gott Ihre Verfehlung bekannt haben, bitten Sie Christus um Vergebung und um die Kraft, ein Leben zu seiner Ehre zu führen. Zeigen Sie Ihrem Mann, wie sehr Sie ihn lieben. Versuchen Sie, eine gute Ehefrau, Mutter, Nachbarin und Freundin zu sein, und bedenken Sie immer, daß Sie das nicht aus eigener Kraft tun können. Bitten Sie Gott täglich um die nötige Kraft, die Sünde zu überwinden und ein Leben für ihn führen zu können. Lesen Sie viel in der Bibel und beten Sie. Dann werden Sie feststellen, daß die Vergangenheit nur noch eine unglückliche Erinnerung sein wird.

Ich habe den unerschütterlichen Beweis, daß mein Mann mich betrügt. Wir sind seit zehn Jahren verheiratet und haben drei Kinder. Was soll ich tun?

Es gibt drei Punkte, die Sie beachten und für die Sie Gottes Führung und Hilfe erbitten müssen. Erstens, die Seele Ihres Mannes steht auf dem Spiel. Er muß seine Sünde erkennen und Gott dafür um Vergebung bitten. Bitten Sie Gott um Kraft und Weisheit, Ihren Mann mit dieser Sünde zu konfrontieren und ihm zu zeigen, daß Sie ihn trotzdem lieben und sich um ihn Sorgen machen. Vielleicht will Gott Sie dazu gebrauchen, dieses Problem zu lösen und Ihren Mann so zurückzugewinnen.

Zweitens, schauen Sie sich selbst an: Sie sind traurig und Ihr Stolz ist verletzt. Sie tragen eine schwere Last. Sie müssen immer wieder dafür beten, daß Sie das Richtige tun.

Sie könnten Ihren Mann verlassen, doch damit ist das Problem nicht aus der Welt. Es wäre viel besser, wenn Sie ihn zurückgewinnen würden. Ihr Mann muß wissen, daß er sich nicht weiter, ohne Konsequenzen tragen zu müssen, so verhalten kann. Die Ehe ist ein Vertrag, nicht nur zwischen den Eheleuten, sondern auch Gott gegenüber. Wenn ein Vertrag gebrochen wird, kann man vor Gericht gehen. Manchmal erwirkt ein gewiefter Anwalt einen Freispruch. Doch Gott ist gerecht. Wenn Ihr Mann seine Verfehlung nicht bereut, wird er eine harte Strafe dafür in Kauf nehmen müssen.

Drittens, Sie müssen an Ihre Kinder denken. Wenn Sie sich von Ihrem Mann trennen, haben die Kinder unter Ihrer zerbrochenen Ehe zu leiden. Das kann ernsthafte Auswirkungen auf ihre Entwicklung haben. Sie brauchen einen Vater, so, wie Sie Ihren Mann brauchen. Auch er braucht seine Frau und seine Kinder. Ich möchte Sie inständig bitten, darüber zu beten und dann in der Weisheit und mit der Kraft Gottes zu handeln.

Mein Mann hatte ein Verhältnis mit einer anderen Frau. Dann wurde er Christ und bereute aufrichtig, was er getan hatte. Trotzdem zogen wir in eine andere Stadt. Jetzt ist uns diese Frau gefolgt. Was sollen wir tun?

Da ich die gesellschaftliche Stellung dieser Frau nicht kenne, kann ich Ihnen nur allgemein raten. Man kann Ihrem Mann und Ihnen nur zu Ihrer Liebe und Ihrem gegenseitigen Vertrauen gratulieren. Sie sind beide durch große Schwierigkeiten gegangen, und Gott hat Ihnen Gnade und Vergebung geschenkt. Ich möchte Sie dringend bitten, auch weiterhin so zusammenzuhalten. An Ihrer Stelle würde ich diese Frau vollkommen ignorieren. Wenn Sie Annäherungsversuche machen sollte, was sie bestimmt tun wird, geben Sie ihr zu verstehen, daß dieses Verhältnis beendet und ihre Anwesenheit nicht willkommen ist. Bitten Sie Gott jeden Tag um Führung, damit Sie eventuellen Problemen begegnen können. Bitten Sie ihn auch um Weisheit, Liebe und gesunden Menschenverstand, damit sie diese Schwierigkeit in seinem Sinne überwinden können. Falls diese Frau eine Intrigantin sein sollte, dann passen Sie besonders auf, daß Sie und Ihr Mann nicht in eine kompromittierende Situation geraten. Ihre Lage ist wirklich schwierig. Doch Sie haben eine Kraftquelle in dem Herrn Jesus Christus. Er wird Sie hindurchtragen. Beten Sie auch für diese Frau. Bitten Sie Gott darum, daß er ihr ihre Sünde zeigt, wie er es bei Ihrem Mann getan hat. Auch für sie ist Christus gestorben.

Als wir heirateten, war mein Mann arbeitslos. Er erzählte mir, es sei nur eine vorübergehende Entlassung. Doch das ist nun schon fünf Jahre her, und er hat es seither nie lange in einer Stellung ausgehalten. Immer findet er wieder eine Entschuldigung. Ich fürchte, ich muß mich mit der Tatsache abfinden, daß er einfach faul ist. Er ist damit zufrieden, daß ich die Familie unterhalte. Kann ich etwas dagegen tun, oder muß ich das so akzeptieren?

Ja, was können Sie tun? Vielleicht ist die offensichtliche Faulheit Ihres Mannes nur ein Symptom für ein viel tiefer liegendes Problem, das behandelt werden sollte. Viele Menschen haben z.B. wenig Zutrauen zu Ihren Fähigkeiten und geben aus diesem Grunde bei den geringsten Schwierigkeiten sofort auf. Sie haben Angst vor einem eventuellen Versagen, und aus dieser Angst heraus meiden sie jegliche Herausforderungen — einschließlich der einer neuen Arbeitsstelle. Machen Sie Ihrem Mann Mut, eine Berufsberatung aufzusuchen; vielleicht kann Ihr Pastor Ihnen eine solche Stelle in Ihrer Stadt nennen, wo Ihrem Mann geholfen werden kann. Beten Sie für Ihren Mann, damit er erkennt, daß Gott mehr Verantwortungsgefühl von ihm erwartet, und daß er sein Leben Christus übergibt, der ihm helfen kann, sein egoistisches Verhalten zu überwinden. Sprechen Sie liebevoll, aber offen mit ihm über Ihre Sorgen.

Tun Sie alles dafür, Ihre Ehe zu erhalten. Als Sie heirateten, haben Sie vor Gott ein Gelübde abgelegt, daß Sie »in guten wie in schlechten Tagen« treu zueinander stehen wollen.

Mit Gottes Hilfe kann sich Ihre jetzige Lage auch wieder zum Guten wenden.

Mein Mann ist depressiv und hat eine Menge Probleme. Für mich ist es eine große Belastung, mich die ganze Zeit damit auseinanderzusetzen. Jetzt fühle ich mich von einem Mann in meinem Büro angezogen. Ich denke viel über ihn nach und male mir aus, wie schön das Leben an seiner Seite sein könnte. Aber das sind alles nur Wunschträume. Ist es falsch, solche Träume zu haben?

Ja, und ich möchte Sie dringend bitten, Gott um Hilfe zu bitten, das überwinden zu können.

Warum sind solche Träumereien falsch? Zum einen werden Sie den Groll gegen Ihren Mann nicht überwinden, solange Sie sich diese Wunschträume gestatten — anstatt zu erkennen, daß Gott Sie segnen und in Ihrer Lebenssituation zum Segen werden lassen möchte. Zum anderen führen solche Wunschträume auch leicht zum Handeln. Jeden Tag bekomme ich Briefe von Menschen, die ihr Leben ruiniert haben, weil ihre Träumereien überhand genommen hatten und außer Kontrolle geraten waren. Das führte schließlich dazu, daß sie Ehebruch begingen. So etwas hatte nie in ihrer Absicht gelegen, und ihre Gedanken hatten sie immer für harmlos und unwichtig gehalten — doch die Gedanken führten schließlich zur Tat. Jesus sagt: »Denn aus dem Herzen kommen böse Gedanken, Mord, Ehebruch, Unzucht, Diebstahl, falsches Zeugnis, Lästerung«(Matthäus 15,19).

Sie müssen Ihre Sünde bereuen — nicht nur Ihre Wunschvorstellungen, sondern auch jede Sünde, die Ihnen bewußt ist, und Christus um Vergebung bitten. Übergeben Sie ihm Ihr Leben und bitten Sie ihn um die Kraft, der Versuchung zu widerstehen und Ihrem Mann Hilfe und Ermutigung in seiner schwierigen Situation zu sein. Beten Sie für ihn, daß auch er die Freude kennenlernt, die man erfährt, wenn man jeden

Tag mit Christus lebt. »Aber die auf den Herrn harren, kriegen neue Kraft«(Jesaja 40,31).

Aufgrund der beruflichen Stellung meines Mannes bin ich sehr oft allein. Mir fällt es schwer, immer nur mit Frauen zusammenzusein, und ich frage mich, ob es schlimm ist, wenn ich gelegentlich mit einem Freund, der mich oft zum Abendessen einlädt, essen gehe.

Versuchen Sie, bei der nächsten Gelegenheit offen mit Ihrem Mann zu sprechen. Vielleicht können Sie gemeinsam eine Lösung Ihres Problems finden. Beten Sie zusammen darüber. Jemand sagte einmal ganz richtig: »Durch das Gebet sind schon mehr Probleme gelöst worden, als man sich vorstellen kann.« Sie müssen sich darüber klar sein, daß Ihr Wunsch nach männlicher Gesellschaft in Abwesenheit Ihres Mannes sehr schnell zu einer intimen Beziehung führen kann.

Vielleicht haben Sie zuviel Zeit zur Verfügung. Wenn das so ist, dann fragen Sie Ihren Pastor, im Krankenhaus oder bei anderen sozialen Einrichtungen nach, ob Sie ehrenamtlich Bedürftigen helfen können. Sie werden erkennen, daß es wirklich besser ist zu geben, als zu nehmen. Sie werden auch erfahren, daß Sie viel mehr zurückbekommen, als Sie investieren.

Meine Frau erwartet ihr erstes Baby, und sie hat sich so stark verändert, daß ich sie kaum wiedererkenne. Manchmal habe ich das Gefühl, daß sie mich richtig haßt. Das bricht mir fast das Herz. Was kann ich tun?

Ihre Frage zeigt mir, daß Sie sich ausgeschlossen fühlen. Aber in Wirklichkeit sind Sie doch Teil dieses Babys. Sie sprechen von dem Kind Ihrer Frau und nicht von »unserem« Kind. Als Vater sind Sie an einem Kind nicht nur biologisch beteiligt; beide Eltern müssen sich auch emotional mit ihm und der neuen Situation auseinandersetzen.

Ich denke, Ihr Arzt kann Ihnen das Problem erklären und Ihnen raten, wie Sie und Ihre Frau damit umgehen können. Solche Persönlichkeitsveränderungen kommen hin und wieder vor, aber nach der Geburt des Babys legen sie sich auch wieder. Ihre Frau braucht Ihre Liebe jetzt mehr denn je, obwohl sie sie im Moment nicht so zurückgeben kann, wird sie doch merken, wenn Sie versuchen, liebevoll und rücksichtsvoll zu sein. Das wird ihr helfen. Ich nehme an, daß Sie Christ sind, doch wie auch immer, ich möchte Ihnen dringend raten, Christus ganz in Ihr Leben aufzunehmen. Danken Sie ihm für das neue Leben, das Ihnen anvertraut wurde und beten Sie jeden Tag um die Weisheit und Kraft, dieses kleine Wesen zu ihm hin erziehen zu können.

Ich möchte Sie beruhigen. Jedes Ehepaar hat mit Anpassungsschwierigkeiten zu kämpfen. Aber sie können durch gegenseitige Liebe und Rücksichtnahme aufeinander überwunden werden. Nichts hilft mehr in einer Ehe, als wenn Mann und Frau zusammen in der Bibel lesen und beten. Vernachlässigen Sie auch die Anbetung nicht: »Und ganz Juda stand vor dem Herrn mit seinen Alten, Frauen und Kindern«(2.Chronik 20,13).

Mein Mann und ich sind etwas länger als ein Jahr verheiratet. Bis ich Christ wurde, kamen wir sehr gut miteinander aus, doch seither streiten wir uns fast nur noch. Ich bin nahe dran, ihn zu verlassen; ich brauche Ihren Rat.

Der Apostel Petrus hat folgendes zu diesem Thema gesagt: »Desgleichen sollt ihr Frauen euch euren Männern unterordnen, damit auch die, die nicht an das Wort glauben, durch das Leben ihrer Frauen ohne Worte gewonnen werden«(1.Petrus 3,1).

Das ist sicherlich nicht einfach, doch Sie sind verpflichtet, ein Leben zu führen, daß ihn herausfordert, eine Entscheidung zu treffen. Das kann nicht durch Nörgeleien oder Belehrungen geschehen, sondern indem Sie sanftmütig sind und sich ihm unterordnen.

Unser Vorbild ist Jesus Christus, der sich, obwohl er Gottes Sohn war, erniedrigt und Knechtsgestalt angenommen hat. Christus unterwarf seinen menschlichen Willen seinem himmlischen Vater. Darum sollten Sie sich auch Ihrem Mann unterwerfen. Zwar dürfen Sie nichts tun, was gegen den Willen Gottes ist (wie z.B. von der Gemeinde und von der Bibelstunde zu Hause bleiben), doch gibt es noch viele andere Möglichkeiten, sich dem Willen Ihres Mannes unterzuordnen. Gott kennt Ihre Motive und wenn Sie für Ihren Mann beten, wird Gott durch den heiligen Geist an ihm arbeiten. Ihre veränderte Haltung Ihrem Mann gegenüber sollte Ihnen keine Last sein, die sich in Ihrer Stimmung niederschlägt, denn Sie ordnen sich ja in erster Linie dem Willen Gottes unter, nicht nur dem Willen Ihres Mannes. Ihr Mann wird sich viel eher für Christus gewinnen lassen, wenn Sie fröhlich sind.

Mein Mann und ich sind seit zwanzig Jahren verheiratet, doch wir haben jegliches Gefühl füreinander verloren. Wir leben nur noch in demselben Haus. Kann man etwas dagegen tun?

Gott hat die Ehe gestiftet als eine ganz enge Verbindung zweier Menschen, die sich gegenseitig unterstützen und helfen. Das gilt auch für Ihre Ehe. Ich weiß, wie schwierig es ist, eine Ehe wieder in Ordnung zu bringen, die schon fast auseinandergebrochen ist. Aber Gott kann helfen, und ich bete dafür, daß Sie den Mut und die Geduld haben, an Ihrer Beziehung zu arbeiten. Auf kurze Sicht scheint es viel einfacher, die Dinge treiben zu lassen, doch es ist an der Zeit zu entscheiden, was Sie tun wollen, um Ihre Ehe in Ordnung zu bringen. Glauben Sie mir, der Aufwand lohnt sich.

Was können Sie tun? Sie und Ihr Mann müssen Ihr Verhältnis zueinander vertiefen. Es ist nicht einfach, das Gespräch wieder aufzunehmen, wenn es so lange verstummt war, doch machen Sie es sich zum Ziel, ehrlich zueinander zu sein — nicht im Zorn, sondern in ernsthaftem Bemühen. Nehmen Sie sich vor, alles in Ihrer Macht stehende zu tun, auch, wenn Ihr Mann zuerst nicht dazu bereit ist.

Vergessen Sie nicht, Gott in Ihre Ehe miteinzubeziehen. Lassen Sie ihn die Grundlage Ihres Lebens und Ihrer Ehe sein. Er kann Ihnen neu zeigen, was es bedeutet, den anderen zu lieben. Wenn Sie von der Bibel her verstehen, wie sehr Gott Sie liebt, dann werden Sie anfangen zu begreifen, daß auch wir andere lieben sollen, und zwar selbstlos und beständig.

Es gibt noch so vieles, was ich schreiben könnte, doch ich möchte Ihnen zum Schluß noch einen Vorschlag machen: Nehmen Sie sich die Zeit für kleine Liebesdienste. Lernen Sie zu loben statt zu kritisieren. Sie beide müssen wieder neu lernen, miteinander zu sprechen und das zu tun, was Ihnen einst so viel Freude gemacht hat. Geben Sie sich viel Mühe, aus Ihrem Haus ein Heim zu machen. Zeigen Sie Ihrem Mann, daß Sie bereit sind, seine Wünsche und Bedürfnisse an die erste Stelle zu setzen, und ich bin sicher, daß er mit der Zeit positiv darauf reagieren wird.

Mein Mann hat sich so verändert, daß man fast nicht mehr mit ihm leben kann. Ich weiß nicht, ob er senil wird, oder was sonst mit ihm los ist. Wir sind beide über siebzig, und das Leben ist auch ohne sein ständiges Klagen schon schwer genug. Manchmal denke ich, es ist mehr als ich ertragen kann.

Vielleicht hat Ihr Mann gesundheitliche Probleme. Raten Sie ihm, sich von seinem Arzt gründlich untersuchen zu lassen. Zögern Sie nicht länger, das in Angriff zu nehmen; manche Krankheiten können sehr erfolgreich behandelt werden. Nicht nur Ihrem Mann, auch Ihnen wäre damit geholfen.

Ich möchte Sie noch an folgendes erinnern: Gott erwartet von Ihnen, daß Sie Ihr Bestes tun, um Ihrem Mann eine gute Ehefrau zu sein. Er kann Ihnen dabei helfen und Ihnen Kraft und Weisheit geben, wenn Sie sich besonders schwierigen Situationen gegenübersehen.

Gott liebt Sie und er möchte, daß Sie ihn persönlich kennenlernen. Er möchte Ihnen helfen und die erste Stelle in Ihrem Leben einnehmen. Gott hat Sie beide mit einem langen Leben gesegnet — aber eines Tages werden Sie sterben und in die Ewigkeit eingehen. Wie tragisch wäre es für Sie, wenn Sie die Freude und den Frieden, die im Himmel herrschen werden, verpassen würden, nur weil Sie sich nie die Zeit genommen haben, über Christus nachzudenken und ihn in Ihr Leben aufzunehmen. Ich bitte Sie dringend, sich Christus jetzt zuzuwenden. Vielleicht ist das Verhalten Ihres Mannes darauf zurückzuführen, daß er über sein Leben nachdenkt und sich fragt, was er erreicht hat und was er hätte anders machen können.

Wenn Sie Ihr Leben Christus übergeben, wird Gott selbst durch seinen heiligen Geist in Ihnen wohnen. Sie selbst fühlen sich im Moment vielleicht nicht in der Lage, mit Ihren Schwierigkeiten fertigzuwerden — doch der heilige Geist kann Ihnen helfen, jeden Tag mit Gott zu leben. Die Frucht des Geistes, wie es in der Bibel heißt, ist »Liebe, Freude, Friede, Geduld, Freundlichkeit, Güte, Treue, Sanftmut, Keuschheit«(Galater 5,22.23). Sie brauchen diese »Früchte des Geistes«, und Christus kann sie Ihnen geben, wenn Sie sich ihm zuwenden.

Ich bin zum zweiten Mal verheiratet, und obwohl das erst ein Jahr her ist, habe ich das Gefühl, daß meine Liebe schon wieder nachläßt.

Mein Mann ist ein guter Ehemann, doch ich ertappe mich dabei, wie ich über andere Männer nachdenke. Nun frage ich mich, ob ich je eine stabile Ehe werde führen können.

Ich kann mir nicht helfen, aber ich habe den Eindruck, daß Sie vielleicht romantische Gefühle mit echter Liebe verwechseln. Romantische Gefühle sind natürlich nichts Schlechtes, doch sie verschwinden nach einer Weile, wenn keine tiefergehende Liebe vorhanden ist. Wenn die romantischen Gefühle nachlassen, können wir den Eindruck bekommen, daß die echte Liebe für immer verschwunden ist.

Es kann gut sein, daß Ihrer Ehe ein wichtiger Bestandteil fehlt — nämlich die Verbindlichkeit, d.h. eine Entschlossenheit auf Ihrer Seite, für den Rest Ihres Lebens bei Ihrem Mann zu bleiben, egal, was die Zukunft auch bringt. Echte Liebe ist nämlich mehr als nur ein romantisches Gefühl. Sie beinhaltet eine unerschütterliche Bindung zweier Menschen aneinander. Als Sie geheiratet haben, haben Sie Ihrem Mann genau das vor Ihren Trauzeugen und vor Gott versprochen. Gott hat uns die Ehe gegeben und er wollte, daß sie das ganze Leben lang hält. Jesus sagte: »Was nun Gott zusammengefügt hat, das soll der Mensch nicht scheiden« (Matthäus 19,6).

Daher wäre es falsch, wenn Sie sich durch Ihre Gefühle verleiten ließen, sich für einen anderen Mann zu interessieren. Sie können eine stabile Ehe führen, wenn Sie sich nur selbst entschließen, mit Ihrem Mann zu leben und alles in Ihrer Macht stehende zu tun, damit Ihre Beziehung wachsen kann.

4. Wie sollen wir unsere Kinder erziehen?

Meine Frau und ich stimmen in der Kindererziehung nicht überein. Ich bin der Meinung, daß ein Kind eine feste Hand und hier und da einen kleinen Klaps braucht, während meine Frau der Ansicht ist, einem Kind nur Liebe und Verständnis entgegenbringen zu müssen. Wer hat recht?

Liebe und Strafe sind eng miteinander verbunden. Es sind die beiden Seiten einer Medaille. Korrekte Strafe ist ein Akt der Liebe. In der Bibel heißt es: »Denn wen der Herr lieb hat, den züchtigt er«(Hebräer 12,6). Strafe will nicht nur korrigieren. Sie soll einem Kind helfen, sich Gottes Geboten unterzuordnen, damit es ein glückliches und fruchtbares Leben führen kann.

Doch die Strafe muß angemessen, und die Eltern müssen sich in diesem Punkt einig sein. Ein Kind hat ganz schnell herausgefunden, wenn die Eltern sich uneinig sind. Das kann sehr schädlich sein.

Ich habe eine Tochter, die nur sehr selten bestraft werden mußte. Selbst bei einem Tadel wäre sie todunglücklich gewesen. Mein anderes Kind reagierte nur auf Strafe. Ich denke, man kann keine festen Regeln aufstellen, weil die Kinder so unterschiedlich sind. Die Bibel sagt, daß man strafen soll, wenn es nötig ist. Doch sie sagt auch, daß Strafe und Liebe zusammengehören: »Denn wen der Herr liebt, den weist er zurecht, und hat doch Wohlgefallen an ihm wie ein Vater am Sohn« (Sprüche 3,12).

Es ist viel einfacher, die Kinder gewähren zu lassen, als die Art der Strafe zu planen und durchzuführen, die sie brauchen. Doch mehr als die Strafe bewirkt ein gutes Vorbild. Kinder lassen sich eher von dem Verhalten, das sie sehen, beeindrucken, als von Belehrungen und Klapsen. Wenn die Eltern ihnen ein christliches Leben vorleben, dann haben sie damit einen enormen Einfluß auf ihre Kinder.

Mein Mann und ich sind seit vielen Jahren Christen. Wir haben eine Tochter, die schon über dreißig ist und immer noch bei uns zu Hause

wohnt. Sie hilft mir im Haushalt, hat aber keine Pläne für die Zu-
kunft. Was sollen wir tun?

Es gehört zu unserer Aufgabe als Eltern, unseren Kindern beizubringen, die Verantwortung für ihr Leben selbst zu übernehmen. Ihre Tochter scheint einen gewissen Reifegrad erreicht zu haben und dann stehengeblieben zu sein. Vielleicht fehlt ihr das nötige Selbstvertrauen oder sie ist so abhängig von Ihnen geworden, daß sie Angst hat zu versagen, wenn sie auf eigenen Füßen stehen soll. Das Beste wäre, wenn sie eine Arbeitsstelle annehmen und sich eine eigene Wohnung suchen würde. Vielleicht befürchtet sie aber auch, daß Sie ohne sie nicht zurechtkommen. Machen Sie ihrer Tochter klar, daß sie sich darüber keine Gedanken zu machen braucht. Ermutigen Sie sie, sich einer Singlegruppe Ihrer Gemeinde anzuschließen. Sie müssen ihr den nötigen Anstoß geben und ihr helfen, aus ihrem Schneckenhaus herauszukommen und sich auf eigene Füße zu stellen.

Ich bin eine gläubige Witwe und Mutter von sieben Kindern. Meine Tochter hat einen Mann geheiratet, der schon dreimal verheiratet war. Ich habe den Eindruck, daß sie mit offenen Augen in Sünde lebt. Kann ich ihm erlauben, in mein Haus zu kommen und sollte ich ihn in meinem Herzen annehmen? Wie kann ich das tun?

Die Bibel sagt uns, daß Gott, während wir noch Sünder waren, Christus für uns hat sterben lassen, damit wir vor ihm bestehen könnten und in seiner Familie, von der wir durch die Sünde getrennt waren, willkommen geheißen werden können. Da Gott, dem wir doch mit unserer Sünde so weh getan haben, uns bereitwillig wieder angenommen hat, wie könnten Sie da anders handeln?

Indem Sie Ihren neuen Schwiegersohn annehmen, zeigen Sie ihm auch Gottes Liebe zu ihm. Ihre Ziele sollten sein, ihn für Christus zu gewinnen (und Ihre Tochter auch, falls sie ihr Leben ihm noch nicht übergeben hat) und alles in Ihrer Macht stehende dazu beizutragen, daß diese Ehe hält. Wenn Sie Ihren Schwiegersohn zurückweisen, macht Ihre Tochter Sie später vielleicht dafür verantwortlich, wenn ihre Ehe nicht funktioniert. Das könnte Ihr Verhältnis zueinander stark belasten. Bringen Sie Ihren Ärger, Ihre Enttäuschung und Ihren Stolz vor Gott und bitten Sie ihn, seine wunderbare Liebe im Leben Ihrer Tochter und Ihres Schwiegersohnes, und auch in Ihrem Leben sichtbar zu machen.

Manchmal weigert sich unser kleiner Junge, sein Gebet zu sprechen. Was sollen wir tun?

Versuchen Sie nicht, ihn zum Beten zu zwingen. Nehmen Sie sich jeden Abend vor dem Schlafengehen eine Viertelstunde Zeit, um mit ihm zu reden und ihm etwas vorzulesen. Erzählen Sie Ihrem Kind Geschichten von Jesus und zeigen Sie ihm Bilder. Erzählen Sie von unserem himmlischen Vater. Erklären Sie ihm, daß Gott die Sonne und den Regen gemacht hat, daß Gott die Blumen wachsen läßt und uns Nahrung gibt.

Beten Sie in einfachen Worten mit Ihrem Kind, z.B.: »Danke, lieber Gott, für die guten Dinge, die du mir geschenkt hast.« Tun Sie dies einige Tage lang und fragen Sie dann, nachdem Sie gebetet haben: »Möchtest du Gott auch für irgendetwas danken?« Seien Sie damit zufrieden, auch wenn er nur ein paar Worte sagt.

Es gibt keinen besseren Weg, Kinder zum Beten zu ermutigen. Später können Sie ihm beibringen, Gott um Vergebung und um Kraft zu bitten, das Richtige tun zu können. Aber seien Sie niemals ungeduldig, und zwingen Sie Ihr Kind nicht zum Beten. Lassen Sie ihn hören, wie Sie beten. Umgeben Sie ihn mit Liebe. Erzählen Sie ihm von Jesus und dem himmlischen Vater. Er wird bald auch selbst seine Gedanken in ein Gebet fassen wollen.

Ich habe zwei erwachsene Söhne. Eine meiner Schwiegertöchter ist fürchterlich eifersüchtig und besitzergreifend. Sie möchte nicht, daß mein Sohn uns besucht und erlaubt uns nur sehr selten, ihr Kind zu sehen. Das macht meinem Mann und mir großen Kummer. Was können wir tun?

Sie sagen, daß Ihre Schwiegertochter eifersüchtig ist, wenn Ihr Sohn Sie besucht, und daß sie es nicht gern sieht, wenn ihr Kind in Ihr Haus kommt. Sie schreiben aber nicht, ob Ihre Schwiegertochter bei diesen Gelegenheiten auch eingeladen ist. Versuchen Sie unter allen Umständen, Ihre Schwiegertochter in die Familie zu integrieren. Laden Sie sie vielleicht sogar einmal allein zum Mittagessen ein. Fragen Sie sie um Rat. Bieten Sie ihr an, bei ihr zu Hause auf das Kind aufzupassen, damit sie und Ihr Sohn zusammen ausgehen können. Suchen Sie nach Gelegenheiten, Ihrer Schwiegertochter vorbehaltlose Liebe zeigen zu können. Wenn sie merkt, daß Ihr Verhalten von Herzen kommt, wird sich ihre Einstellung Ihnen und der ganzen Situation gegenüber sicherlich ändern.

Ich würde gerne wissen, welche Empfehlungen Sie für die Kindererziehung geben. Wir erwarten unser erstes Kind und ich denke viel darüber nach, wenn ich sehe, wieviel Probleme andere Familien damit haben.

Ich habe ernsthaft gezögert, Ihren Brief in dieser Kolumne zu beantworten, weil es zu diesem Thema so viel zu sagen gibt. Ich bin sicher, Sie werden viele Jahre brauchen, um mehr darüber herauszufinden, was es bedeutet, Eltern zu sein — zumal, wenn man berücksichtigt, daß jedes Kind verschieden ist. Was bei dem einen funktioniert, ist nicht unbedingt sinnvoll für das andere. Doch ich bin froh, daß Sie sich darüber Gedanken machen. Gott hat uns als Eltern eine große Verantwortung übertragen, und die Erziehung stellt hohe Anforderungen an uns.

Ich möchte Ihnen jedoch drei allgemeine Empfehlungen geben, die Ihnen vielleicht weiterhelfen. Erstens, umgeben Sie Ihr Kind mit Liebe. Ich weiß, das hört sich sehr einfach an, doch wir vergessen es viel zu leicht. Manche Eltern sind z.B. so auf das gute Benehmen ihres Kindes bedacht, daß sie es fortwährend kritisieren. Ein Kind, das ständig kritisiert wird, wächst auf in dem Empfinden, nicht geliebt zu werden. Das wiederum schadet sehr stark seinem Selbstwertgefühl. Lieben Sie Ihr Kind — und zeigen Sie ihm Ihre Liebe, auch wenn das Kind schwierig ist oder etwas Falsches getan hat. Loben Sie es oft.

Zweitens, Sie sollten klare Maßstäbe für die Bestrafung von ungezogenem oder falschem Verhalten des Kindes haben. Neulich hörte ich, wie ein bekannter Psychiater im Fernsehen sagte, daß heutzutage mehr gestraft werden sollte. Ich stimme ihm da zu. Wir strafen nicht aus Wut (sollten es zumindest nicht), sondern aus Liebe, weil wir wissen, daß ein Kind lernen muß, die Verantwortung für sein Tun zu übernehmen. Ändern Sie nicht ständig die Regeln. Drohen Sie keine Strafe an, die Sie nicht auch vollziehen.

Drittens, erzählen Sie Ihrem Kind von Gott. Beten Sie für Ihr Kind und mit ihm. Zeigen Sie ihm, daß Christus Ihnen wichtig ist. Erzählen Sie ihm in kindgerechter Form von Jesus. Als Eltern tun wir alles, was in unserer Macht steht, um unsere Kinder vor körperlichem Schaden zu bewahren. Seien Sie genauso bemüht darum, Ihr Kind zu Christus zu führen.

Vor einigen Jahren verließ mein Mann mich und unsere kleine Tochter. Man hat es als alleinerziehende Mutter so schwer. Können Sie mir einige hilfreiche Ratschläge geben?

Es gibt keine Zauberformel, die Ihnen auf einen Schlag alle Ihre Probleme als Alleinerziehende wegnimmt. Sie stehen sicherlich vor einer schwierigen Aufgabe. Doch betrachten Sie es als Herausforderung, der Sie sich immer wieder mit Gottes Hilfe stellen können. Ich bin froh, daß Sie Ihrer Tochter eine gute Mutter sein wollen.

Seien Sie sich darüber im Klaren, daß Sie diese Aufgabe niemals allein bewältigen können — Sie brauchen Gottes Hilfe. Er kann Ihnen Weisheit geben, wenn Sie auf ihn sehen und seinen Willen suchen. Doch mehr noch, Gott möchte die Grundlage Ihres Lebens sein. Haben Sie ihm den ihm zustehenden Platz in Ihrem Leben eingeräumt? Er hat Sie ja erschaffen und durch Christus erlöst, daher sollten Sie ihn an die erste Stelle in Ihrem Leben setzen. Ich werde dafür beten, daß Sie Ihr Leben Christus übergeben und versuchen werden, auch Ihrer Tochter von Gottes Liebe zu erzählen.

Seien Sie Ihrer Tochter ein Vorbild. Umgeben Sie sie mit Liebe, und versuchen Sie, die Unsicherheit, die sie aufgrund des Weggehens ihres Vaters empfinden mag, zu minimieren. Ein Kind muß ein männliches Vorbild haben, einen Bruder, einen Onkel, einen Großvater oder einen Pastor, der das Vakuum ausfüllt, das der Vater hinterlassen hat.

Obwohl ich denke, daß Sie sich wahrscheinlich auch finanziellen Schwierigkeiten gegenübersehen, hoffe ich, daß Sie sich dadurch nicht abhalten lassen, so viel Zeit wie möglich mit Ihrem Kind zu verbringen. Christus kann Ihnen Freude und Frieden für Ihre Aufgabe geben. Seien Sie nicht übervorsichtig mit ihr, weil Sie denken, Sie müßten sie für den Verlust ihres Vaters entschädigen, sonden stellen Sie vernünftige Regeln und Strafen auf.

Haben Sie keine Angst, andere um Hilfe zu bitten. Wenn Sie noch nicht in einer Gemeinde aktiv sind, so hoffe ich, daß Sie sich einer Gemeinde anschließen werden, wo Christus verkündigt wird. Sie werden erstaunt sein, wie viele Menschen in einer ähnlichen Situation sind wie Sie. Dort finden

Sie vielleicht Hilfe, Ihr Leben als Alleinerziehende zu meistern.

Vielleicht gibt es keine Antwort auf meine Frage, denn zur Zeit der Bibel gab es ja noch kein Fernsehen. Sind Sie der Meinung, daß wir kontrollieren sollten, was unsere Kinder sich im Fernsehen anschauen? Mein Mann meint, wir brauchten das nicht; die Kinder müßten wissen, was in der Welt vor sich geht. Doch ich mache mir Sorgen, daß die viele Gewalt und Unmoral im Fernsehen den Kindern schaden könnte.

Vor einiger Zeit las ich, daß das Grundwasser in unserem Teil des Landes durch chemische Altlasten vergiftet worden ist. Sie haben sicherlich schon ähnliche Geschichten gelesen. Ich frage Sie: Würden Sie Ihre Kinder von diesem Wasser trinken lassen? Natürlich nicht, denn es könnte ihrer Gesundheit ernstlich schaden.

Dasselbe gilt aber auch für die moralische und geistige Gesundheit der Kinder. So, wie sie durch das, was sie essen, körperlich beeinflußt werden, werden sie durch das, was sie sehen und hören, sei es nun im Fernsehen oder sonstwo, moralisch und geistig beeinflußt. Natürlich müssen sie erfahren, wie es in der Welt zugeht, doch damit müssen sie sich noch früh genug auseinandersetzen. Ich möchte Ihnen daher Mut machen zu kontrollieren, welche Filme Ihre Kinder sehen und ihnen klare Richtlinien in Bezug auf Fernsehgewohnheiten zu geben. Das soll nicht heißen, daß jeder Fernsehfilm einen schlechten Einfluß auf die Kinder ausübt, doch Sie müssen lernen zu differenzieren. In der Bibel heißt es: »Höre, mein Sohn ... Bleibe in der Unterweisung, laß nicht ab davon, bewahre sie, denn sie ist dein Leben. Komm nicht auf den Weg der Gottlosen und tritt nicht auf den Weg der Bösen« (Sprüche 4,10.13).

Bitten Sie Gott darüberhinaus um Hilfe, daß Ihr Haus ein Ort wird, wo Christus geehrt wird. Ihre Liebe und Hinwendung zu

Christus sollen für die Kinder vorbildhaft sein. Ihr Beispiel wird den größten Einfluß auf die Entwicklung Ihrer Kinder haben.

Ich bin besorgt über das, was meine beiden Grundschulkinder aus der Schule mit nach Hause bringen. Meine Tochter z.B. hat einen Lehrer, der ganz offen sagt, daß er nicht an Gott glaubt, und daß es so etwas, wie falsch oder richtig nicht gibt. Ich möchte nicht, daß meine Kinder Schwierigkeiten bekommen, aber gibt es irgendetwas, das ich dagegen tun kann?

Das ist ein Problem, dem sich viele Millionen Eltern heutzutage gegenübersehen, da die schulische Erziehung in vielen Teilen unseres Landes säkularisiert ist und oft sogar Vorurteile gegen diejenigen erzeugt werden, die eine starke religiöse Überzeugung haben. Selbst Lehrer mit einer festen moralischen und geistlichen Einstellung schrecken oft davor zurück, sie zu äußern. Das ist eine Tragödie, die in unserer Nation unglaublichen Schaden anrichtet.

Was können Sie dagegen tun? Sprechen Sie mit anderen Eltern, die dasselbe Problem haben. (Beginnen Sie am besten mit Eltern aus Ihrer Gemeinde.) Dadurch können Sie erfahren, ob vielleicht schon irgendwelche Initiativen in dieser Richtung ergriffen wurden. Sprechen Sie ruhig mit dem Direktor der Schule, besonders, falls dieser Lehrer sich über den Glauben und die Wertvorstellungen, die zu respektieren Sie Ihren Kindern beigebracht haben, lustig machen sollte. Seien Sie dabei freundlich, und bitten Sie Gott vorher um Hilfe und Weisheit für dieses Gespräch.

Vielleicht sollten Sie auch einen Schulwechsel auf eine christliche Schule oder einen Hauslehrer in Betracht ziehen. Beides wird in den letzten Jahren immer häufiger praktiziert. Dort werden den Kindern Ansichten und Wertvorstellungen vermittelt, die in den öffentlichen Schulen häufig ignoriert oder zurückgewiesen werden.

Scheuen Sie keine Mühen und Kosten, Ihren Kindern das beizubringen, von dem Sie wissen, daß es richtig ist — sowohl durch das, was Sie sagen, als auch durch das, was Sie tun. »Und diese Worte, die ich dir heute gebiete, sollst du zu Herzen nehmen und sollst sie deinen Kindern einschärfen und davon reden, wenn du in deinem Hause sitzt oder unterwegs bist, wenn du dich niederlegst oder aufstehst« (5.Mose 6,6-7). Sie müssen Ihren Kindern auch klarmachen, daß sie ihren Lehrer zwar respektieren, aber auch erkennen müssen, daß seine Meinung zu Gottes Wort im Widerspruch steht.

Unser Problem ist zwar nicht geistlicher Natur, doch wir sind in heller Aufregung, weil unsere Tochter einen Mann heiraten will, mit dem wir absolut nicht einverstanden sind. Ihre Herkunft ist so unterschiedlich, und er scheint kein klares Lebensziel zu haben. Mein Mann ist sogar der Meinung, wir sollten der Hochzeit fern bleiben. Wir können ihr doch nicht verbieten zu heiraten. Ich weiß einfach nicht, was wir dagegen tun sollen.

Ich nehme an, Sie haben mit Ihrer Tochter über Ihre Bedenken gesprochen, und wenn sie beschlossen hat, Ihre Meinung zu ignorieren, dann liegt es in ihrer Verantwortung, und Sie können nichts mehr dagegen tun. Ich bitte Sie jedoch inständig, sich nicht selbst den Zugang zu ihr zu verbauen — was passieren würde, wenn Sie nicht zur Hochzeit gingen. Das würde Ihre Tochter nicht nur verletzen, sondern einen tiefen Graben zwischen Ihnen entstehen lassen. Es ist höchst unwahrscheinlich, daß Sie mit Ihrer Drohung, die Hochzeit zu boykottieren, die Meinung Ihrer Tochter ändern könnten. In fünf, zehn oder zwanzig Jahren würden Sie die Unstimmigkeiten, die Sie damit angerichtet hätten, bitter bereuen. In der Bibel heißt es: »Seid eines Sinnes untereinander ... Ist's möglich, so viel an euch liegt, so habt mit allen Menschen Frieden«(Römer 12,16.18).

Gott ist in der Lage, aus dem, was wir für falsch halten, Gutes entstehen zu lassen. Im Moment geben Sie der Ehe keine Chance — doch Gott kann eine glückliche Ehe daraus machen, wenn die beiden ihr Leben Christus übergeben und versuchen, ihm nachzufolgen. Sagen Sie Ihrer Tochter, daß Sie für sie beten, damit sie die richtige Entscheidung trifft und nach Gottes Willen für ihre Ehe fragt.

Ich arbeite in einem Altersheim und ich werde jedesmal wütend, wenn ich sehe, wie diese Leute behandelt werden. Manche bekommen niemals Besuch oder einen Brief. Sind Sie nicht der Meinung, daß das falsch ist?

Natürlich bin ich dieser Meinung. Ich frage mich manchmal, wie die Menschen, die ihre Eltern vernachlässigen, sich wohl fühlen werden, wenn sie selbst alt sind und feststellen müssen, daß ihre Kinder ihrem Vorbild folgen und auch sie vernachlässigt werden.

Die Bibel betont ganz besonders die Verantwortung, die die Eltern den Kindern und die Kinder den Eltern gegenüber haben. In den zehn Geboten heißt es: »Du sollst deinen Vater und deine Mutter ehren, auf daß du lange lebest in dem Lande, das dir der Herr, dein Gott, geben wird«(2.Mose 20,12). Das bedeutet, daß Gott uns segnen will, wenn wir unsere Eltern ehren, aber auch, daß sein Segen nicht auf uns ruht, wenn wir die Eltern nicht ehren. Lieben wir unsere Eltern, dann tun wir, was für sie am besten ist. Sie einem Leben in Einsamkeit zu überlassen, ist keinesfalls ein Ausdruck von Liebe und Ehrfurcht.

Ich hoffe, daß Ihre Frage viele Menschen zum Überlegen bringt, wie sie ihre Eltern jetzt im Augenblick ehren können, egal, wie alt oder wie weit entfernt sie sind. In unserer hektischen Zeit stehen wir zu leicht in der Gefahr, uns vorzunehmen, einen Brief zu schreiben oder sie anzurufen, und es dann doch zu vergessen. Sicherlich haben sie uns, als wir noch Kinder waren, nicht mit solcher Gleichgültigkeit behandelt. Ihnen unsere Liebe zu zeigen, sie zu ermutigen und ihnen zu helfen, sollte oberste Priorität bei uns haben.

Ich möchte Sie noch darauf aufmerksam machen, daß Gott Ihnen eine einzigartige Gelegenheit gegeben hat. Überall um uns herum leben Menschen, die einsam und entmutigt sind. Ermutigen Sie sie, und zeigen Sie ihnen Ihre Liebe. Doch nutzen Sie darüberhinaus die Gelegenheit, ihnen von Christus zu erzählen. Lassen Sie dies eine Herausforderung an Sie sein, durch die Sie selbst in Ihrem Verhältnis zu Christus wachsen und seine Liebe an die weitergeben können, mit denen Sie jeden Tag zu tun haben.

Wir waren schockiert, als unser Sohn, er studiert an der Universität, uns erzählte, er sei religiös geworden. Wir selbst waren nie sehr christlich und ich habe Angst, daß er sich einer Sekte angeschlossen hat. Wie kann ich das herausfinden?

Sie brauchen nicht gleich anzunehmen, daß Ihr Sohn in eine Sekte geraten ist, obwohl das natürlich möglich ist. Viele Studenten entscheiden sich heutzutage für Christus. Wenn Ihr Sohn zu Christus gefunden hat, sollten Sie sich darüber freuen. Das ist die wichtigste Entscheidung, die er in seinem ganzen Leben treffen kann.

Da ich keine weiteren Einzelheiten aus dem Leben Ihres Sohnes kenne, kann ich leider nicht beurteilen, ob er wirklich Jesus Christus nachfolgt, oder ob er sich einer Sekte angeschlossen hat. Ein Pastor, der sich in solchen Gruppierungen auskennt, kann Ihnen sicher da weiterhelfen.

Die Erfahrung Ihres Sohnes, welcher Art sie auch immer sein mag, beunruhigt Sie verständlicherweise. Doch ich hoffe, daß Ihnen das ein Anlaß ist, über Ihren geistlichen Zustand nachzudenken. Bisher hat Gott Ihnen und Ihrem Mann wahrscheinlich wenig bedeutet. Haben Sie sich schon einmal ernsthaft gefragt, was es mit Gott auf sich hat und ob er nicht auch in Ihrem Leben eine Rolle spielen sollte?

In jedem von uns gibt es eine Sehnsucht nach der Verbindung zu Gott. Jeder Mensch verspürt tief im Innern eine Leere und alle, die Gott nicht kennen, sind auf der Suche nach etwas, das die Leere ausfüllen kann. Ich denke, auch Ihr Sohn hat nach etwas gesucht, das das geistliche Vakuum in seinem Leben ausfüllt. Wenn er Christus gefunden hat, dann hat er diese Leere ausgefüllt. Nun liegt es an Ihnen. Das Schönste, was Ihrer Familie passieren könnte, wäre, daß Sie alle zum Glauben an Jesus Christus finden.

Ich weiß nicht, was ich mit meiner Mutter machen soll. Sie wohnt nur wenige Kilometer von uns entfernt und kritisiert ständig an unserem Erziehungsstil herum, sogar vor den Kindern. Wir wollen sie nicht verletzen, aber wie sollen wir damit umgehen?

Für dieses Problem gibt es sicherlich keine einfache Lösung. Sie werden offen mit Ihrer Mutter reden müssen. Bitten Sie sie, damit aufzuhören. Wenn sie so weitermacht, kann das für Ihre Kinder sehr schädlich sein. In jedem Fall wird Ihr Einfluß auf Ihre Kinder stark geschwächt. Außerdem sind Sie und Ihr Mann sicher jedesmal sehr ärgerlich, wenn sie zu Besuch kommt, und das ist nicht gut.

Mir ist klar, daß Ihre Mutter sich vielleicht verletzt fühlen wird. Sie sollten alles in Ihrer Macht stehende tun, sie wissen zu lassen, daß Sie sie lieben und Ihre Meinung respektieren. Erklären Sie ihr, warum Sie sich Sorgen machen; nicht, weil Sie eigensinnig wären und nicht haben könnten, daß jemand Ihnen vorschreibt, wie Sie mit Ihrer Familie umzugehen hätten, sondern weil ihr Verhalten unnötigen Ärger hervorruft und Ihre Autorität den Kindern gegenüber untergräbt.

Vielleicht hat sich Ihre Mutter noch nicht mit der Tatsache

abgefunden, daß Sie nicht mehr »ihre kleine Tochter« sind, sondern erwachsen und eine eigene Familie haben. Sie müssen ihr gegenüber sensibel sein, zur gleichen Zeit aber auch die Bedürfnisse Ihrer Familie sehen. Zeigen Sie ihr, daß Sie sie als Mutter ehren, aber daß es Ihre Kinder sind, und nicht die Ihrer Mutter. Seien Sie offen für hilfreiche Vorschläge, damit Sie von ihrer Erfahrung profitieren können.

Beten Sie für Ihre Mutter. Vielleicht durchlebt sie gerade eine schwierige Phase ihres Lebens. Darüber hinaus zeigen Sie Ihr durch Ihr Beispiel, daß die Liebe Christi Ihnen viel bedeutet, und daß Sie um seinetwillen auch andere lieben können.

Wir haben ein kleines Kind und unsere Schwiegermutter drängt uns, unserem Kind etwas über Religion zu erzählen. Ich war immer der Meinung, daß wir damit warten sollten, bis das Kind sich selbst darüber ein Bild machen kann. Oder sollten wir doch dem Rat der Schwiegermutter folgen?

Jawohl, sie sollten. In der Bibel heißt es: »Gewöhne einen Knaben an seinen Weg, so läßt er auch nicht davon, wenn er alt wird« (Sprüche 22,6). Wir sollen alles in unserer Macht stehende tun, um unseren Kindern Gottes Wahrheit verständlich zu machen.

Natürlich wird eines Tages die Zeit kommen, wo ein Kind seine eigene Entscheidung für Christus treffen muß. Doch das bedeutet nicht, daß wir es nicht führen und unterweisen sollen. Sie versuchen doch auch, Ihr Kind vor Gefahren zu warnen, und Sie bringen ihm bei, warum es beim Überqueren der Straße vorsichtig sein muß. Sie geben ihm eine ausgewogene Ernährung, damit es körperlich gesund bleibt. Das Kind weiß in dem Alter noch nicht, was gut für es ist. Darum müssen Sie ihm helfen und es schützen.

Doch Sie müssen Ihr Kind auch geistlich vor Schaden bewahren. Es ist nicht nur ein körperliches oder geistiges Wesen —

Gott hat ihm auch eine geistliche Natur gegeben. Die wichtigste Entscheidung, die Ihr Kind im Leben je treffen wird, ist die, ob es Christus annehmen und ihm sein Leben übergeben will. Sie müssen ihm jetzt helfen zu begreifen, daß Gott die Kinder lieb hat und sie einlädt, zu ihm zu kommen.

Ihre Frage zeigt mir, daß Sie und Ihr Mann Gott nicht viel Aufmerksamkeit schenken. Was wollen Sie Ihrem Kind denn beibringen? Es zählen doch nicht nur Worte, sondern vor allem auch das Handeln. Wenn Christus Ihnen so wenig bedeutet, wird Ihr Kind in dem Glauben aufwachsen, daß Christus auch in seinem Leben nur eine untergeordnete Rolle zu spielen braucht. Sie selbst brauchen Christus. Stellen Sie Ihr Leben auf den festen Grund des Glaubens an Jesus Christus, den Sohn Gottes.

Würden Sie bitte für unseren Sohn beten. Vor Jahren wurde er LSD-abhängig. Noch immer hat er Rückfälle, und er kann deshalb nicht arbeiten. Was können wir für ihn tun?

Es tut mir unendlich leid, was mit Ihrem Sohn geschehen ist, und ich bete dafür, daß Menschen durch diesen Brief erneut auf die Gefährlichkeit von Drogen aufmerksam gemacht werden. Manche behaupten, Drogen wie Marihuana, Kokain/Crack, LSD oder andere der bekannten, seien ungefährlich und brächten ein wunderbares Glücksgefühl. Aber das stimmt nicht.

Was können Sie für Ihren Sohn tun? (Ich nehme an, daß Sie alle medizinischen Möglichkeiten ausgeschöpft haben.) Beten Sie für ihn. Das mag Ihnen vielleicht zu wenig erscheinen – doch ich halte es für das Wichtigste, weil es Ihrem Sohn Ermutigung und Heilung bringen kann. Das bedeutet natürlich nicht, daß Ihr Sohn, wenn Sie beten, auf einen Schlag gesund ist. Doch Gott möchte ihm helfen und ihm Kraft geben, und Sie sollten dafür beten, daß Gott in seinem Leben wirkt. Er kann ihm nicht nur helfen, die Auswirkungen seiner Drogenabhängigkeit zu überwinden, sondern auch zu einem persönlichen Glauben an Jesus Christus zu kommen. Viele junge Menschen werden drogenabhängig, weil sie nach einem Sinn in ihrem Leben suchen. Nur Gott kann uns einen Lebenssinn und inneren Frieden geben.

Ermutigen Sie Ihren Sohn so viel wie möglich, und zeigen Sie ihm Ihre Liebe. Sie sollten ihn mit anderen gläubigen jungen Leuten zusammenbringen können (vielleicht aus Ihrer Gemeinde), die ihm helfen können. Sie würden erstaunt sein, wenn Sie wüßten, wie viele junge Menschen heutzutage mit Drogen zu tun hatten und davon losgekommen sind, als sie ihr Leben Jesus Christus übergeben haben. Solche Leute können Ihrem Sohn ganz sicher Hilfestellung leisten. Sie können auch sein Selbstvertrauen stärken — was unbedingt nötig ist, wenn er wieder eine Arbeitsstelle finden will. Gott liebt Ihren Sohn; aus dieser Tatsache können Sie Hoffnung schöpfen.

Mein Mann und ich wissen einfach nicht, was wir tun sollen. Seit unser Sohn, unser einziges Kind, geheiratet hat und weggezogen ist, haben seine Frau und er fast keinen Kontakt mehr zu uns. Sie wollen uns nicht besuchen, schreiben nie und rufen auch nicht an. Auch unseren neuen Enkelsohn haben wir noch nicht gesehen. Wahrscheinlich gibt es keine Antwort auf unsere Frage, aber vielleicht wissen Sie, was wir tun können?

Welche Gründe auch immer Ihr Sohn haben mag, er tut Unrecht, wenn er sich so vollkommen von Ihnen distanziert. Wenn eines Tages seine eigenen Kinder erwachsen sind und seinem Vorbild folgen, wird er wahrscheinlich erkennen, wie sehr er im Unrecht war.

Für den Augenblick kann ich Ihnen nur raten, alles zu tun, um den Kontakt zu ihm und seiner Familie aufrechtzuerhalten, auch wenn es sinnlos erscheint. Schreiben Sie Ihrem

Sohn und erzählen Sie ihm, was bei Ihnen zu Hause passiert, auch wenn er Ihnen nicht antwortet. Rufen Sie ihn gelegentlich an. Schicken Sie zu Geburtstagen und sonstigen Gelegenheiten Karten und Geschenke. Beklagen Sie sich aber in diesen Briefen oder Anrufen nicht; das würde alles nur noch verschlimmern. Wenn Sie der Meinung sind, daß Sie sich für etwas, das Sie in der Vergangenheit gesagt oder getan haben, entschuldigen sollten, dann zögern Sie nicht, es zu tun. In der Bibel heißt es: »Vergeltet niemand Böses mit Bösem. ... Ist's möglich, soviel an euch liegt, so habt mit allen Menschen Frieden« (Römer 12,17-18).

Beten Sie für Ihren Sohn und seine Familie. Sein Streben nach Unabhängigkeit kann Anzeichen eines geistlichen Kampfes sein — ein Streben nach Unabhängigkeit von Gott. Doch Gott kann auch in seinem Herzen wirken und ihm klarmachen, daß er Christus braucht. Wenn er sein Leben Christus übergibt, wird er auch seine Verantwortung Ihnen gegenüber erkennen.

Geben Sie nicht auf, obwohl es lange dauern kann, bis Ihr Verhältnis sich ändert. Wenn Ihr Enkelsohn größer ist, wird ihm auffallen, daß andere Kinder eine bessere Beziehung zu ihren Großeltern haben. Vielleicht überredet er seine Eltern, wieder einen engeren Kontakt zu Ihnen herzustellen.

Mein Mann und ich haben gerade eine kleine Tochter bekommen. Bisher haben wir nie über Religion nachgedacht. Wir würden es begrüßen, wenn Sie uns dabei helfen könnten.

Die Erkenntnis unserer Verantwortung macht uns oft deutlich, wie sehr wir göttliche Hilfe und Führung nötig haben. Mit Ihrer kleinen Tochter haben Sie nun die Verantwortung für die Erziehung eines Menschen übernommen. Sie müssen ihr Orientierung geben, damit sie später eigene Entscheidungen treffen kann. Ich würde Ihnen vorschlagen, daß Sie zuerst eine Bibel zur Hand nehmen und regelmäßig zusammen mit Ihrem Mann darin lesen. Fangen Sie mit dem Johannesevangelium an. Wenn Sie auf eine Stelle stoßen, in der eine bestimmte Entscheidung oder Handlung gefordert wird, dann handeln Sie danach. Kritische Fragen können warten. In Johannes 1,12 heißt es z.B.: »Wie viele ihn aber aufnahmen, denen gab er Macht, Kinder Gottes zu werden«. Fragen Sie sich, ob Sie Christus angenommen und das Recht haben, Gottes Kinder zu sein. Gehen Sie auf diesem Weg weiter, vertrauen Sie im Glauben fest auf die Gültigkeit von Gottes Wort.

Vor allem aber gehorchen Sie seinem Wort, und suchen Sie Antwort auf jede Frage, die sich Ihnen stellt. Dinge, die Sie nicht verstehen, werden sich klären, wenn Sie Ihre, durch das Gebet unterstützte, Suche nach der Wahrheit fortsetzen.

In der Schule meiner Kinder gibt es sehr viel Unehrlichkeit und Unmoral. Ich sehe es nicht gern, daß meine Kinder in solcher Gesellschaft sind, doch ich kann es mir nicht leisten, sie auf eine Privatschule zu schicken. Gibt es etwas, wodurch ich meine Kinder schützen kann?

Es besteht die Gefahr, die Kinder zu sehr beschützen zu wollen. Das passiert, wenn Sie sie von der Gesellschaft, so wie sie ist, abschirmen. Wir müssen uns den Gegebenheiten stellen. Diese Kinder mit ihrem unehrlichen und unmoralischen Verhalten sind der normale Durchschnitt der Gesellschaft, und Ihre Kinder werden immer damit in Berührung kommen. Sie können nichts anderes tun, als ihnen zu Hause geistliche und moralische Grundlagen zu vermitteln, die sie befähigen, mit solchen Kindern umzugehen. Sie werden durch ihre Opposition geistliche Stärke gewinnen. Es ist wichtig, ihnen die Grundlagen von der Bibel her zu vermitteln. Erklären Sie ihnen das Wesen der Sünde, und zeigen Sie ihnen Christus als ihren Retter und Herrn. So können sie den anderen begegnen und in einer Auseinandersetzung fest bleiben. Diese kleinen Siege werden sie auf größere »Schlachten« vorbereiten.

Viele der modernen Kinderpsychologen sind dagegen, ein Kind zu schlagen. Welcher Meinung sind Sie?

Sie müssen sich zuerst selbst fragen, warum Sie darüber nachdenken, Ihr Kind zu schlagen. Manche Leute schlagen nur, wenn sie zornig sind; das ist die falsche Motivation. Der Zweck der Schläge ist doch, ein Kind bereit zu machen, sich das nächste Mal besser zu verhalten, wenn sie oder er in der Versuchung steht, etwas Falsches oder Ungezogenes zu tun. Das Kind muß wissen, daß es mehr zu fürchten gibt als körperliche Bestrafung wegen unkorrektem Verhalten. Sie möchten Ihrem Kind doch vermitteln, daß es im Leben überall Regeln und Beschränkungen gibt. Diejenigen, die lernen, sich danach zu richten, werden Erfolg haben im Beruf, im Familienleben und in ihrer Beziehung zu Gott. Wenn dies Ihre Motivation für Schläge ist, dann bestehen gute Aussichten, daß Ihr Kind später im Leben zurechtkommt.

Seit wir ein Fernsehgerät gekauft haben, hat sich unser Familienleben dramatisch verändert. Die Kinder verlassen den Tisch, bevor sie aufgegessen haben, und mein Mann ist stärker am Fernsehprogramm interessiert als an mir. Was kann ich tun?

Sie schreiben nicht, wie lange Sie den Fernseher schon haben. Wenn er erst ein paar Wochen alt ist, bin ich sicher, daß er seine Anziehungskraft verlieren wird. Doch in der Zwischenzeit dürfen gute Manieren und Rücksicht auf andere nicht vergessen werden. In der Bibel heißt es: »Besser ein trockener Bissen mit Frieden als ein Haus voller Geschlachtetem mit Streit«(Sprüche 17,1).

Setzen Sie sich als Familie zusammen, und sprechen Sie nicht nur über den Gebrauch des Fernsehers, sondern auch darüber, welche Regeln eingehalten werden müssen, damit das Familienleben intakt bleibt. Sagen Sie den Kindern, was Sie von ihnen erwarten. Lassen Sie sie nicht heute gewähren und morgen schimpfen Sie wegen derselben Sache. Manchmal scheint es ratsam, die Zeit des Abendessens zu verlegen, damit die Kinder sich ein gutes Programm anschauen können. Besprechen Sie das in der Familie. Entscheiden Sie, mit Gottes Hilfe, was das Beste für alle ist. Halten Sie diese Regeln dann ein.

Es wird leichter für Sie sein, wenn Sie den Tag mit Gott beginnen. Die Familienandacht ist so wichtig wie das Frühstück. Lesen Sie die Bibel und beten Sie zusammen. Bitten Sie Gott um Führung, und er wird Ihnen zeigen, wie Sie all die guten Dinge, die Gott Ihnen gegeben hat, richtig einsetzen können. Das Fernsehen, wie auch das Familienauto, kann eine Familie spalten; oder es kann die Familienmitglieder zusammenbringen, wenn sie nämlich von dem Guten, das es bieten kann, gemeinsam profitieren.

Mein zehnjähriger Sohn spielt in seiner Freizeit immer Ball. Wie kann ich ihn davon abbringen, seine Zeit so zu vergeuden?

Vielleicht vergeudet er seine Zeit gar nicht. Junge Menschen brauchen Entspannung und Anregung durch gesunde Spiele. Sie haben viel überschüssige Energie, und Ballspielen ist ein guter Weg, sie in eine gesunde Aktivität zu lenken. Das bedeutet nicht, daß er seine Pflichten zu Hause vernachlässigen darf. Diese sollten ihm zugewiesen sein, und es muß von ihm erwartet werden können, daß er seinen Pflichten nachkommt. Doch lassen Sie seine Arbeit nicht zur Strafe werden. Sie ist ein Teil der Verantwortung, an der alle teilhaben. Machen Sie ihm klar, daß Sie sich freuen, wenn er Spaß hat. Ich kann mir für das Kind nichts Besseres vorstellen als Ballspielen. Vielleicht sollten Sie mal einen Nachmittag mitgehen und zusehen. Es bedeutet unseren Kindern so viel, wenn sie entdecken, daß wir uns für ihren Sport und ihre Freunde interessieren. Dadurch wird er Ihnen viel eher von seinen Erlebnissen und Freundschaften erzählen. Lassen Sie Ihren Jungen wissen, daß Sie ihn lieben und sich für das, was er tut, interessieren. Sein geistliches Wohlergehen muß an erster Stelle stehen, und wenn Sie ihm Verständnis für seine kindlichen Interessen entgegenbringen, dann haben Sie eine bessere Ausgangsposition, ihm auch in geistlichen Dingen zu helfen.

Ich habe Sie oft von Familienandachten sprechen hören. Ist eine Familienandacht in unserer rationalen Zeit wirklich noch praktikabel?

Familienandachten sind nicht nur praktikabel, sie sind sogar sehr wichtig in einer intakten Familie. Nachfolgend nenne ich Ihnen dafür sieben Argumente:

1. Sie bindet eine Familie enger zusammen und setzt Glauben an die Stelle von Spaltung.
2. Sie bringt der Familie die Erfahrung von Gottes Gegenwart.
3. Sie zeigt den Kindern, daß Gott nicht nur sonntags angebetet wird, sondern daß die Verbindung zu ihm auch im Alltag wichtig ist.
4. Sie gibt den Familienmitgliedern die Gelegenheit, sich selbst zu überprüfen und ihre Sünden zu bekennen.
5. Sie stärkt die Familienmitglieder für die Aufgaben, die sie während des Tages zu erfüllen haben.
6. Sie wappnet uns gegen die Mißverständnisse und Verletzungen, die uns jeden Tag begegnen können.
7. Sie unterstützt die Arbeit der Kirche und macht unser Zuhause zu einem Ort, wo Christus geehrt wird.

In der Bibel heißt es: »Und sollst sie (die Gebote Gottes) deinen Kindern einschärfen und davon reden, wenn du in deinem Haus sitzt ...« (5.Mose 6,7). Ich kann Ihnen nicht vorschreiben, wie Ihre Familienandacht aussieht oder wie Sie sie abhalten. Ich kann Ihnen nur Mut machen, sich regelmäßig Zeit zu nehmen, Gott zu loben.

Meine Schwester und ihr Mann sind wunderbare Christen. Sie sind zu Hause liebevoll und freundlich, und doch rebelliert eine ihrer Töchter gegen die Bibel, die Gemeinde usw. Woher kommt das?

So etwas ist nicht ungewöhnlich. In der christlichen Ethik wird niemand gezwungen, Christus nachzufolgen. In der Bibel heißt es: »Wer da will, der komme«. Das Christsein ist eine Angelegenheit des Willens, niemand kann dazu gezwungen werden.

Ich habe eine Reihe rebellischer Kinder aus christlichen Elternhäusern beobachtet. Oft ist es nur eine Entwicklungsphase des Kindes. Diese Rebellion kann auch ein Zeichen für einen starken Charakter sein. Manche Kinder sind unkritisch, andere akzeptieren nichts, bevor sie es nicht gründlich untersucht haben. In der Regel werden diese Kinder später Christen mit dem besseren Stehvermögen.

Wir möchten ja nicht, daß unsere Kinder das nachbeten, was wir ihnen vorsagen, nur, weil sie uns gefallen wollen. Unser Wunsch ist es, daß ihr Glaube tief verwurzelt und stark wird. Lassen Sie sich von einer zeitweiligen Revolte gegen Christus und seinen Anspruch an unser Leben nicht entmutigen. Ich kenne viele tiefgläubige Christen, die erst später in ihrem Leben Christus als ihren Herrn angenommen haben.

Ich bin in einer Atmosphäre aufgewachsen, wo das Trinken zum guten Ton gehörte. Meine Tochter zeigt Anzeichen einer Alkoholabhängigkeit. Wie kann ich ihr helfen?

Viele tausend Familien in Amerika haben heutzutage mit diesem Problem zu kämpfen. Die Geißel des Alkoholismus und das Elend, das dadurch bei Verwandten, Freunden und Kollegen entsteht, nimmt stark zu. Er gilt mittlerweile als Krankheit, und man versucht den Menschen nahezubringen, in Maßen zu trinken. So, wie ich die Sache sehe, gibt es nur eine Lösung des Problems — absolute Abstinenz. Alkohol ist verzichtbar und weder für die Gesundheit noch zur Geselligkeit erforderlich. Im Gegenteil, er ist die Ursache für ungeahntes Leid, für Kummer und finanzielle Probleme, ganz zu schweigen von den seelischen Nöten.

In der Bibel lesen wir folgendes: »Der Wein macht Spötter, und starkes Getränk macht wild; wer davon taumelt wird niemals weise« (Sprüche 20,1). Dieser Vers wurde vor fast dreitausend Jahren geschrieben. Er beschreibt genauso die heutige Situation. In Amerika scheint dieses Problem besonders groß zu sein - die Amerikaner kennen anscheinend beim Alkohol keine Zurückhaltung. Einer unserer führenden Politiker sagte mir vor einiger Zeit, die größte Bedrohung Amerikas lauere in den Cocktailbars in Washington. Der Alkohol löst die Zunge und mindert die Hemmungen. Er kann unendlich großen Schaden anrichten. Bitten Sie Gott um Hilfe für Ihre Tochter, und nehmen Sie das Problem unverzüglich in Angriff. Seien Sie selbst ihr ein Vorbild. Wenn Sie Alkohol im Haus haben, dann werfen Sie ihn weg. Vielleicht sollten Sie Ihrer Tochter raten, mit den Anonymen Alkoholikern Kontakt aufzunehmen. Sie betreiben eine sehr effektive Arbeit. Vor allem aber weisen Sie sie auf Christus hin, der ihr helfen kann, ihre Sucht zu besiegen.

Ich bin zwar noch jung, aber mein Glaube an Jesus ist echt. Mein Vater und meine Mutter sind keine Christen. Sie wollen mich nicht in die Gemeinde gehen lassen. Ihnen ist es lieber, wenn ich zu Hause bleibe. Manchmal schleiche ich mich weg, doch dann habe ich Gewis-

sensbisse. Soll ich weiterhin heimlich zur Gemeinde gehen, um Gottes Wort zu hören?

Sprechen Sie mit dem Pastor Ihrer Gemeinde und erklären Sie ihm Ihr Problem. Vielleicht hat er Erfahrung mit solchen Situationen, denn Sie stehen nicht allein mit Ihren Schwierigkeiten. Bitten Sie ihn, mit Ihren Eltern zu sprechen, die sich vielleicht durch Ihren neuen Glauben an Christus bedroht fühlen. Das beste Zeugnis können Sie Ihren Eltern sein, wenn Sie ihnen liebevoll, überlegt und respektvoll begegnen. Wenn Sie sich so verhalten, dann zeigen Sie ihnen (was Sie ihnen ja auch sagen), daß sich ein Leben mit Christus lohnt. Vernachlässigen Sie das Bibellesen und Beten nicht. Gehen Sie zur Kirche, aber gehen Sie nicht heimlich. Hier sollte Ihr Pastor eingreifen. Vielleicht kann er mit Ihren Eltern reden.

Unser sechzehnjähriger Junge ist rebellisch und wir haben Angst, daß er zum Problemkind für uns wird. Mein Mann und ich arbeiten beide. Können Sie uns einen Ort empfehlen, wo wir ihn hinschicken können, damit er auf der richtigen Bahn bleibt?

Es gibt keinen besseren Ort für einen sechzehnjährigen Jungen als sein Zuhause. Viele unserer jungen Leute rebellieren zeitweise gegen Vernachlässigung oder andere Dinge. Sie brauchen das Gefühl von Sicherheit und Geborgenheit, das ihnen nur ein Zuhause geben kann, wo sie geliebt und erwünscht sind. Sie brauchen die Ordnung eines Familienlebens, um auf ihre sozialen Verpflichtungen als Erwachsene vorbereitet zu sein. Es wäre viel besser, wenn Sie sich mit einem kleineren finanziellen Budget begnügen und dadurch mehr Zeit für Ihren Jungen haben würden. Bald wird er das Elternhaus verlassen. Dann werden Sie vielleicht bedauern, ihm zu wenig Zeit gewidmet zu haben. Bringen Sie ihm die elementaren Lebensregeln bei. Machen Sie ihn aber vor allem auf die ewigen Dinge aufmerksam. Seien Sie ihm ein Vorbild und helfen Sie ihm, zu Gott zu finden. Sie haben die Lösung Ihres Problems selbst in der Hand. Vernachlässigen Sie Ihr Kind nicht, solange Sie noch Einfluß auf seine Entwicklung haben. Und denken Sie daran, für Liebe gibt es keinen Ersatz.

Ich mache mir Gedanken über die Bücher, die mein Sohn im Gymnasium lesen muß. Ich mag die Philosophie und Sprache nicht, die ihm dort vermittelt werden. Denken Sie auch, daß ich mir berechtigte Sorgen darüber mache?

Vor dieses Problem sehen sich viele Millionen Eltern gestellt, und selbst bei den Gerichten wird das kontrovers diskutiert. Sie müssen sich mit diesen Themen intensiv beschäftigen und offen mit Ihren Kindern darüber sprechen – und ihnen auch zuhören.

Selbstverständlich sind Ihre Sorgen berechtigt, und vielleicht gibt es einen Weg, daß Sie und andere Eltern Ihre Besorgnis der Schulverwaltung oder Direktion mitteilen. Was mich irritiert, ist die Tatsache, daß die Kinder heutzutage sehr oft die Schule verlassen mit intensiver Kenntnis verschiedener säkularer oder sogar anti-religiöser Standpunkte, in ihren Klassenräumen aber nicht beten oder die Bibel lesen können oder auch nur die Grundbegriffe des christlichen Glaubens lernen.

Das bedeutet für Sie, daß Sie sich besonders darum bemühen müssen, Ihrem Sohn die Unterschiede zwischen der Bibel, Gottes Wort und den verschiedenen Philosophien begreiflich zu machen. Ich bin davon überzeugt, daß wir uns mehr Mühe geben müssen, den Kindern die Wertvorstellungen Gottes von Gut und Böse nahezubringen. Als das Volk Gottes im Alten Testament das Gesetz bekam, wurde ihnen geboten: »Du sollst den Herrn, deinen Gott liebhaben von ganzem Herzen ... Und diese Worte, die ich dir heute gebiete, sollst du zu Herzen nehmen und sollst sie deinen Kindern einschärfen und davon reden, wenn du in deinem Hause sitzt oder unterwegs bist, wenn du dich niederlegst oder aufstehst« (5.Mose 6,5-7).

Sie müssen sich auch im Klaren darüber sein, daß die Erfahrungen, die Ihr Sohn macht, ihm helfen, die Denkweise der heutigen Zeit zu verstehen. Wenn er Christ ist, sollte er dafür beten, daß es ihn nicht in einer falschen Richtung beeinflußt, sondern daß Gott ihm helfen möge, sich auch um seine Klassenkameraden zu kümmern, die vielleicht auf der Suche sind nach dem Sinn des Lebens.

Ich bin sicher, daß Sie viele Briefe dieser Art bekommen, doch wir wissen einfach nicht, was wir tun sollen. Unser Sohn rebelliert gegen alles, was er gelehrt wurde und führt nun ein Leben, das ihn, wie wir befürchten, vielleicht zerstören wird. Was können wir tun, um ihm zu helfen?

Diese Frage ist nicht leicht zu beantworten, weil jede Situation und jeder Mensch verschieden ist. Darum müssen Sie vor allem beten, in erster Linie für sich selbst, daß Gott Ihnen Weisheit gibt, mit dieser schwierigen Situation fertigzuwerden. Die Bibel verspricht: »Wenn es aber jemandem unter euch an Weisheit mangelt, so bitte er Gott, der jedermann gern gibt und niemanden schilt; so wird sie ihm gegeben werden« (Jakobus 1,5).

Dieser Vers (und viele andere in der Bibel) erinnert uns an etwas sehr Wichtiges: Gott liebt Sie und auch Ihren Sohn. Er ist tief besorgt über seine Rebellion und ihre Auswirkungen. Gott »will nicht, daß jemand verloren werde, sondern daß jedermann zur Buße finde«(2.Petrus 3,9). Beten Sie darum für Ihren Sohn, denn nur Gott kann ihn von der Notwendigkeit überzeugen, sich von seinem bisherigen Leben abzuwenden und Jesus zuzuwenden. Ich weiß, das scheint so wenig zu sein, doch »das Gebet des Gerechten vermag viel, wenn es ernstlich ist« (Jakobus 6,16). Beten Sie dafür, daß er die zerstörerischen Auswirkungen seines Handelns erkennt und Jesus um Vergebung und Hilfe bittet.

Behalten Sie unter allen Umständen die Verbindung zu Ihrem Sohn. Dafür brauchen Sie besonders viel Weisheit. Denn vielleicht sind Sie versucht, den Kontakt, den Sie miteinander haben, dazu zu nutzen, ihm Ihr Mißfallen über sein Tun zu zeigen — doch das entfremdet ihn nur und trägt vielleicht dazu bei, daß er sich noch weiter von Ihnen entfernt. Vielleicht können Sie ihm helfen, die Auswirkungen, die sein Handeln mit sich bringt, zu erkennen (zum Beispiel durch Fragen, die dazu beitragen, die Dinge für sich klarer zu sehen). Doch lassen Sie ihn vor allem wissen, daß Sie ihn trotz allem lieben und ihn mit offenen Armen wieder aufnehmen werden, wenn er eines Tages zurückkommen sollte, genau wie in dem Gleichnis der Vater den verlorenen Sohn willkommen geheißen hat (Lukas 15).

Ich vermute, Videospiele und diese ganzen Dinge sind harmlos, doch unser Sohn im Teenageralter verbringt fast seine ganze Zeit damit — und gibt fast sein ganzes Geld dafür aus. Bisher haben wir nichts dazu gesagt, doch ich frage mich allmählich, ob wir das wirklich zulassen dürfen.

Zumindest einen Teil Ihrer Frage haben Sie schon selbst beantwortet, indem Sie Zweifel an der Harmlosigkeit der Videospielgewohnheiten bekommen haben. Sie sind gefährlicher als Sie denken. Er verschwendet nicht nur einen großen Teil seiner Zeit daran — die besser genutzt werden könnte (z.B. für die Hausaufgaben) — es ist auch wahrscheinlich, daß er dadurch persönliche Beziehungen zu anderen vernachlässigt, die in seinem Alter unbedingt wichtig sind. Außerdem haben viele Psychologen vor dem negativen Einfluß der Gewalt auf die jungen Leute gewarnt, die zu vielen Spielen dazuge-hört.

Nein, Sie dürfen das auf keinen Fall ignorieren. Statt dessen sollten Sie Ihrem Sohn offen sagen, welche Bedenken Sie ha-ben und dann klare Absprachen treffen, wieviel Zeit und Geld er in sein Hobby investieren darf. Vielleicht müssen Sie auch grundsätzlich mit ihm darüber sprechen, wie er seine Zeit ver-bringt, wieviel Zeit er für seine Hausaufgaben verwenden sollte, wann er abends nach Hause zu kommen hat usw.

Doch vor allem hoffe ich, daß Sie Ihren Sohn geistlich er-mutigen. Aus Ihrem Brief konnte ich nicht entnehmen, ob Sie oder Ihre Familie Ihr Leben Christus übergeben haben und aktiv in einer Gemeinde mitwirken. Wenn Sie aber sich selbst bisher Christus noch nicht geöffnet haben, dann soll-ten Sie das unverzüglich tun. Ihr Sohn muß merken, daß Christus für Sie Wirklichkeit ist, und daß er auch in seinem Leben eine Veränderung bewirken kann.

Beten Sie für Ihren Sohn. Ermutigen Sie ihn, Christus an die erste Stelle in seinem Leben zu setzen und sich in einer Gemeinde oder einer internationalen Jugendgruppe zu enga-gieren. Die Teenagerzeit ist eine schwierige Phase und oft ent-scheidend für die weitere Entwicklung eines Kindes. Sie müs-sen alles in Ihrer Macht stehende tun, unter Gottes Führung und mit seiner Weisheit, damit Sie ihm helfen können, Gottes Willen für sein Leben zu erkennen.

Mein Mann hat feste Prinzipien und es scheint, als würde jede Dis-kussion mit unserem Sohn in einem Wettkampf enden, wer am laute-sten schreien kann. Das bewirkt bei unserem Sohn, er ist im Teenager-alter, daß er sich immer mehr gegen uns stellt. Ich weiß nicht, was ich dagegen tun kann.

Den Kindern gute Eltern zu sein, ist sicherlich eine der schwierigsten Aufgaben, die es gibt. Unglücklicherweise denken viele von uns nicht viel darüber nach, wie wir uns als Eltern verhalten und welche Auswirkungen unser Handeln auf unsere Kinder haben. Sie und Ihr Mann sehen sich als Eltern vielen Entscheidungen gegenübergestellt, und Sie brauchen Gottes Hilfe — besonders in dem schwierigen Alter, in dem sich Ihr Sohn jetzt befindet.

Auch fällt es vielen von uns schwer, besonders uns Männern, zuzugeben, daß wir nicht auf alles eine Antwort haben und uns auch einmal irren können. Was Sie von Ihrem Mann erzählen, klingt, als müsse er dringend einmal seine Rolle als Vater und sein Verhältnis zu seinem Sohn überdenken. Die Bibel ermahnt die Eltern: »Und ihr Väter, reizt eure Kinder nicht zum Zorn, sondern erzieht sie in der Zucht und Ermahnung des Herrn« (Epheser 6,4). Wahrscheinlich wird es nicht leicht für Sie sein, ihn dazu zu bringen, sich dieser Aufgabe zu stellen, doch Sie sollten es sich zum ständigen Gebetsanliegen machen und immer wieder mit ihm darüber reden.

Was können Sie und Ihr Mann nun für Ihren Sohn tun? Vor allem sollten Sie ihn auf Christus hinweisen. Er sollte merken, daß Christus für Sie eine Realität ist, und daß Sie Ihre Rolle als Eltern ernst nehmen. Wenn Sie sich niemals ernsthaft Christus geöffnet und ihn gebeten haben, Ihr Leben in seine Hand zu nehmen, dann sollten Sie das jetzt tun. Ermutigen Sie auch Ihren Sohn, Gottes Willen für sein Leben zu suchen. Lassen Sie ihn wissen, daß Sie ihn lieben und das Beste für ihn wollen.

Die Teenagerjahre sind so schwierig, weil die Kinder in dieser Phase mehr Unabhängigkeit suchen. Oft gefällt das uns Eltern nicht. Aber ein Teenager muß auch lernen, Verantwortung zu tragen und selbständig zu werden. Das ist nicht möglich, wenn wir weiterhin alle Entscheidungen treffen. Das Kind braucht Führung, aber es braucht auch mehr Freiheit. Wir Eltern dagegen brauchen Gottes Führung, um das richtige Maß zu finden.

5. Ich bin ein Teenager ...

Ich habe das Gefühl, daß mich niemand richtig liebhat und versteht,
was ich durchmache — ich verstehe mich selbst kaum noch.

Ich bin sicher, daß viele junge Leute in Ihrem Alter dieselben Gefühle haben. Doch bedenken Sie, daß jeder Erwachsene um Sie herum auch einmal ein Teenager war und mit denselben Problemen wie Sie zu kämpfen hatte. Glauben Sie nicht, daß niemand Sie versteht, auch wenn es den Erwachsenen manchmal schwerfällt, Ihnen ihre Liebe zu zeigen.

Es gibt aber noch etwas weit Wichtigeres, als bei den Erwachsenen Verständnis zu finden. Wie sehr die anderen Sie auch zu mißverstehen oder zu vernachlässigen scheinen, Gott ist anders. Gott versteht Sie — viel besser, als Sie sich selbst.

Er liebt Sie mit einer Liebe, die viel tiefer reicht, als Sie sich vorstellen können. Woher ich das weiß? Ich weiß das so genau, weil Gott bereit war, seinen einzigen Sohn, Jesus Christus, in diese Welt zu schicken, damit er am Kreuz für unsere Sünden stirbt. »Darin ist erschienen die Liebe Gottes unter uns, daß Gott seinen eingeborenen Sohn gesandt hat in die Welt, damit wir durch ihn leben sollen«(1.Johannes 4,9).

Ist Ihnen schon einmal klargeworden, daß Gott Sie liebt? Und haben Sie diese Liebe je erwidert? Sie befinden sich in einer Lebensphase, wo Sie wichtige Entscheidungen zu treffen haben. Das Wichtigste aber, das Sie je zu entscheiden haben werden, ist die Frage, wer der Herr Ihres Lebens sein soll. Werden Sie sich für ein Leben entscheiden, in dem Sie Gott nicht brauchen und nur Sie selbst das Sagen haben? Oder werden Sie Gott, der Sie geschaffen und jeden Tag bewahrt hat, als Herrn in Ihrem Leben akzeptieren?

Ich hoffe, daß Sie auch die Gemeinschaft mit anderen Christen suchen. Schließen Sie sich einer Gemeinde an, in der Christus verkündigt wird, und wo dann sicher auch viele andere junge Leute in Ihrem Alter sind. Sie können Ihnen helfen, Ihre Probleme zu überwinden und Ihnen geistlich weiterhelfen. Sie können Sie ermutigen in der Gewißheit, daß Sie als Teil der Familie Gottes nie mehr allein sein werden.

Ich bin vierzehn Jahre alt und schon mehrmals von zu Hause fortgelaufen. Meine Eltern haben große Probleme und manchmal möchte ich einfach nur da herauskommen. Bitte helfen Sie mir und sagen Sie mir, was richtig ist.

Ich vermute, Sie haben schon herausgefunden, daß Weglaufen keine Lösung ist. Es schafft nur neue Probleme. Und wahrscheinlich ist Ihnen mittlerweile auch schon klargeworden, daß das Leben losgelöst vom Elternhaus in Ihrem Alter sehr gefährlich sein kann. Sie könnten in Dinge hineingeraten, die für Sie sehr schädlich wären.

Es tut mir leid, daß Ihre häusliche Situation so schwierig ist. Ich kann mir vorstellen, daß Sie das sehr belastet, aber vielleicht kann Ihr Brief einigen Eltern zeigen, welchen negativen Einfluß die Probleme der Erwachsenen auf ihre Kinder haben.

Das Wichtigste, was ich Ihnen im Augenblick sagen kann, ist, daß Gott Sie liebt und Ihnen in Ihrer Situation helfen will. Er hat Sie geschaffen und möchte, daß Sie lernen, ihn um Kraft und Hilfe für Ihre Situation zu bitten. Er möchte Ihnen helfen, damit Sie Ihren Eltern helfen können. Beten Sie für sie, und vielleicht ermutigen Sie Ihre Eltern, sich ihren Problemen zu stellen.

Haben Sie eine Bibel? Wenn ja, fangen Sie an, in einem der Evangelien zu lesen, am besten dem Johannesevangelium. Achten Sie besonders darauf, wie Jesus mit den Menschen umgegangen ist, und wie er sich anderen gegenüber verhalten hat. Sie müssen erkennen, daß Jesus auch Sie liebt, so wie er andere geliebt hat. Er hat Sie nämlich so sehr geliebt (wie Sie erkennen werden), daß er bereit war, für Sie am Kreuz zu sterben. So können Ihre Sünden vergeben werden und Sie haben ewiges Leben. Jesus möchte, daß Sie sich ihm zuwenden und ihn bitten, als ihr persönlicher Retter und Herr in Ihr Leben zu kommen. Er möchte jeden Tag bei Ihnen sein.

Sie werden erkennen, daß Sie, genau wie Jesus, andere lieben sollen, auch wenn sie unvollkommen sind, einschließlich Ihrer Eltern. Bitten Sie Gott um Hilfe, ihnen Liebe entgegenbringen zu können. Gott liebt Sie, und wenn Sie diese große Wahrheit erkennen, wird alles ganz anders werden.

Ich bin ein Teenager und lese voller Schrecken die Schlagzeilen über die Zukunft. Es sieht so aus, als gäbe es keine Hoffnung. Oder doch?

Niemand, außer Gott, kennt die Zukunft. Es stimmt, dunkle Wolken sind am Horizont unserer Welt aufgezogen. Manche Leute denken sogar, daß alles außer Kontrolle geraten ist und wir uns auf die schrecklichen Zeiten zubewegen, die in der Bibel als Endzeit beschrieben sind. Ob das nun stimmt oder nicht, darüber kann man nur spekulieren. Gott allein weiß das. Es ist für uns auch nicht so wichtig. Wichtig ist nur, woher wir in dieser beängstigenden Zeit die Hoffnung für die Zukunft hernehmen können, die uns Kraft gibt, die Gegenwart zu meistern.

Was immer auch mit dieser Welt passiert, Sie können Gott Ihr Leben anvertrauen. Gott hat die letzte Kontrolle über diese Welt, obwohl auch der Satan für eine kurze Weile große Macht haben wird. Als Christen wissen wir, daß es durch menschliche Anstrengungen niemals vollkommenen Frieden und vollkommenes Glück auf Erden geben wird. Unsere Probleme können nicht durch politische oder wirtschaftliche Anstrengungen gelöst werden, weil sie nämlich letztlich geistliche Ursachen haben. In der Bibel heißt es: »Woher kommt der Kampf unter euch, woher der Streit? Kommt's nicht daher, daß in euren Gliedern die Gelüste gegeneinander streiten« (Jakobus 4,1)? Nur Christus kann das menschliche Herz verändern — und er wird es tun, wenn wir ihm unsere Herzen öffnen und ihn als Retter und Herrn in unserem Leben akzeptieren.

Die Schlagzeilen in den Zeitungen zeigen uns, wie erfolglos die menschlichen Anstrengungen sind, die Probleme der Menschheit ohne Gottes Hilfe lösen zu wollen. Sie zeigen aber auch, daß wir Christus vertrauen und ihm unser Leben übergeben müssen. Haben Sie das schon getan? Wenn nicht, dann bitte ich Sie dringend, das jetzt zu tun.

Jawohl, es gibt noch Hoffnung für die Zukunft — Hoffnung in Gott. Eines Tages wird Christus wiederkommen und alle Sünde und alles Böse von dieser Welt hinwegnehmen. Das ist unsere Hoffnung — und es kann auch Ihre sein, wenn Sie sich Christus zuwenden.

Ich bin achtzehn Jahre alt und hoffnungslos verliebt. Meine Eltern möchten aber nicht, daß ich schon heirate, weil sie der Meinung sind, ich sei noch zu jung und könnte noch keine richtige Entscheidung treffen. Sie wollen, daß ich zuerst meine Ausbildung beende. Aber ich denke, die Liebe bedeutet mehr als eine gute Ausbildung. Was würden Sie mir raten?

Ich bezweifle nicht, daß Sie verliebt sind. Doch ich bin der Meinung, Sie sollten dafür beten, daß Sie in dieser wichtigen, das ganze Leben bestimmenden Frage, die richtige Entscheidung treffen.

Wenn Sie auf Ihre Ausbildung verzichten, beschneiden Sie sich selbst in Ihren zukünftigen Verdienstmöglichkeiten. Ich habe zwar schon viele junge Menschen sagen hören, daß sie von der Liebe leben könnten, doch ich weiß von keiner Beziehung, wo das auch wirklich geklappt hätte.

Warum sollten Ausbildung und Liebe unvereinbar sein? Echte Liebe kann ein wirkliches Stimulans für die Studien sein und helfen, das moralische Gleichgewicht zu halten. Schließlich war sie die Inspiration für große literarische, künstlerische und musikalische Kunstwerke.

Doch Sie müssen sich darüber im Klaren sein, daß es zwei Arten von Liebe gibt. Da ist einmal die natürliche körperliche Anziehungskraft zwischen zwei Menschen verschiedener Geschlechter. Und es gibt die echte Liebe, die eine geistige Basis hat. Wenn Ihre Liebe echt ist, dann kann sie auch eine Weile warten. In der Bibel heißt es: »Die Liebe ist langmütig und freundlich, ... sie sucht nicht das ihre«. Vergewissern Sie sich, daß Sie Gottes Willen tun. Dann werden Sie auch die richtige Entscheidung treffen.

Ich besuche das Gymnasium und bin dort in schlechte Gesellschaft geraten. Ich tue auf einmal Dinge (z.B. Drogen nehmen), von denen ich nie geglaubt habe, daß ich jemals etwas damit zu tun bekommen würde. Ich hasse mich dafür, doch ich bin darin gefangen. Wie kann ich auf den richtigen Weg zurückfinden?

Wahrscheinlich brauche ich Ihnen nicht zu sagen, daß Sie sich in einer ernsten Situation befinden. Es wäre tragisch, wenn Sie wegen der Dinge, die Sie im Augenblick tun, Ihr ganzes Leben ruinieren würden. Ich bete dafür, daß das nicht geschieht und ich merke ja, daß Sie damit Schluß machen wollen. Das ist ein ganz wichtiger Schritt.

Aus eigener Kraft werden Sie es aber nicht schaffen, wieder in ein geordnetes Leben zurückzufinden. Gott möchte Ihnen dabei helfen, wenn Sie ihn nur lassen. In der Bibel heißt es: »Ich vermag alles durch den, der mich mächtig macht«(Philipper 4,13). Christus ist der Schlüssel, wenn Sie Ihr Leben ändern wollen. Er kann Ihnen die Kraft dazu geben. Darum müssen Sie als erstes Gott Ihre Sünden bekennen, ihn um Vergebung bitten und Jesus Christus glaubensvoll annehmen. Vielleicht verstehen Sie noch nicht alles, was damit zusammenhängt in letzter Konsequenz, doch wenn Sie Christus annehmen, wird sich Ihr Leben ändern. Die Bibel verspricht: »Ist jemand in Christus, so ist er eine neue Kreatur; das Alte ist vergangen, siehe, Neues ist geworden« (2.Korinther 5,17).

Das bedeutet natürlich nicht, daß mit einem Schlag alle Ihre Versuchungen verschwinden werden und Sie nicht mehr dagegen anzukämpfen brauchen. Für eine bestimmte Zeit kann gerade das Gegenteil der Fall sein, weil der Satan Sie unter allen Umständen daran hindern will, mit Jesus zu leben.

Darum müssen Sie unbedingt einen klaren Schlußstrich unter Ihre Vergangenheit ziehen. Wenn, wie Sie in Ihrem Brief schreiben, Ihre Freunde Sie nach unten ziehen, müssen Sie sich nach neuen Freunden umsehen, die Ihnen wirklich helfen wollen. Suchen Sie sich andere Christen in Ihrem Alter, und bauen Sie sich einen neuen Freundeskreis auf. Dort finden Sie Hilfe, geistlich zu wachsen und die Versuchungen zu besiegen.

Sie bedeuten Gott sehr viel — er sandte seinen Sohn in diese Welt und ließ ihn für Sie sterben. Übergeben Sie Christus Ihr Leben, und bitten Sie ihn jeden Tag um Kraft und Weisheit, damit Sie so leben können, wie er es haben möchte.

Ich bin noch ein Teenager, doch ich bin so verwirrt; ich fürchte, ich habe mein Leben verpfuscht — eine Abtreibung, von der Schule geflogen; ich kann mit niemandem auskommen. Ich würde alles dafür geben, wenn ich noch einmal von vorn beginnen könnte, aber das ist sicher nicht möglich, oder?

Doch, ich bin der Meinung, daß Sie Ihr Leben noch einmal neu beginnen können, und ich hoffe sehr und bete dafür, daß Sie die notwendigen Schritte dafür bald tun. Es wird nicht leicht für Sie sein, aber ich möchte Ihnen versichern, daß es sich lohnen wird. Ihr Leben ist wertvoll, nicht nur für Sie, sondern auch für Gott, und es wäre tragisch, wenn Sie so weiterleben würden wie bisher, weil Sie sich selbst damit zerstören und sich Ihr eigenes Glück verbauen.

Gott kann Ihnen helfen, Ihr Leben neu zu beginnen. Sie haben wahrscheinlich schon festgestellt, daß Sie aus sich selbst heraus nicht die Kraft haben, sich zu ändern — aber Gott kann sie Ihnen geben. Durch ihn bekommen Sie einen neuen Lebenssinn, und sein heiliger Geist wird in Ihr Leben kommen und Ihnen helfen, sich zu ändern.

Das bedeutet nicht notwendigerweise, daß alle ihre Probleme auf einen Schlag verschwinden werden. Aber es bedeutet, daß Sie in die richtige Richtung gehen. Christus wird bei Ihnen sein. Jeden Tag können Sie sich an ihn wenden und den Tag in seine Hände legen. Sie können Ihn um Führung bitten für das, was Sie tun wollen.

Ich denke, Sie sollten aber auch einige praktische Schritte unternehmen. Suchen Sie sich eine Gemeinde, wo Christus verkündigt wird, denn Sie werden die Gemeinschaft mit anderen Christen brauchen. Lesen Sie kontinuierlich in der Bibel. Brechen Sie mit Ihren alten Gewohnheiten. Die Bibel sagt uns: »So seid nun Gott untertan. Widersteht dem Teufel, so flieht er von euch. Naht euch zu Gott, so naht er sich zu euch« (Jakobus 4,7-8). Wenn es irgendwie möglich ist, setzen Sie Ihre Schulausbildung fort. Aber lassen Sie sich vor allem von Christus verändern, damit alles, was Sie von nun an tun, eine Antwort auf seine Liebe zu Ihnen ist.

Ich gehe zum Gymnasium und werde beherrscht von dem Wunsch, bei allen gut dazustehen. Ich habe sogar Geld gestohlen, um mir Kleider kaufen zu können, die meine Freunde beeindrucken sollten. Ich weiß, das ist falsch, doch wie kann ich aus diesem Zwang herauskommen?

Sie sind in einer Lebensphase, wo der Gruppenzwang sehr stark ist, das heißt, Sie wollen das tun, was andere tun, um akzeptiert zu werden. Sie müssen lernen, mit diesen Zwängen umzugehen, weil Sie sonst zu einem Menschen werden, der Sie nicht sein möchten. Außerdem haben Sie ja schon gemerkt, daß diese »Freunde« Sie dazu gebracht haben, Dinge zu tun, die falsch, ja sogar strafbar, sind.

Haben Sie sich schon einmal gefragt, warum es Ihnen so wichtig ist, populär zu sein? Ich kann mir einige Gründe vorstellen, vielleicht fallen Ihnen noch andere ein. Im Augenblick gehen gravierende Veränderungen in Ihrem Körper vor sich — körperlich, gefühlsmäßig und geistig. Diese Veränderungen werden Sie manchmal sogar erschrecken, und vielleicht haben Sie deshalb oft das Bedürfnis, bestätigt zu bekommen, daß Sie normal sind. Sie wollen hören, daß Sie etwas wert sind. Ein Psychologe würde wahrscheinlich sagen, Sie wollen sich akzeptieren. Die Akzeptanz der anderen soll Ihnen dieses Gefühl ersetzen. Außerdem haben Sie Angst vor dem Alleinsein.

Doch leider treibt Ihre Sehnsucht nach der Anerkennung durch andere Sie dazu, Dinge zu tun, die nicht richtig sind. Das wird aber keinesfalls dazu beitragen, daß Sie sich selbst akzeptieren können. Ich werde dafür beten, daß Sie Ihr Leben Christus übergeben, weil ich weiß, daß er Ihnen helfen kann, mit diesen Dingen umzugehen.

Leben Sie jeden Tag für Christus. Wenden Sie sich von allem ab, was falsch ist, und streben Sie danach, Christi Anerkennung zu finden. J.B. Phillips übersetzt Römer 12,2 folgendermaßen: »Lassen Sie sich nicht von Ihrer Umwelt in eine Form pressen, sondern lassen Sie sich von Gott neuschaffen und Ihr Wesen verändern«. Stellen Sie sich auf die Seite Christi und versuchen Sie, seinen Willen zu tun, weil das das einzig Wichtige im Leben ist.

Meine Mutter kritisiert ständig an mir herum. Sie nörgelt über meine Hausaufgaben, meine Freunde, mein Benehmen — einfach über alles. Wie kann ich sie loswerden?

Sie sind an einem Punkt in Ihrem Leben angekommen, wo Sie nach stärkerer Unabhängigkeit streben. Das ist nicht unbedingt negativ, denn wir müssen lernen, mit den Jahren unsere eigenen Entscheidungen zu treffen. Aber dieser Prozeß, das Streben nach größerer Unabhängigkeit, kann auch gefährlich werden.

Seien Sie vorsichtig, daß Sie nicht dazu kommen, automatisch alles, was Ihre Mutter Ihnen vorschlägt, zurückzuweisen, nur weil Sie sich von Ihrer Mutter lösen wollen. Es ist nicht leicht für jemanden in Ihrer Situation, auf die Ratschläge der Eltern zu hören, ohne ärgerlich zu werden. Sie sollten sich die Gefahr bewußt machen und sorgfältig abwägen, was Ihr Vater oder Ihre Mutter sagen. Ich bekomme z.B. jeden Tag Briefe von jungen Leute, die »in schlechte Gesellschaft« gekommen sind. Von dieser Gesellschaft hatten sich diese jungen Leute Aufregung und Abenteuer versprochen, doch sie wurden nur in schädliche und gefährliche Dinge verwickelt. Lernen Sie, den Ratschlägen Ihrer Mutter ohne Vorbehalte zu begegnen. Sie können sicher viel davon profitieren. Ihre Mutter möchte alles von Ihnen fernhalten, was Ihnen schaden könnte, denn sie liebt Sie.

Manchmal können Eltern allerdings auch zu kritisch sein und zu sparsam mit Lob. Ihnen ist gar nicht klar, was sie damit anrichten. Sie lieben ihre Teenager und möchten unter allen Umständen, daß sie die richtigen Entscheidungen treffen. Haben Sie schon einmal sachlich mit ihrer Mutter über Ihre Gefühle gesprochen?

Sie stehen im Augenblick vor vielen Entscheidungen, und Sie brauchen Christus, der Ihnen helfen und Sie führen will. Ich werde dafür beten, daß Sie Ihr Leben ihm übergeben.

Wir sind sehr besorgt um unsere Tochter. Sie scheint von dem Gedan-
ken besessen zu sein, ihr Gewicht niedrig zu halten. Dabei tut sie
Dinge, die für ihren Körper schädlich sind. Bitte beten Sie für sie.

Ja, ich werde für sie beten. Sie müssen Ihre Tochter aber medizinisch, und wenn nötig, auch von einem Psychologen, be-
treuen lassen. Dieses Problem nimmt immer größere Ausmaße in unserer Gesellschaft an, die den Mädchen ein falsches Schönheitsideal vermittelt. Die Devise lautet: Akzeptiert wird nur, wer schlank und schön ist. Schon viele junge
Mädchen sind gestorben, weil sie in der Sucht nach Anerkennung zu wenig gegessen haben.

Doch dieses Problem hat auch eine geistliche Dimension.
Das krankhafte Bemühen Ihrer Tochter, ihr Gewicht zu kontrollieren, kann verschiedene Ursachen haben. Manche Menschen haben den Eindruck, daß sie nur dann liebenswert sind
und sich auch nur dann selbst lieben und annehmen können,
wenn sie der Vorstellung der Gesellschaft von einem attrakti-
ven Menschen entsprechen. Doch unsere Gesellschaft legt
viel zu großen Wert auf Äußerlichkeiten. Natürlich sollen wir
unseren Körper pflegen. In der Bibel heißt es: »Darum preist
Gott mit eurem Leibe« (1.Korinther 6,20). Unser Ziel sollte
sein, Gott zu gefallen und ihn zu ehren und nicht all unsere
Zeit damit zu verbringen, uns zu fragen, wie andere Leute uns
sehen oder ob sie uns akzeptieren.

Es ist befreiend zu erkennen, daß Gott uns so liebt, wie wir
sind. Wir brauchen nicht abzuwarten, bis wir in Gottes Augen
vollkommen sind. »Gott aber erweist seine Liebe zu uns darin,
daß Christus für uns gestorben ist, als wir noch Sünder waren«
(Römer 5,8).

Darum hoffe ich, daß Sie Ihre Tochter drängen, sich helfen
zu lassen — und daß sie ihr Leben Christus übergibt, der am
Kreuz für ihre Sünden gestorben ist, um sie mit Gott zu versöhnen. Gott akzeptiert sie so wie sie ist, und er kann ihr helfen, der Mensch zu werden, der sie nach seinem Willen sein

soll. Beten Sie für Ihre Tochter, und beten Sie, daß Gott Ihnen hilft, richtig mit ihr umzugehen.

Ich bin ein Teenager, und ich träume ständig davon, eine berühmte Sängerin oder Schauspielerin zu werden, damit die Menschen mich mögen.

Es ist gut, sich Gedanken über die Zukunft zu machen, doch in Ihrem Fall glaube ich, daß Ihre Träume Sie daran hindern, realistische Pläne für Ihr Leben zu schmieden. Außerdem tragen Sie auch jetzt schon eine Verantwortung, der Sie sich stellen müssen. Oft führt das Träumen dazu, daß man seine Pflichten in der Schule und der Familie vernachlässigt.

Es beunruhigt mich auch, daß Sie so großen Wert darauf legen, beliebt zu sein. Natürlich möchten wir alle Freunde haben. Doch Sie müssen darüber nachdenken, wie Sie jetzt im Augenblick echte Freundschaften aufbauen können, statt auf oberflächliche Kontakte zu setzen. Suchen Sie sich Menschen aus, die Sie so akzeptieren wie Sie sind. Außerdem ist es nicht gut, immer im Mittelpunkt stehen zu wollen oder zu denken, daß Sie dadurch Freunde gewinnen könnten. Die unglücklichsten Menschen, die ich kennengelernt habe, waren diejenigen, die in der Öffentlichkeit sehr beliebt waren, sich aber tief innen leer, einsam und unglücklich fühlten.

Als erstes müssen Sie die Prioritäten in Ihrem Leben neu ordnen. Was soll an oberster Stelle stehen? Vor allem sollten Sie den Willen Gottes für Ihr Leben suchen. Gott hat Sie erschaffen und hat einen Plan für Ihr Leben. Die größte Freude ist, wenn Sie seinen Willen in Ihrem Leben erkennen und tun. Haben Sie Ihr Leben Jesus Christus übergeben? Haben Sie ihn je als persönlichen Heiland und Herrn in Ihr Herz aufgenommen? Wenn nicht, dann bitte ich Sie dringend, diesen Schritt zu tun. Übergeben Sie ihm Ihre Zukunft und bitten Sie ihn, Ihnen seinen Willen zu zeigen.

In der Bibel steht: »Die Welt vergeht mit ihrer Lust; wer aber den Willen Gottes tut, der bleibt in Ewigkeit« (1.Johannes 2,17). Machen Sie es sich zu Ihrem Lebensziel, Gott zu lieben und seinen Willen zu tun. Und bitten Sie Gott, Ihnen zu helfen, auch andere Menschen zu lieben.

Mein Vater hat zum zweiten Mal geheiratet. Unsere Stiefmutter behandelt mich und meinen Bruder ganz anders, als wir das von unserer Mutter (sie ist von meinem Vater geschieden und lebt weit von uns entfernt) gewohnt waren. Manchmal möchte ich einfach nur von zu Hause fortlaufen. Wie kann ich besser mit ihr zurechtkommen?

Nichts läßt sich durchs Fortlaufen klären; Sie würden nur neue Probleme schaffen, die vielleicht sogar noch schlimmer wären und sicherlich auf Dauer mehr Schaden anrichten würden. Doch ich bin sicher, daß Sie durch Gottes Hilfe mit Ihren Schwierigkeiten fertigwerden können und Ihre Situation sich verbessern wird.

Sie schreiben, daß Ihre Stiefmutter Sie ganz anders behandelt als Ihre richtige Mutter. Ich möchte Sie fragen: Behandeln Sie sie nicht auch ganz anders als Ihre richtige Mutter? Zeigen Sie Ihr Liebe oder Zuneigung oder drängen Sie sie fortwährend in die Defensive, um herauszufinden, wie weit Sie bei ihr gehen können? Oder beklagen Sie sich ständig oder vergleichen sie gar offen mit Ihrer richtigen Mutter? Sie merken, Sie und Ihr Bruder sind nicht die Einzigen, die eine schwierige Zeit des Sichaneinandergewöhnens durchleben. Zweifellos versucht auch Ihre Stiefmutter, ihren Platz in Ihrer Familie zu finden, und wahrscheinlich fühlt sie sich auch sehr unsicher in ihrer neuen Rolle. Manchmal ist sie vielleicht strenger als es sonst der Fall wäre und hofft, auf diese Weise ihre Autorität zu festigen.

Ich möchte Ihnen daher raten zu beten, daß Gott Ihnen

echte Liebe für Ihre Stiefmutter schenkt und Ihnen hilft, sie ihr auch zeigen zu können, anstatt sich ständig nur zu streiten oder zu versuchen, die Oberhand zu gewinnen. Beten Sie vor allem, daß Christus die Grundlage Ihrer Familie und Ihres eigenen Lebens wird, wenn Sie sich ihm bisher noch nicht anvertraut haben. In der Bibel heißt es: »Und der Friede Christi, zu dem ihr auch berufen seid in einem Leibe, regiere in euren Herzen« (Kolosser 3,20).

Eine Scheidung bringt viele schwierige Probleme mit sich; daher will Gott, daß eine Ehe lebenslang dauert. Wenn Sie älter werden, beten Sie, daß Gott Ihnen die Kraft gibt, eine dauerhafte Ehe führen zu können, die ihre Grundlage in Christus hat.

Mein Mann und ich sind verzweifelt wegen unserer Tochter. Sie ist erst siebzehn und hat uns gerade mitgeteilt, daß sie schwanger ist. Wir hatten immer gedacht, ihr Freund sei ein anständiger junger Mann, und wir brauchten deshalb nicht mit solchen Problemen zu rechnen. Doch nun will er nichts mehr mit ihr zu tun haben. Welchen Rat können wir ihr geben?

Unglücklicherweise kommt so etwas häufig vor bei Teenagern. Vielleicht wird Ihre Frage einigen Eltern klarmachen, daß sie ganz offen mit ihren Teenagern über das Thema Moral und vorehelicher Geschlechtsverkehr sprechen müssen.

Sie alle, Ihre Tochter, Sie und Ihr Mann durchleben im Augenblick eine schwierige Zeit. Ihre Tochter muß wissen, daß Sie nicht einverstanden sind mit dem, was sie getan hat. Aber Sie müssen ihr auch zeigen, daß Sie sie immer noch lieben und ihr helfen wollen. Gerade jetzt braucht sie Ihren liebevollen Rat. Nehmen Sie Gott beim Wort, wenn er sagt: »Wenn es aber jemandem unter euch an Weisheit mangelt, so bitte er Gott, der jedermann gern gibt und niemanden schilt; so wird sie ihm gegeben werden« (Jakobus 1,5).

Von ganzem Herzen hoffe ich, daß Sie Ihrer Tochter helfen können, der Versuchung einer Abtreibung zu widerstehen. Vielleicht werden andere sie davon überzeugen wollen, daß es der leichteste Ausweg ist. Das kostbare Leben in ihr würde zerstört werden. Abtreibung ist in Gottes Augen eine große Sünde, weil auch das kleine Wesen im Mutterleib nach Gottes Bild geschaffen ist. Ich bekomme tagtäglich viele Briefe von Müttern, die ihr Kind haben abtreiben lassen, und die nun mit Depressionen und Schuldgefühlen zu kämpfen haben. Es gibt unzählige kinderlose Familien, die ein Kind adoptieren möchten, wenn es Ihrer Tochter nach der Geburt nicht möglich ist, das Kind zu behalten.

Gott kann diese Erfahrung in ihrem Leben dazu benutzen, ihr seine Gnade großzumachen. Beten Sie dafür, daß Gott Ihnen und anderen Gelegenheiten schenkt, mit ihr über eine Hinwendung zu Christus zu sprechen.

Vor einiger Zeit ist unsere Mutter gestorben. Jetzt möchte unser Vater wieder heiraten, doch wir Kinder glauben nicht, daß wir mit einer Stiefmutter klarkommen.

Unglücklicherweise hat das Wort »Stiefmutter« einen negativen Beigeschmack. Ich kenne einige sehr liebevolle Stiefmütter. In gewisser Weise ist es viel schwieriger, Stiefmutter zu sein als richtige Mutter. Die Liebe des Partners muß zwischen vielen Leuten aufgeteilt werden, und sie hat die schwierige Aufgabe, die Familie zusammenzuhalten.

Sie schreiben, daß Sie niemals mit einer Stiefmutter zurechtkommen können. Das ist ein Vorurteil. Eine solche Einstellung schließt jede Möglichkeit, in der neuen Situation glücklich zu werden, von vornherein aus.

Es tut mir sehr leid, daß ihr Kinder einen so großen Verlust erlitten habt. Ich bitte euch, denkt an die Selbstlosigkeit der Frau, die bereit ist, die Liebe zu eurem Vater mit den Kindern seiner ersten Frau zu teilen, und die bereit ist, ihre eigene Identität, ihre eigenen Wünsche und ihre eigene Freiheit in eure Familiensituation einzubringen.

Würden Sie bitte versuchen, den Eltern klarzumachen, wie schwierig es ist, ein Teenager zu sein? Ich glaube, daß sie nicht wissen, was es bedeutet, wenn man sich hin- und hergerissen fühlt. Es ist wirklich eine verwirrende Zeit.

Ja, ich glaube auch, daß Eltern, die übrigens auch alle einmal Teenager waren, manchmal vergessen können, wie man sich in dieser Lebensphase fühlt. Doch ich bin auch überzeugt, daß der Druck auf euch Teenager von heute viel größer ist als zur Zeit eurer Eltern.

Ihr seid z.B. der Versuchung ausgesetzt, mit Drogen und Sex zu experimentieren. Die Eltern müssen diesen Druck erkennen und verstehen und alles in ihrer Macht stehende tun, ihren Kindern zu helfen.

Zweierlei müssen Sie sich vor Augen halten. Erstens, es liegt an Ihnen, die Kommunikation mit Ihren Eltern in Gang zu halten. Ihre Eltern haben viel erlebt, und Sie können von ihrer Erfahrung profitieren. Sagen Sie nicht einfach: »Die würden das sowieso nicht verstehen«. Vielleicht verstehen sie sogar mehr, als Sie glauben. Doch Sie müssen sich auch die Zeit nehmen, ihnen zuzuhören und sich aufrichtig bemühen, sie zu verstehen. Kommunikation ist keine Einbahnstraße.

Zweitens bitte ich Sie sehr, Ihr Leben Jesus Christus zu übergeben, wenn Sie das noch nicht getan haben. Sie brauchen seine Hilfe, damit Sie unterscheiden können, was richtig und was falsch ist. Sie brauchen auch seine Führung. Denken Sie daran: Auch, wenn Sie keiner zu verstehen scheint, Gott kennt Sie besser als Sie sich selbst kennen. Er weiß auch, was das Beste für Sie ist, weil er Sie geschaffen hat und Sie liebt. »Denk an deinen Schöpfer in deiner Jugend, ehe die bösen

Tage kommen und die Jahre sich nahen, da du sagen wirst: ›Sie gefallen mir nicht‹« (Prediger 12,1).

Lassen Sie sich nicht in eine Richtung drängen, die falsch ist und die Ihnen schaden würde. Gott hat einen Plan für Ihr Leben, und Sie werden viel Freude erleben, wenn Sie diesen Plan entdecken und danach handeln. Bitten Sie Jesus durch ein einfaches Gebet, in Ihr Leben zu kommen, und gehen Sie an seiner Hand in die Zukunft.

Bitte beten Sie für meinen kleinen Bruder und mich. Unsere Eltern haben uns erzählt, daß sie sich scheiden lassen wollen und ich weiß nicht, was wir tun sollen. Wir haben fast den Eindruck, als wären wir irgendwie schuld daran. Ich bin deprimiert und kann mich nicht mehr auf meine Schularbeiten oder irgend etwas anderes konzentrieren. Ich möchte nur, daß sie wieder zusammenfinden und wir wieder eine richtige Familie sind.

Es ist tragisch, daß bei einer Scheidung immer die Kinder die Leidtragenden sind. Ich bin sehr traurig, daß ihr im Moment eine so schwierige Zeit durchleben müßt. Vielleicht bringt euer Brief einige Ehepaare, die kurz vor der Scheidung stehen, dazu, über die Konsequenzen einer Trennung nachzudenken und dann an ihrer Beziehung zu arbeiten. Gott will, daß die Ehe eine Bindung für das ganze Leben ist.

Es ist normal, daß Sie und Ihr Bruder sich fragen, ob Sie schuld sind an der Trennung Ihrer Eltern, doch das ist bestimmt nicht der Fall. Sie fragen sich außerdem, ob Ihre Eltern auch Sie nicht mehr lieben, nachdem sie keine Liebe mehr füreinander empfinden. Ihre Eltern sind wahrscheinlich so sehr von ihren eigenen Problemen in Anspruch genommen, daß sie wenig Zeit für Sie haben, doch das muß nicht bedeuten, daß ihre Liebe zu Ihnen nachgelassen hat.

Nichts, was ich sagen könnte, kann Ihren Schmerz lindern — doch diese Zeit kann für Sie und Ihren Bruder zu einer wichtigen Erfahrung werden. Gott liebt Sie und seine Liebe bleibt immer dieselbe. Ich bete dafür, daß Sie und Ihr Bruder Jesus Christus bitten, in Ihr Leben zu kommen, und daß Sie lernen, ihm Ihr Vertrauen zu schenken. Er versteht Ihren Schmerz und Ihre Angst vor der Zukunft. »Alle Sorge werfet auf ihn; denn er sorgt für euch«(1.Petrus 5,7).

Beten Sie für Ihre Eltern. Auch für sie ist es eine verwirrende Zeit. Schön wäre es, wenn sie Gott ihr Herz öffnen würden und ihr Leben von ihm verändern ließen. Zeigen Sie Ihren Eltern Ihre Liebe, und daß Sie sie auch trotz dieser Tragödie weiter lieben werden.

Das Leben in unserer kleinen Stadt ist langweilig. Alles, was wir tun, wird von den älteren Leuten als wild und nicht christlich angesehen. Wir langweilen uns. Sind Sie der Meinung, daß es falsch ist, wenn man tut, was einem Freude macht?

Junge Leute sind oft gelangweilt, weil nicht genügend Aktivitäten angeboten werden, für die sie ihre Energie einsetzen können. Als normaler junger Mensch wollen Sie etwas tun, das aus dem normalen Alltagstrott herausfällt und das Freude macht. Viele ältere Leute vergessen manchmal, daß auch sie einmal jung gewesen sind. Darum verstehen sie Sie nicht.

Planen Sie kreative Aktivitäten, die die anderen jungen Leute herausfordert. Es gibt viele gesunde Wettspiele, an denen man seine Freude haben kann. Nein, sich vergnügen zu wollen, ist nicht falsch. Es ist nur falsch, wenn wir das, was Gott uns gegeben hat, mißbrauchen. In der Bibel steht, daß »Gott, (der) uns alles reichlich darbietet, es zu genießen« (1.Timotheus 6,17).

Diese Gaben Gottes sind uns zu unserer Freude gegeben. Lassen Sie sich von dem folgenden Vers Orientierung geben, welche Aktivitäten angemessen sind: »Was wahrhaftig ist, was ehrbar, was gerecht, was rein, was liebenswert, was einen guten

Ruf hat, sei es eine Tugend, sei es ein Lob — darauf seid bedacht« (Philipper 4,8). Diese Dinge sollte ein Christ annehmen und sich zur Ehre Gottes daran erfreuen.

Wie kann ich Christ sein und von den anderen nicht als »komischer Kauz« angesehen werden?

Wenn Sie diese beiden Dinge ganz klar auseinanderhalten, dann wird ihr Problem viel einfacher zu lösen sein. Christsein bedeutet, daß Sie Ihr Leben Jesus Christus übergeben haben und nach den Idealen leben, die Christus uns als Maßstab für unser Leben gegeben hat. Es bedeutet auch, daß wir uns durch unsere Lebensweise von anderen Menschen, die Christus nicht kennen, unterscheiden. Lassen Sie sich nicht stören, auch wenn manche Sie für sonderbar halten. Insgeheim werden sie Sie wahrscheinlich bewundern. Aber achten Sie darauf, daß Sie sich anderen gegenüber nicht scheinheilig oder überheblich verhalten. Denken Sie immer daran, daß ein Christ ein Sünder ist, der durch Gnade gerettet wurde, und daß wir keinen Grund haben, uns zu brüsten oder stolz zu sein. Es ist gut möglich, daß Sie von einigen verspottet und mißverstanden werden. Wenn Sie das in Geduld und einem Geist der Liebe ertragen, dann kann Gott Ihr Verhalten dazu benutzen, daß Sie einige Ihrer Freunde für ihn gewinnen. Versuchen Sie immer, die Freude, die durch Gott in Ihr Leben kam, sichtbar zu machen. Denn wir sind die einzigen Menschen in der Welt, die wirklich glücklich sein können, weil wir wissen, wo wir stehen, wer unser Herr ist und wohin wir einmal gehen werden. Beten Sie für Ihre Freunde und haben Sie sie lieb. Gott will Sie segnen und dazu benutzen, sie für ihn zu gewinnen.

Ich habe eine schreckliche Sünde begangen und möchte nun wissen, ob ich in die Hölle komme. Ich bin erst fünfzehn, aber ich habe mit ei-

nem verheirateten Mann Ehebruch begangen. Kann mir Gott verge-
ben, wenn ich meine Sünde nicht wirklich bereue?

Ehebruch ist deshalb eine so schwere Sünde, weil die Ehe ein Bild für die Beziehung zwischen Gott, dem Vater, Gott, dem Sohn und Gott, dem heiligen Geist ist. Wenn wir Ehebruch begehen, dann brechen wir unser Gelübde, einander treu zu sein, »bis daß der Tod uns scheide«. Wir verursachen damit einen Bruch in einer von Gott gewollten Lebensgemeinschaft. Auch fügen wir anderen Menschen große Schmerzen zu. Ehebruch kann, wie alle anderen Sünden, von Jesus Christus vergeben werden, doch die Narben einer solchen Tat werden ein Leben lang bleiben!

Ehebruch wird in der Bibel viele Male verurteilt. Unter dem Gesetz Mose stand darauf der Tod (4.Mose 20,10; 5.Mose 22,22-24). So schwer diese Sünde auch ist, Gott kann sie vergeben. Lesen Sie Johannes 8,3-11, doch vergessen Sie nicht, daß ohne Buße keine Vergebung geschehen kann. Buße bedeutet mehr als nur Kummer über seine Sünde. Sie bedeutet, daß man mit Gottes Hilfe ein für allemal darauf verzichtet.

Ich gehe zum Gymnasium. Kürzlich wurde ich zum Klassensprecher gewählt. Als Christ kann ich aber an vielen traditionellen Aktivitäten nicht teilnehmen. Denken Sie, ich sollte mein Amt lieber niederlegen?

Ihr ganzes Leben hindurch werden Sie Entscheidungen darüber zu treffen haben, was Sie als Christ mitmachen können und was nicht. Das Amt selbst kann nicht automatisch mit Aktivitäten verbunden sein, die Sie als Christ nicht billigen. Im Gegenteil, es versetzt Sie in eine Stellung, in der Sie ein sehr wirkungsvolles Zeugnis für Jesus Christus sein können. Sie sind nicht verpflichtet zu zweifelhaften Aktivitäten, die andere von Ihnen erwarten. Beziehen Sie klar Stellung. Gehen Sie keine Kompromisse ein. Durch Ihr Amt haben Sie die Möglichkeit, sich klar zum Evangelium zu bekennen. Jesus sagte, die Jünger »sollen weise wie Schlangen und harmlos wie Tauben« sein. Machen Sie Ihre Arbeit gut und gewinnen Sie die Bewunderung und den Respekt Ihrer Klassenkameraden, und Sie werden als Christ akzeptiert werden. Als »Salz der Erde« müssen wir die Botschaft von Jesus Christus überallhin tragen.

Meine Mutter kritisiert mich ständig wegen der Musik, die ich höre. Vermutlich ist sie wirklich ein bißchen laut, aber alle meine Freunde hören sie, warum regt sie sich also so auf?

Ich bekomme immer eine Menge Briefe, wenn ich versuche, eine Frage wie diese zu beantworten. Junge Leute haben sehr oft Differenzen mit ihren Eltern wegen der Musik, die sie sich anhören. Es gibt einiges, das Sie beachten sollten.

Warum, denken Sie, macht sich Ihre Mutter solche Gedanken über Ihre Musik? Natürlich auch, weil sich diese Musik von der unterscheidet, die sie in ihrer Jugend gehört hat. (Wahrscheinlich war es damals genauso, und Ihre Großmutter hat sich über die Musik Ihrer Mutter aufgeregt!) Doch vielleicht gibt es auch noch andere Gründe. Wahrscheinlich macht Ihre Mutter sich Sorgen, weil Sie keine Rücksicht auf andere nehmen und Ihre Musik zu laut aufdrehen oder zur falschen Tageszeit hören. Sie müssen lernen, Rücksicht auf andere zu nehmen, nicht nur in Bezug auf Ihre Musik, sondern auch in allen anderen Lebensbereichen. Höflichkeit ist nicht aus der Mode gekommen — sie sollte immer noch Bestandteil unseres Lebens sein. Jesus sagte: »Alles, was ihr wollt, daß euch die Leute tun sollen, das tut ihnen auch« (Matthäus 7,12).

Vielleicht macht sich Ihre Mutter auch Gedanken, weil sie befürchtet, daß Rockmusik ihren Hörern schadet. Der Text einiger dieser Lieder glorifiziert Unmoral und Drogen; manche sprechen sogar von satanischen Praktiken. Diese Dinge können Ihr Denken formen und Ihr Herz von Gottes Wahrheit ablenken. Unter allen Umständen sollten Sie Musik meiden, die durch ihren Text und ihren Rhythmus bewußt verwerfliche Gedanken ausspricht oder zu falschem oder schädlichem Verhalten anregt.

Der Schreiber der Sprüche gibt seine Weisheit an junge Leute weiter: »Mein Sohn, gehorche der Zucht deines Vaters und verlaß nicht das Gebot deiner Mutter, denn das ist ein schöner Schmuck für dein Haupt und eine Kette an deinem Halse. ... Denn der Herr gibt Weisheit, und aus seinem Munde kommt Erkenntnis und Einsicht. ... Er behütet, die recht tun, und bewahrt den Weg seiner Frommen« (Sprüche 1,8-9;2,6-8).

6. KANN GOTT MIR BEI MEINER ARBEIT HELFEN?

Ich bin Krankenschwester, und all das Leid um mich herum belastet mich sehr. Zum erstenmal in meinem Leben fange ich an, über Gott nachzudenken. Glauben Sie, daß er mir in meinem Beruf helfen kann?

Ich kann Ihre Situation gut verstehen. Sie werden ja Tag für Tag mit Leid und Tod konfrontiert. Wenn ich nicht Christ wäre, würde ich wahrscheinlich auch angesichts der Hoffnungslosigkeit in der Welt deprimiert sein.

Es gibt vieles, was wir nicht verstehen, z.B. warum Gott das Leid zuläßt. Die Bibel spricht von dem Bösen als einem »Geheimnis«. Doch es gibt viele wichtige Wahrheiten, von denen Sie erfahren sollten. Gott liebt uns, und er versteht uns in unserem Leid. Er selbst hat durch seinen Sohn Jesus Christus gelitten und ist am Kreuz für uns gestorben. Christus ist Gott, der um unserer Rettung willen Mensch geworden ist. Er weiß deshalb, was Leid bedeutet, denn er hat viel mehr gelitten, als wir je werden leiden können, denn er nahm, selbst vollkommen sündlos, unsere Sündenlast auf sich und verbüßte unsere Strafe.

Sie dürfen auch wissen, daß mit dem Tod nicht alles vorbei ist, im Gegenteil, er ist erst der Anfang eines ganz neuen, des ewigen Lebens. Jawohl, es gibt eine Hoffnung über den Tod hinaus; Christus hat sie möglich gemacht. Durch seinen Tod können wir in den Himmel kommen, wenn wir an ihn glauben und ihm vertrauen. Durch seine Auferstehung von den Toten hat er alle Zweifel an einem Leben nach dem Tode ausgelöscht.

Christus kann Ihnen Kraft geben und Ihnen jeden Tag helfen. Er möchte, daß Sie sein Kind und anderen Menschen zum Segen werden, besonders denen, mit denen sie jeden Tag zusammenarbeiten.

Ich bin sehr in einen meiner Arbeitskollegen verliebt. Er ist ein bißchen älter als ich, verheiratet und hat mehrere Kinder. Er sagt, daß er mich liebt, doch ich fange an mich zu fragen, warum er sich nicht scheiden lassen will. Können Sie mir sagen, ob ich ihm wirklich etwas bedeute?

Ich möchte ganz offen zu Ihnen sein. Sie haben die falsche Frage gestellt. Anstatt zu fragen, wie Sie herausfinden können, ob er Sie liebt, sollten Sie lieber fragen, ob es richtig von Ihnen ist, sich in eine solche Beziehung einzulassen.

Dazu möchte ich Ihnen folgendes sagen. Es war nicht richtig von Ihnen, diese Beziehung einzugehen, und ich werde ernsthaft dafür beten, daß Sie den Mut haben, sie augenblicklich zu beenden. Ich sage das aus mehreren Gründen. Zum einen habe ich den Eindruck, daß dieser Mann Sie nur benutzt und gar nicht richtig liebt. Vermutlich käme Ihre Ehe, falls Sie ihn wirklich heiraten sollten, schon nach kurzer Zeit in eine Krise. (Schließlich ist er seiner jetzigen Frau untreu, warum sollte er nicht auch Ihnen untreu werden?)

Doch darüberhinaus wäre es moralisch falsch, wenn Sie diese Beziehung fortsetzten und so versuchen würden, die Familie des Mannes auseinanderzubringen. Die Bibel sagt uns, daß Gott das Eheversprechen sehr hoch einschätzt. Gott hat die Familie eingesetzt und »was nun Gott zusammengefügt hat, das soll der Mensch nicht scheiden«(Matthäus 19,6). Die Bibel lehrt uns also, daß eine sexuelle Beziehung außerhalb der Ehe falsch ist.

Ihr Brief vermittelt den Eindruck, daß Sie verzweifelt auf der Suche sind nach Liebe. Doch Sie suchen am falschen Ort danach. Was Sie gefunden haben ist nur ein billiger Ersatz, der Sie nicht glücklich machen wird. Wie können Sie da wieder herauskommen? Vor allem dadurch, daß Sie Gott Ihr Leben übergeben, der Sie liebt und Ihnen helfen möchte. Dann müssen Sie lernen, jeden Tag mit ihm zu erleben und jeden Bereich Ihres Lebens in seine Hände zu legen, auch Ihre Beziehung zum anderen Geschlecht.

Seit acht Monaten bin ich arbeitslos. Es ist schrecklich, sich so nutzlos zu fühlen. Ich habe mich permanent um eine neue Stelle bemüht, aber einfach nichts gefunden. Wie kann ich damit umgehen?

Eine der Tragödien unserer Zeit (oder jeder anderen Zeit wirtschaftlicher Rezession) ist die in vielen Nationen weit verbreitete Arbeitslosigkeit. Wir sollten für unsere Welt und unsere Politiker beten, damit Sie eine Lösung für dieses Problem finden. Gott wollte nicht, daß wir träge und unproduktiv sind, denn in der Arbeit liegt ein Teil unserer Würde.

Ich möchte Ihnen einige Vorschläge machen, die Ihnen vielleicht weiterhelfen können. Vor allem hoffe ich, daß Sie nicht verzweifeln und depressiv werden. Beten Sie, daß Gott Ihnen hilft, diese Zeit so gut wie möglich zu nutzen. In der Bibel heißt es: »So seht nun sorgfältig darauf, wie ihr euer Leben führt, nicht als Unweise, sondern als Weise, und kauft die Zeit aus; denn es ist böse Zeit«(Epheser 5,15-16). Es mag Ihnen schwerfallen, das so zu sehen, doch die Zeit, die Sie im Moment haben, kann für Sie sehr hilfreich sein, und Sie haben die Verantwortung, das Beste daraus zu machen.

Es kann eine Zeit des geistlichen Wachstums in Ihrem Leben sein. Ihrem Brief konnte ich nicht entnehmen, ob Sie Ihr Leben schon Jesus Christus übergeben haben. Wenn nicht, dann hat Gott Sie vielleicht arbeitslos werden lassen, um Ihnen die Notwendigkeit zu zeigen, ihm Ihr Leben zu übergeben. Öffnen Sie Ihr Herz für Jesus Christus und lernen Sie, jeden Tag mit ihm zu gehen. Wenn Sie Jesus schon kennen, dann bitten Sie ihn, daß Sie durch diese Erfahrung wachsen. Lesen Sie in der Bibel und studieren Sie sie, denken Sie über ihre Bedeutung für Ihr Leben nach. Beten Sie viel, nicht nur für Ihre eigenen Bedürfnisse, sondern auch für andere.

Vielleicht können Sie diese Zeit auch nutzen, ehrenamtlich anderen zu helfen? Ich weiß nicht, welche Möglichkeiten es in Ihrer Gemeinde oder Stadt gibt, doch beten Sie, daß Gott Ihnen einen Weg zeigt. Oft führt ehrenamtliche Beschäftigung auch zu einer vollzeitlichen Anstellung.

Mein größtes Problem sind die Menschen, mit denen ich beruflich zu tun habe. Einige versuchen rücksichtslos weiterzukommen, auch auf Kosten anderer. Wie soll ich mit solchen Leuten umgehen?

Natürlich stehen Sie in der Versuchung, Ihre Kollegen genauso zu behandeln. Doch in der Bibel heißt es: »Vergeltet niemand Böses mit Bösem. Seid auf Gutes bedacht gegenüber jedermann. ... Rächt euch nicht selbst, meine Lieben, sondern gebt Raum dem Zorn Gottes; denn es steht geschrieben:

»Die Rache ist mein; ich will vergelten, spricht der Herr« (Römer 12, 17.19).

In diesen Versen sind einige Prinzipien angedeutet. Zuerst lehrt uns die Bibel, daß diejenigen, die rücksichtslos versuchen, voranzukommen, eines Tages erkennen werden, daß sie den falschen Weg eingeschlagen haben. Denn wenn wir Gott den Rücken zukehren und Böses tun, wird er uns dafür richten. Vielleicht stellen diejenigen, die um jeden Preis erfolgreich sein wollen, eines Tages fest, daß ihr Leben leer und unglücklich ist.

Doch wenn wir Gutes tun, auch wenn andere Böses tun, wird Gott uns segnen. Zwar bedeutet das nicht, daß wir mit materiellen Gütern gesegnet werden, obwohl auch das sein kann. (Vielleicht befördert Sie Ihr Chef, weil er festgestellt hat, daß Sie integer und vertrauenswürdig sind.) Doch das muß nicht sein. Gott will Sie geistlich segnen für Ihre Treue.

Wenn Sie Jesus kennen und ihm Ihr Leben übergeben haben, dann geben Sie seine Liebe an die Menschen in Ihrer Umgebung weiter. »So laßt euer Licht leuchten vor den Leuten, damit sie eure guten Werke sehen und euren Vater im Himmel preisen« (Matthäus 5,16). Durch Ihr Vorbild und das, was Sie sagen, werden Sie Ihren Kollegen ein Zeugnis sein.

Ich habe einfach kein Verständnis für eine meiner Arbeitskolleginnen. Sie will religiös sein, hat aber einen schlechten Ruf und ist sogar schon ein- oder zweimal betrunken zur Arbeit gekommen. Um ehrlich zu sein, ich verachte sie, obwohl ich ihr wahrscheinlich helfen sollte.

Jesus sagt: »Nicht jeder, der zu mir Herr, Herr sagt, wird in das Himmelreich kommen«. Viele Menschen sind der Meinung, sie seien Christen, weil sie in einer christlichen Familie aufgewachsen sind oder ihre Namen im Taufregister stehen oder weil sie gute Werke getan und noch kein Verbrechen begangen haben. Ihre Arbeitskollegin ist vielleicht überhaupt kein Christ. Sie sollten auf jeden Fall versuchen, ihr liebevoll das Evangelium nahezubringen.

Vielleicht hat Ihre Arbeitskollegin zu irgendeinem Zeitpunkt Christus angenommen, sich aber im Laufe der Zeit wieder von ihm entfernt. Das könnte zu ihrem »schlechten Ruf« und dem Trinken geführt haben.

Ich würde Ihnen raten, sie nicht zu verurteilen, sondern zu versuchen, sie besser kennenzulernen. Finden Sie zuerst heraus, was sie meint, wenn sie sagt, sie sei Christ. Zeigen Sie ihr die Stelle aus Johannes 3, wo es heißt, daß niemand, der nicht wiedergeboren ist, in den Himmel kommt. Finden Sie dann heraus, ob sie persönliche Probleme hat, die Ursache für ihr Verhalten sein können.

Erst, wenn Sie ihr Ihre Anteilnahme und Zuneigung gezeigt haben, können Sie sie auf die Möglichkeit der Vergebung in Christus aufmerksam machen. Vor allem aber beten Sie für sie, und bitten Sie andere Christen, auch für Sie zu beten, damit Gott Sie gebrauchen kann, das Leben Ihrer Kollegin zu verändern.

Ich mache mir Sorgen um meinen Mann. Er hat seine Stellung verloren und fühlt sich nun vollkommen nutzlos. Er befürchtet, keine Stelle mehr zu finden. Er wird immer depressiver, obwohl er sehr fähig ist. Wie kann ich ihm helfen?

Der Verlust einer Stellung kann eine traumatische Erfahrung sein. Häufig leitet sich unser Selbstwertgefühl stark aus unserer beruflichen Tätigkeit ab, und wenn wir unsere Arbeit verlieren, kann das ernste psychologische Folgen haben.

In unserer Kultur hat der Beruf einen sehr hohen Stellenwert. Schon häufig habe ich erlebt, daß sich Leute vorgestellt haben und direkt hinter ihrem Namen ihren Beruf genannt haben. Das ist oft der Fall, wenn der Beruf hoch angesehen oder sehr aufregend ist.

Doch der Beruf eines Menschen sagt nichts über seinen Charakter oder seinen Wert aus. Lassen Sie Ihren Mann wissen, daß er für Sie wertvoll und liebenswert ist, und daß das nichts mit seiner beruflichen Tätigkeit zu tun hat.

Ich habe viele Menschen gekannt, die Ihre Stellung verloren und dann entdeckt haben, daß Gott dadurch ihr Leben neu ordnen wollte. Sie und Ihr Mann sollten Gott darum bitten, für Sie zu sorgen und Ihrem Mann zu helfen, eine neue Stellung zu finden.

Diese Zeit kann sehr wichtig sein für Ihr geistliches Wachstum. Anstatt sich auf Ihre Verletzlichkeit zu konzentrieren, sollten Sie auf Gottes Macht und Stärke sehen. Wenn Ihr Mann nicht Christ ist, kann dies Gottes Weg sein, seine Aufmerksamkeit auf ihn zu lenken und ihn zu demütigen, damit er die Notwendigkeit erkennt, nach Gottes Heil und Führung für sein Leben zu fragen.

Vor kurzem wurde mir gekündigt, nachdem ich einige Jahre in dieser Stellung gearbeitet habe. Mein Chef meinte, ich würde die Kunden nicht richtig behandeln, aber ich glaube, er hatte es bloß auf mich abgesehen. Ich bin wütend, weil es so unfair ist. Es scheint keine Gerechtigkeit auf dieser Welt zu geben.

Ich kenne die Umstände Ihres Falles nicht und kann mir von daher kein Urteil erlauben, ob Ihr Chef recht hat oder nicht. Aber wenn uns so etwas passiert, dann gibt es zwei Dinge, die Gott von uns erwartet.

Zuerst sollten Sie sich so ehrlich wie möglich die Frage beantworten, ob die Vorwürfe Ihres Chefs begründet sind. Das ist gewiß nicht einfach, denn oft neigen die Menschen dazu, andere für eigene Schwierigkeiten verantwortlich zu machen. Niemand von uns gibt seine Fehler gern zu. Ich möchte Sie ermutigen zu beten, daß Gott Ihnen hilft, Bereiche in Ihrem Leben zu sehen, die der Verbesserung bedürfen. Vielleicht ist

Ihre Art, mit anderen Menschen umzugehen, tatsächlich nicht gut. Wenn Sie z.B. immer recht haben wollen und der Meinung sind, die anderen müßten alles so machen, wie Sie es für richtig halten, dann sollten Sie einsehen, daß diese Haltung Anstoß erregen muß. Sie sollten lernen, zuzuhören und flexibler zu werden. In der Bibel heißt es: »Ist's möglich, soviel an euch liegt, so habt mit allen Menschen Frieden«(Römer 12,18).

Sie müssen auch auf der Hut sein vor Verbitterung und Wut. Sie werden sich nur selbst zerstören. »Und seht darauf ... daß nicht etwa eine bittere Wurzel aufwachse und Unfrieden anrichte ...« (Hebräer 12,15). Lassen Sie es nicht zu, daß Sie verbittert werden, selbst wenn Ihnen Unrecht geschehen ist.

Doch nutzen Sie vor allem diese Zeit in Ihrem Leben, um Ihre Beziehung zu Jesus Christus zu überprüfen. Besprechen Sie mit ihm Ihre Probleme, und fragen Sie sich, wie Sie ihm dienen können!

Ich bin Feuerwehrmann und habe kürzlich Jesus Christus angenommen. Einige Arbeitskollegen machen sich über mich lustig, andere haben mir zu meiner Entscheidung gratuliert. Was soll ich denen sagen, die über die Religion lachen?

Erinnern Sie sich? Jesus hat vorausgesagt, daß wir verfolgt werden würden, wie er verfolgt worden ist. In Wirklichkeit verspotten diese Männer Christus in Ihnen, was auch ein Beweis dafür ist, daß Christus wirklich in Ihnen lebt.

Ihr Vorbild ist Christus selbst. Als er verlacht wurde, hat er nicht darauf reagiert. Auch Sie sollten das ignorieren. Es wird Ihre Arbeitskollegen beeindrucken, wenn Sie nicht, wie andere, auf eine Herausforderung oder auf Spott reagieren. Sie werden sich bald fragen, warum Sie so anders sind, und dann haben Sie die Gelegenheit, ihnen zu erzählen, was Sie erlebt haben.

Als Feuerwehrmann müssen Sie Menschen helfen, deren Leben in Gefahr ist. Das ist ein Bild für das, was Gott für uns getan hat. Als wir in der Gefahr standen, im Feuer der Hölle unterzugehen, da hat Gott seinen Sohn, Jesus Christus gesandt, um uns zu retten. Wenn jemand in einem brennenden Haus Ihre Hilfe nicht annehmen will, dann wird er sterben. So ist es auch mit Gottes Hilfsangebot. Vielleicht kann Ihnen dieses Bild helfen. Bitten Sie Gott um Geduld, den Spott zu ertragen; er wird sie Ihnen geben, wie auch die Kraft, Ihren Arbeitskollegen ein Zeugnis zu sein.

Kann Gott mir eine neue Arbeitsstelle schenken? Ich bin seit mehr als einem Jahr arbeitslos, und auch vorher habe ich nicht viel gearbeitet. In meinem Beruf wird mehr Erfahrung gefordert, als ich vorweisen kann. Es ist alles sehr entmutigend. Ich habe schon fast aufgegeben, obwohl ich mir das finanziell nicht erlauben kann.

Die Bibel lehrt uns, daß Gott sich um jeden Bereich unseres Lebens kümmert - auch um unsere Arbeitsstelle. Er liebt Sie und hat auch für Sie einen Plan. Darum steht in der Bibel: »Alle eure Sorge werft auf ihn; denn er sorgt für euch« (1.Petrus 5,7).

Dort heißt es auch: »Verlaß dich auf den Herrn von ganzem Herzen, und verlaß dich nicht auf deinen Verstand, sondern gedenke an ihn in allen deinen Wegen, so wird er dich recht führen« (Sprüche 3,5.6). Vielleicht möchte Gott, daß Sie eine andere Ausbildung machen; viele öffentliche Stellen bieten umfangreiche Umschulungsprogramme an. Verschließen Sie sich nicht vor dieser Möglichkeit; die Programme richten sich an Leute in Ihrer Situation. Die Landes- und Bundesregierung bieten Geld zu niedrigen Zinsen an für Leute, die sich fortbilden wollen. Sie sollten sich bei Ihrem Arbeitsamt erkundigen. In der Berufsberatung wird Ihnen sicher weitergeholfen. Machen Sie einen Termin aus.

Ich möchte Sie ermutigen, in der Zwischenzeit das Beste aus Ihrer Zeit zu machen. Übergeben Sie auch diesen Bereich dem Herrn. Vielleicht können Sie z.B. ehrenamtlich anderen helfen. In Ihrer Gemeinde oder Kommune können Ihnen sicher Aufgaben zugewiesen werden. Lassen Sie dies eine Zeit sein, in der Sie Gott näher kommen durch Gebet und Bibelstudium.

Ich bin Christ und habe als Programmierer eine gute Stellung. Mein Problem ist, daß ich mir den ganzen Tag lang zweideutiges oder ausgesprochen vulgäres Gerede anhören muß. Was soll ich tun?

Machen Sie das zu Ihrem Gebetsanliegen. Gott kennt Ihre Situation, und er liebt auch Ihre Arbeitskollegen. Sagen Sie Gott, daß Sie seinen Willen tun möchten und bitten Sie ihn, Ihnen seinen Willen zu offenbaren. Vielleicht sollten Sie mit jenen Menschen sprechen und ihnen sagen, daß es so viele schöne Dinge gibt, über die man sprechen kann. Es könnte ja sein, daß Sie auf diese Weise mithelfen, den Ton in Ihrem Büro zu verbessern. Zeigen Sie Ihren Arbeitskollegen Ihr Unbehagen über diese Art von Unterhaltung, aber tun Sie es mit Takt und Geduld. Ich weiß von Gelegenheiten, wo dadurch wirklich das Arbeitsklima in einem Büro verändert worden ist. Einmal wurde in einem Geschäft ein Christ gebraucht, die Atmosphäre des gesamten Ladens zu verändern. Als Christ müssen Sie sich daran erinnern, daß Sie Licht und Salz sein sollen. Wenn Sie sich daran halten, werden Sie sicherlich anderen zum Segen werden — vielleicht nur wenigen, vielleicht aber auch vielen. Möglicherweise möchte Gott aber auch, daß Sie die Stellung wechseln. Erfahrene Programmierer finden überall einen Job.

Ich bin Lernschwester in einem sehr großen Krankenhaus. Die meisten Ärzte begegnen uns respekt- und rücksichtsvoll, doch einer der

*berühmtesten Chefchirurgen flucht in unserer Gegenwart und macht
schäbige Witze über die Schwestern, die mit ihm zusammenarbeiten.
Ich bin Christ und bereit, alles zu ertragen, doch das wird mir langsam zu viel.*

Ich möchte Ihnen vorschlagen, sich mit einer älteren
Schwester zu beraten, die entweder Christ oder auch besorgt
über diese Angelegenheit ist. Vielleicht können Sie beide
dann den Arzt um eine Unterredung bitten. Sagen Sie ihm,
wie sehr Sie ihn als Chirurgen schätzen. Machen Sie ihm klar,
daß Sie, wenn Sie Ihre Arbeit zu seiner vollsten Zufriedenheit
erledigen wollen, auch das Gefühl haben müßten, daß er Sie
respektiert. Vielleicht merkt er gar nicht, wie sehr er Sie durch
seine Flüche und üblen Scherze verletzt.

Wenn er Ihre Bitte zurückweist und sich auch weiterhin
über seine Untergebenen mokiert, dann bitten Sie die Ober-
schwester, bei dem Verwaltungsdirektor zu intervenieren.
Zwar sind alle Christen in gewisser Weise Verfolgungen ausgesetzt, doch es gibt bestimmte ungeschriebene Grundregeln
des menschlichen Zusammenlebens, die einen vor solchen
verbalen Belästigungen schützen sollten. Die Krankenhaus-
leitung sollte darauf achten, daß diese Regeln eingehalten
werden. Beten Sie, in dieser Situation ruhig bleiben zu können, und daß Ihr vordringlichstes Ziel bleibt, diesen Arzt für
Christus zu gewinnen.

*Ich möchte mich gern selbständig machen. Wenn ich das verwirkli-
chen kann, werde ich ab und zu sonntags arbeiten müssen. Ich würde
gern Ihre Meinung zur Sonntagsarbeit hören.*

Ich wünschte, allen von uns wäre es möglich, den Sonntag
als den Tag des Herrn und christlichen Sabbat zu feiern. Dadurch könnte jeder an Gottesdiensten und anderen christlichen Aktivitäten teilnehmen. Nichts behindert die Verbrei-

tung des Evangeliums in und durch die Kirche mehr, als der säkulare Mißbrauch des Sonntags. Wenn es irgend möglich ist, sollten Sie diesen Tag für die Anbetung Gottes und den Dienst für ihn freihalten.

Auf der anderen Seite stehen die Christen in ständiger Gefahr, dem Sonntag und anderen christlichen Geboten gegenüber eine gesetzliche Haltung einzunehmen. Jesus sagte, daß der Sabbat für den Menschen, und nicht der Mensch für den Sabbat geschaffen wurde. Wir dürfen uns nicht einem gesetzlichen Christentum unterwerfen, das nur aus Verboten und Beschränkungen besteht. Unser erstes und größtes Gebot ist, Gott und unseren Nächsten wie uns selbst zu lieben. Daher liegt die Entscheidung bei Ihnen. Eines Tages werden Sie Gott Rechenschaft ablegen müssen, wie Sie Ihr Geld und Ihre Zeit genutzt haben. Lassen Sie unter keinen Umständen zu, daß Ihr geplantes Geschäft Ihr Verhältnis zu Gott beeinträchtigt.

Als Christ arbeite ich aktiv in einer Gemeinde mit. Mit meinem Leben möchte ich Christus ehren. Ich bin als Buchhalter für eine große Firma tätig. Neulich wurde ich von dem Besitzer eines großen Nachtclubs und Spielsalons angesprochen. Er hat mir eine Stelle angeboten. Ich würde dort dieselbe Arbeit tun wie in meiner jetzigen Firma, aber erheblich mehr verdienen. Würden Sie einen solchen Stellenwechsel befürworten?

Die Frage ist doch, ob Sie der Meinung sind, daß Christus sich in einer Umgebung wohlfühlen könnte, wo Männer und Frauen Alkohol konsumieren, ihr Geld verspielen und schlechte Witze reißen. Das ist eine ganz entscheidende Frage, denn wenn Sie Christ sind, dann lebt Christus in Ihnen und geht mit, wo Sie hingehen. Die Bibel sagt: »Geht aus von ihnen und sondert euch ab«(2.Korinther 6,17). Absonderung heißt nicht unbedingt Loslösung von der Welt, doch es gibt bestimmte Orte, wo Gott uns mit Sicherheit nicht sehen möchte. Nicht nur, damit wir uns selbst vor geistlichem Schaden bewahren, sondern damit unser Zeugnis nicht besudelt wird. Nehmen Sie einmal an, andere Christen sehen Sie in einem solchen Etablissement. Vielleicht ahmen sie dann Ihr Vorbild nach. Wenn Sie unbedingt mehr verdienen müssen, dann bitten Sie Gott, Ihnen nach Ihren Bedürfnissen zu geben.

Kann ein Christ Mitglied in einer Gewerkschaft sein? Mir wurde geraten, nicht beizutreten, doch wenn ich das nicht tue, bleibe ich weiter arbeitslos.

Die Bibel verbietet uns, mit Ungläubigen an einem Joch zu ziehen, aber nur da, wo dieses Joch uns zwingt, an ihren schlechten Taten teilzuhaben. Eine Gewerkschaft als solche ist nichts Schlechtes. Im Gegenteil, sie hat schon viel Gutes für die Gesellschaft geleistet.

Heutzutage sind einige Gewerkschaften (in den USA) in die Hände von skrupellosen Männern gefallen, die die ganze Organisation in Mißkredit gebracht haben. In den Gewerkschaften wie in der Politik konnte das geschehen, weil sich Männer mit sauberen Wertvorstellungen und christlichen Überzeugungen zurückgezogen und den anderen das Feld überlassen haben.

Jetzt endlich wird vielen Christen klar, daß sie in dieser Hinsicht früher Fehler begangen haben. Jetzt stellen sie sich ihrer Verantwortung in der Welt, weil sie nicht wollen, daß nur Menschen mit den falschen Motiven an verantwortlichen Stellen stehen. Werden Sie Mitglied und akzeptieren Sie Ihre Verantwortung, doch schließen Sie keine Kompromisse. Übergeben Sie Ihr Leben Jesus Christus und sagen Sie das Evangelium weiter. Denken Sie daran, daß Jesus gesagt hat: »Ihr seid das Salz der Erde« und: »Ihr seid das Licht der Welt«. Wir können unsere Pflicht nur tun, wenn wir unsere Verantwortung in der Welt wahrnehmen.

Ich bin ein gläubiger Geschäftsmann, doch ich werde irgendwie nicht so reich wie andere Nichtchristen. Gott übersieht anscheinend ihre Schlechtigkeit und läßt sie reich werden. Das macht mir Kummer, obgleich ich nicht daran denke, meinen Glauben deswegen aufzugeben. Gibt es irgendeine Erklärung dafür?

Mit dieser Frage haben sich schon viele Menschen beschäftigt. Selbst David, der Psalmist, wurde damit konfrontiert. Es hat ihn lange beunruhigt. Erst, als er eine Vision vom Endgericht hatte, wurde ihm einiges klar. Sie betrachten diese Angelegenheit offenbar ohne eine solche Perspektive.

Als David endlich die richtige Sicht hatte, schrieb er: »Siehe, das sind die Gottlosen; die sind glücklich in der Welt und werden reich. Soll es denn umsonst sein, daß ich mein Herz rein hielt und meine Hände in Unschuld wasche?« Mit anderen Worten, einen Moment lang hatte er den Eindruck, daß es auf geradliniges und moralisches Verhalten nicht ankommt. Dann sagt er weiter: »So sann ich nach, ob ich's begreifen könnte, aber es war mir zu schwer, bis ich ging in das Heiligtum Gottes und merkte auf ihr Ende«(Psalm 73, 12-13.16-17).

Gottes Maßstäbe für Gerechtigkeit und Reichtum stimmen oft nicht mit unseren eigenen überein. Jesus sagte zu denen, die ihn liebten: »In der Welt habt ihr Angst, aber seid getrost, ich habe die Welt überwunden«.

Viele schlechte Menschen erhalten jetzt schon ihren Lohn. Viele Christen, die nach weltlichen Maßstäben keinen Erfolg haben, werden im Himmel eine große Belohnung erhalten, wenn sie Christus treu bleiben und »Schätze im Himmel sammeln, wo sie weder Motten noch Rost fressen und wo die Diebe nicht einbrechen und stehlen« (Matthäus 6,20).

Vielleicht scheint vieles im Moment ungerecht zu sein, doch Gottes Gerechtigkeit wird siegen.

7. Brauche ich die Kirche wirklich?

Ich habe einen Freund, der über die Religion lacht. Seiner Meinung nach ist sie nur etwas für schwache Menschen. Er meint, daß man keine Religion braucht und das Leben auch allein meistern kann, wenn man intelligent und seelisch im Gleichgewicht ist. Was soll ich ihm antworten?

Wir sind alle schwach, weil wir gesündigt haben. Niemand von uns kann aus eigener Kraft in den Himmel kommen. Darum hat Gott seinen Sohn in diese Welt gesandt. Sagen Sie Ihrem Freund, daß wir uns unserer Schwachheit nicht bewußt werden können, so lange wir uns selbst für stark halten und deshalb auch unsere Sehnsucht nach Vergebung und einer Heimat im Himmel nicht gestillt werden kann. Fragen Sie Ihren Freund, ob er je versucht hat, einen Gegenstand hochzuheben und dann gemerkt hat, daß er nicht stark genug dafür war. Machen Sie ihm klar, daß die Sünde ein solcher Gegenstand ist (ein Teil dieses Gegenstandes ist die Überzeugung, wir hätten nicht gesündigt), und daß wir ihn niemals alleine werden hochheben können. Beten Sie für Ihren Freund und fragen Sie ihn, wie er zu einer solchen Einstellung kommt. Hat er sich je mit Gottes Wort beschäftigt? Nennen Sie ihm berühmte Männer und Frauen der Geschichte, die Christen gewesen sind (angefangen von der Bibel bis in unsere heutige Zeit) und fragen Sie ihn, ob er diese herausragenden Menschen für schwach hält. Denken Sie an das, was der Herr Jesus dem Paulus sagte: »Denn meine Kraft ist in den Schwachen mächtig« (2.Korinther 12,9).

Ich wünschte, ich könnte die Kirchen dazu bringen, älteren Leuten mehr Aufmerksamkeit zu schenken. In unserer Gemeinde sind viele Senioren und keiner schenkt uns Beachtung.

Ich denke, in Ihrer Situation wäre es gut, wenn Sie offen mit Ihrem Pastor über Ihr Problem sprechen würden. Vermutlich ist er sich gar nicht darüber im Klaren, daß Sie sich vernachlässigt fühlen und freut sich über Ihre Offenheit. Sagen Sie ihm, daß Sie in der Gemeindearbeit mithelfen wollen, so weit es in Ihren Möglichkeiten liegt, damit er eine wirkungsvolle Arbeit unter älteren Menschen tun kann.

Vielleicht können Sie sich aber auch selbst um andere Senioren in Ihrer Gemeinde kümmern und ihnen helfen, sich gegenseitig aufzubauen. Überlassen Sie nicht alles der Initiative anderer, überlegen Sie, wie Sie selbst die Initiative ergreifen können. Vermutlich gibt es in Ihrer Gemeinde viele einsame Menschen, nicht nur ältere. Kümmern Sie sich liebevoll um sie.

Denken Sie darüber nach, was Sie Ihrer Gemeinde geben können. Es ist schade, daß die Jüngeren das oft zu wenig tun. Ich habe viele herausragende Christen gekannt, die lange Jahre schon in der Nachfolge Christi standen und anderen eine große Ermutigung und Hilfe im Glauben waren. Kann man an Ihrer Liebe und Fröhlichkeit erkennen, daß Christus Ihr Herr ist? Wenn nicht, dann sollten Sie Ihr Leben wieder neu dem Herrn Jesus übergeben und ihn bitten, Sie näher zu sich zu ziehen.

Gott segne Sie und mache Sie zum Vorbild für andere!

Vor einiger Zeit kamen zwei Leute an unsere Tür und sprachen mit uns über ihren Glauben. Wir hätten uns fast ihrer Gemeinde angeschlossen, doch wie kann ich wissen, daß ihre religiöse Überzeugung richtig ist?

Es gibt einige Sekten, die sich auf diese Art von Kontaktaufnahme spezialisiert haben. Sie sollten sehr genau prüfen, was sie ihnen erzählen. (Sicher gibt es aber auch Gemeinden in Ihrer Nähe, in denen der echte christliche Glaube gelehrt wird und die auf diese Weise versuchen, mit den Menschen in Kontakt zu kommen.)

Zur Unterscheidung gibt es nur einen gültigen Maßstab, und das ist das Wort Gottes, die Bibel. Das Problem ist wahrscheinlich, daß Sie nicht wissen, was in der Bibel steht. Sekten wie diese (falls es sich um eine der Sekten handelt, die ich kenne) behaupten oft, auf der Grundlage der Bibel zu stehen und tun so, als ob sie ihre Lehren sehr genau kennen würden.

Ich möchte Ihnen drei Fragen an die Hand geben, mit deren Hilfe Sie feststellen können, ob diese Gruppe wirklich biblisch gegründet ist. Erstens, was denken sie über die Bibel? Sehr oft behaupten nicht-christliche Gruppen, der Bibel zu glauben, doch sie betonen auch sehr stark die Schriften anderer, z.B. ihrer Begründer. Oder sie haben ihre eigene Bibelübersetzung, die sie für die einzig richtige halten – obwohl sie nicht von anderen Gruppierungen oder gestandenen Theologen anerkannt wird. Die Bibel, und nur die Bibel ist Gottes Wort. Man braucht keine anderen Schriften, um sie zu verstehen oder zu ergänzen. Sie ist Gottes vollkommene und letztgültige Offenbarung an uns.

Zweitens, was halten sie von Christus? Das ist die wirklich relevante Frage für Sie und für uns. Sehen sie ihn nur als großen religiösen Führer oder als irgendwie göttlich, aber letztlich nicht als Gott? Die Bibel betont wiederholt, daß Jesus Christus Gott ist, in menschlicher Gestalt vom Himmel auf die Erde gekommen. Wir sollten mit Thomas, als er Christus nach der Auferstehung gesehen hat, sagen: »Mein Herr und mein Gott« (Johannes 20,28)!

Und drittens, was lehren sie über die Errettung? Die Errettung ist uns als eine Gnade Gottes geschenkt worden durch den Glauben an Jesus Christus. Nur Christus allein errettet uns. Das können Sie auch für sich selbst entdecken.

Unsere Gemeinde ist sehr groß. Oft gehe ich nach Hause, ohne mit einem einzigen Menschen gesprochen zu haben. Ich bin sehr einsam. Manchmal fühle ich mich ganz verloren. Soll ich die Gemeinde wechseln?

Ich kann mir Ihre Situation gut vorstellen. Bevor Sie jedoch die Gemeinde wechseln, sollten Sie einige Dinge ausprobieren, die Ihre Probleme wahrscheinlich lösen werden.

Eine große Gemeinde kann auf jemanden, der neu dazu kommt, wirklich manchmal kalt und entmutigend wirken. Ist Ihnen schon einmal der Gedanke gekommen, daß vielleicht die Leute, die neben Ihnen sitzen, darauf warten, daß Sie die Initiative ergreifen? Nehmen Sie sich vor, andere anzusprechen. Wenn es in Ihrer Gemeinde üblich ist, daß der Pastor am Ende des Gottesdienstes an der Tür oder vor der Kirche steht, nehmen Sie sich ein Herz und erzählen Sie ihm von Ihrem Problem.

Vermutlich gibt es in Ihrer Gemeinde auch viele Aktivitäten. Überlegen Sie, wo Sie teilnehmen können. Bestimmt gibt es Gruppen, in denen sich Leute Ihres Alters und Ihrer Situation treffen. In solchen Gruppen lernt man die Menschen besser kennen. Vielleicht begegnen Ihnen dort Geschwister, die genauso einsam sind wie Sie, und die auch Angst haben, auf andere Menschen zuzugehen.

Ich hoffe, daß Sie in Ihrer Gemeinde, sei es nun eine neue oder diese, nicht nur Freunde finden, sondern auch geistlich wachsen. In der Gemeinde kommen wir mit anderen Gläubigen zusammen, um Gott anzubeten und aus seinem Wort zu lernen.

Wir brauchen die Gemeinschaft mit anderen Gläubigen. Darum heißt es in der Bibel: »Und laßt uns aufeinander achthaben und uns anreizen zur Liebe und zu guten Werken, und nicht verlassen unsere Versammlungen, wie einige zu tun pflegen, sondern einander ermahnen« (Hebräer 10,24- 25).

Ich bin in einer Gemeinde aufgewachsen, doch als Teenager bin ich ausgetreten. Jetzt bin ich verheiratet und habe eine Familie und frage mich, ob ich es nicht noch einmal mit der Gemeinde versuchen sollte. Was denken Sie?

Vermutlich ist Ihnen klargeworden, daß Sie jetzt eine Verantwortung haben, die Sie vorher nicht hatten. Um dieser Verantwortung gerecht werden zu können, brauchen Sie Gottes Hilfe. Auch Ihre Familie braucht Gottes Hilfe und Führung.

Ich hoffe, daß Sie unter allen Umständen zu Ihrer Gemeinde zurückkehren werden. Doch wichtig ist vor allem, daß Sie in persönlichen Kontakt mit Jesus Christus kommen. Es bringt nichts, in die Gemeinde zu gehen, wenn es nur eine Gewohnheit ist. Christus muß im Mittelpunkt stehen. Ohne ihn wird Ihr Kirchgang zur langweiligen Routine.

In der Bibel steht, daß Gott Sie liebt, und es gibt für Sie nichts Wichtigeres, als zu ihm zu kommen und ihm Ihr Leben zu übergeben. Er möchte Ihnen Ihre Sünden vergeben und Sie als Teil seiner Familie willkommen heißen. Er möchte Tag für Tag die Mitte Ihres Lebens (und des Lebens Ihrer Familie) sein. Sie haben Ihren Kindern gegenüber eine Verantwortung. Sie müssen ihnen klarmachen, was richtig und was falsch ist und ihnen von Gottes Liebe erzählen, damit auch sie seinen Willen für ihr Leben suchen.

Sie können zu Jesus kommen, indem Sie Gott bekennen, daß Sie ihn aus Ihrem Leben ausgeschlossen haben — obwohl er sich die ganzen Jahre über um Sie gekümmert hat. Öffnen Sie Christus Ihr Herz und bitten Sie ihn, in Ihr Leben zu kommen.

Versuchen Sie, jeden Tag mit Christus zu leben. Um im Glauben wachsen zu können, müssen Sie mit anderen Gläubigen Gemeinschaft haben und sein Wort hören.

Vor einiger Zeit wurde einem Mann aus unserer Gemeinde vorgeworfen, in Verbindung mit einem großen Geschäft einige Unregel-

mäßigkeiten begangen zu haben. Einige der Gemeindemitglieder sind nun der Meinung, daß wir nichts mehr mit ihm zu tun haben sollten, während andere versuchen wollen, ihm auf die eine oder andere Weise zu helfen. Wie denken Sie darüber?

Ich kenne natürlich nicht alle Fakten, doch im allgemeinen betont die Bibel immer wieder, daß wir denen helfen sollen, die in Not sind. Vermutlich ist dieser Mann gekränkt, und er braucht gerade jetzt die Liebe und Hilfe seiner Glaubensgeschwister. In der Bibel heißt es: »Ein jeder trage des andern Last, so werdet ihr das Gesetz Christi erfüllen« (Galater 6,2).

Selbst, wenn dieser Mann etwas Falsches getan hat — was bisher offensichtlich noch nicht bewiesen ist — dann haben Sie die Pflicht, ihm die Schwere seines Vergehens vor Augen zu führen und ihn zu ermutigen, Buße zu tun. Im 1.Korintherbrief beschreibt Paulus einen Mann, der eine schwere Sünde begangen hat und sie offensichtlich nicht bereute. Erst dann wies Paulus die Gemeinde an, ihn aus ihrer Gemeinschaft auszuschließen. Als er dann doch Buße tat, bestand Paulus darauf, ihn wieder in die Gemeinschaft aufzunehmen (1.Korinther 5,1-7; 2.Korinther 2,5-10). In der Bibel steht: »Liebe Brüder, wenn ein Mensch etwa von einer Verfehlung ereilt wird, so helft ihm wieder zurecht mit sanftmütigem Geist, ihr, die ihr geistlich seid; und sieh auf dich selbst, daß du nicht auch versucht werdest«(Galater 6,1).

Ich kann mir nicht helfen, aber ich habe den Eindruck, daß viele mehr um den Ruf Ihrer Gemeinde besorgt sind, als um den Mann, der Ihre Liebe und Hilfe braucht. Natürlich sollten wir vorsichtig sein, damit Außenstehende nicht den Eindruck gewinnen, die Christen legten auf einen guten Lebenswandel keinen Wert. Doch Christus war als Freund der Sünder bekannt (Matthäus 11,19), denn er kam auf diese Erde, um den Sündern seine Liebe zu zeigen. Wir sollten dafür dankbar sein, denn wir alle haben gesündigt und brauchen seine Gnade.

Ich hoffe, daß Ihre Gemeinde nicht nur in dieser Situation versucht, das Richtige zu tun, sondern daß sie auch alle anderen Gläubigen Ihrer Gemeinschaft ermutigt, intensiver über die Liebe nachzudenken, die wir nach Gottes Willen anderen erweisen sollen. »Daran wird jedermann erkennen, daß ihr meine Jünger seid, wenn ihr Liebe untereinander habt« (Johannes 13,35).

Ich fühle mich wie ein Fremdkörper, denn ich bin fast die einzige alleinstehende Person in unserer Gemeinde. Ich habe nicht viel gemeinsam mit den verheirateten Paaren meines Alters. Was soll ich tun?

Als erstes sollten Sie Ihre Situation annehmen. Die anderen, ebenfalls alleinstehenden Personen Ihrer Gemeinde werden vielleicht ähnliche Probleme haben. Gehen Sie auf diese Menschen zu. Das wird Ihnen und den anderen in Ihrer Situation helfen. Auch sollten Sie Freundschaften mit verheirateten Paaren knüpfen. Natürlich können Sie sich auch eine Gemeinde suchen, in der es mehr Singles gibt und wo Sie sich wohler fühlen.

Ich kann Ihnen nicht sagen, was das Richtige für Sie ist; Sie sollten darüber beten und nach Gottes Willen fragen. Lassen Sie sich Ihre Möglichkeiten durch den Kopf gehen: Sie könnten mithelfen, die Situation in Ihrer Gemeinde zu verbessern. Vielleicht sollten Sie, wenn es eben möglich ist, diesen Weg gehen. Auf alle Fälle ist es ratsam, offen mit Ihrem Pastor über Ihr Anliegen zu sprechen. Wahrscheinlich werden Sie feststellen, daß er Verständnis für Ihre Gefühle hat, und daß er froh ist, sich mit Ihnen über Ihr Problem unterhalten zu können. Vielleicht fragt er Sie nach Verbesserungsvorschlägen — überlegen Sie sich welche! Viele Gemeinden beginnen heutzutage eine besondere Arbeit unter Alleinstehenden. Vielleicht haben Sie hier die beste Gelegenheit, von Gott in Ihrer Gemeinde gebraucht zu werden. Möglicherweise wird er Sie auch bitten, in der Gemeindearbeit mitzuhelfen. Auf diese Weise entstehen schnell wunderbare Freundschaften.

Vielleicht kommen Sie aber auch zu dem Schluß, daß es für Sie besser ist, die Gemeinde zu wechseln. Denken Sie vor allem daran, daß Sie die Gemeinschaft mit anderen Gläubigen brauchen, wenn Sie in Ihrer Beziehung zu Christus wachsen wollen. Bitten Sie Gott, Ihnen eine andere Gemeinde zu zeigen, in der Sie geistlich wachsen können. »Wachset aber in der Gnade und Erkenntnis unseres Herrn und Heilands Jesus Christus« (2.Petrus 3,18).

In unserer Gemeinde gibt es eine Frau, die ganz offen ein Verhältnis mit einem verheirateten Mann hat. Sie ist vierzig, er dreißig. Sonntags geht sie in die Gemeinde und tut so, als sei sie besser als alle anderen. Wir haben ihr Verhalten allmählich satt. Sind Sie nicht auch der Meinung, daß jemand mit ihr sprechen sollte?

In der Bibel steht, wie in einem solchen Fall zu verfahren ist. Als erstes sollte ein Mitglied Ihrer Gemeinde zu ihr gehen und ihr auf den Kopf zusagen, daß sie in Sünde lebt. Wenn sie dann ihre Verfehlung nicht bereut, sollten zwei oder drei andere mit ihr sprechen. Wenn sie ihr Unrecht dann immer noch nicht einsieht, sollte sie vor die ganze Gemeinde gebracht werden. Wenn auch das nichts nützt, muß sie ausgeschlossen werden.

Die Betonung liegt wohlgemerkt auf Buße, nicht auf Verurteilung. Gott liebt diese Frau auch jetzt noch, und er will, daß sie gerettet wird. Ich möchte Sie, wie auch die anderen Mitglieder Ihrer Gemeinde, dringend davor warnen, in eine überhebliche Denkweise zu verfallen. Das kann sowohl auf Ihre Mitschwester als auch auf Sie selbst zerstörend wirken. Wir alle brauchen die Gnade Gottes. Beten Sie für diese Frau und den Mann, mit dem sie ein Verhältnis hat (und für seine Frau und Familie), daß sie ihre Sünde erkennen und durch das Blut Jesus Christi gereinigt werden.

Ich habe mich oft gefragt, ob diese vielen verschiedenen Gemeindebenennungen Gott gefallen. Als Jesus diese Erde verließ, hat er da nicht den Aposteln geboten, daß sie seine Arbeit auf der Erde fortführen sollen? In Johannes 17 betet er dafür, daß die Apostel eines Geistes sein sollen. War dieses Gebet umsonst?

Vor einiger Zeit sagte mir ein scharfsichtiger Führer Lateinamerikas: »Ich habe gelesen, daß in Amerika eine Bewegung existiert, die alle evangelischen Kirchen zu einer einzigen großen vereinigen will. Ich bin der Meinung, daß es ganz gut ist, wenn die Menschen die Freiheit haben, Gott nach ihrem Gutdünken anzubeten. Hoffentlich kommt die Zeit niemals wieder, wo die Menschen in eine kirchliche Form gepreßt werden.«

Im ersten Jahrhundert teilte sich die Kirche aufgrund banaler Differenzen. Paulus und Barnabas waren Freunde und treue Mitarbeiter in Christus. Doch sie hatten einen Streit, weil Barnabas darauf bestanden hatte, Markus mitzunehmen. In der Bibel heißt es: »Und sie kamen scharf aneinander, so daß sie sich trennten«. So ist es über die Jahrhunderte weitergegangen. Vielleicht ist das Gottes Weg, zu verhindern, daß das Christentum stagniert.

Wir müssen bedenken, daß es einen Unterschied zwischen Einigkeit und Vereinigung gibt. Ich habe festgestellt, daß eine große Einigkeit im Geiste und in der Zusammenarbeit zwischen den Kirchen der Welt besteht. Im wesentlichen stimmt ihr Glaube überein. Obwohl sie keinen gemeinsamen Namen tragen, sind sie doch einig im Geiste. Viele Gemeinden mit unterschiedlichen Namen arbeiten Seite an Seite zur Ehre Gottes. Nein, ich glaube nicht, daß Jesu Gebet um Einigkeit umsonst war.

Warum gibt es bei einigen Christen so große Meinungsunterschiede in bezug auf Glaubens- und Gemeindeangelegenheiten?

Der christliche Glaube ist so vielschichtig, daß es für den Menschen schwierig ist, alle Aspekte gleichermaßen zu erfassen.

Ein Diamant hat viele Facetten, doch wir sehen oft nur einen Teil davon. Manchmal wird auch ein bestimmter Punkt überbetont. Es gibt wesentliche Bestandteile des christlichen Glaubens, und es gibt andere, denen keine so große Bedeutung zukommt und die keine Auswirkung auf die Errettung des einzelnen haben.

Oft sind aber auch unsere eigene Schwäche und Verdrehtheit schuld daran, daß wir bestimmte Wahrheiten vom rein menschlichen Standpunkt aus diskutieren und dabei ihre geistliche Bedeutung nicht richtig erfassen. Obwohl Ihre Frage interessant ist, möchte ich Ihnen vorschlagen, sich nicht mit den unterschiedlichen Auffassungen in der Gemeinde aufzuhalten, sondern sich auf das zu konzentrieren, worüber die Christenheit sich schon immer einig war; nämlich die Gottheit unseres Herrn, seinen Tod für unsere Sünden, seine Auferstehung und seine Wiederkunft. Wenn wir uns über die Dinge, die ganz klar in der Bibel stehen, einig sind, dann ist es nicht schlimm, wenn in anderen Punkten unterschiedliche Auffassungen vertreten werden.

Warum sind Sie der Meinung, daß sich jemand, der Christ geworden ist, sofort einer Gemeinde anschließen sollte?

Warum muß ein neugeborenes Baby ein Zuhause haben? Ihre Frage ist einfach zu beantworten. Ein Kind kann zwar außerhalb seines Zuhauses geboren sein, und eine Person kann außerhalb der Gemeinde Christ werden, doch beide brauchen für ihre Entwicklung Pflege und Nahrung. Dies kann dem

Kind am besten zu Hause, dem Christen am besten in der Gemeinde zuteil werden.

Nur die Gemeinde bietet die Gewähr für ausreichende geistliche Nahrung und geistliches Wachstum. Hier werden wir angeleitet, in Gottes Wort zu wachsen, und hier bekommen wir Hilfe von anderen Christen, wenn wir in der Versuchung stehen zu straucheln. Die Gemeinde ist ein Lagerhaus für geistliche Nahrung, wodurch der innere Mensch ernährt wird und so zu einem reifen Christen heranwachsen kann. Wenn das nicht der Fall ist, dann sind die Voraussetzungen für eine, auf biblischer Grundlage stehenden Gemeinde nicht erfüllt.

Vor Jahren hat mich jemand aus meiner Gemeinde sehr verletzt. Ich habe die Gemeinde verlassen und bin seitdem nicht wieder dort gewesen. Ich weiß, daß das falsch ist, doch denken Sie nicht, daß man auch außerhalb der Gemeinde ein guter Christ sein kann?

Sie müssen sich der Verbitterung, die Sie fühlen, stellen. Egal, wie die Angelegenheit damals verlaufen ist, es ist wichtig, daß Sie der Person, die Ihnen wehgetan hat, vergeben. So etwas ist für uns sicherlich kein einfacher Schritt, wenn wir der Meinung sind, daß uns Unrecht getan wurde, doch die Bibel sagt ganz klar: »Und ertrage einer den andern und vergebt euch untereinander, wenn jemand Klage hat gegen den andern; wie der Herr euch vergeben hat, so vergebt auch ihr« (Kolosser 3,16)!

Das ist der Schlüsselvers in bezug auf Vergebung. Dort heißt es, daß Sie vergeben sollen, wie Christus Ihnen vergeben hat. Christus hat Ihnen vollkommen aus seiner großen Gnade und Güte heraus vergeben. Er hat Ihnen nicht nur halb vergeben, oder weil Sie seine Vergebung verdient hätten. Er hat Ihnen vergeben, weil er Sie liebt, und darum sollen auch Sie anderen vergeben, ob sie es nun in Ihren Augen verdienen oder nicht.

Kehren Sie zu Ihrer Gemeinde zurück. Sie brauchen die Gemeinschaft mit anderen Gläubigen und Sie müssen sich offen zu Jesus bekennen. Die Ermutigung anderer ist wichtig, denn Gott möchte nicht, daß Sie Ihr Leben lang ein geistliches Kind bleiben. Nehmen Sie ernst, was Gott uns geboten hat: »Und nicht verlassen unsere Versammlungen, wie einige zu tun pflegen, sondern einander ermahnen« (Hebräer 10,25).

Ich bin noch nicht sehr lange Christ. Vielleicht können Sie mir helfen, eine Gemeinde zu finden. Ich möchte nur einer Gemeinde angehören, wo das Evangelium bibeltreu gepredigt wird.

Wie Sie richtig sagten, sollten Sie sich eine Gemeinde suchen, wo das Evangelium bibeltreu gepredigt wird. Eine gesunde Theologie ist jedoch nur die erste Voraussetzung. Suchen Sie sich eine Gemeinde, deren Miglieder versuchen, das, was gepredigt wird, in die Tat umzusetzen und den Glauben im Alltag zu leben. In der Gemeinde, für die Sie sich entscheiden, sollte Liebe und Verständnis unter den Christen herrschen, und sie sollte jeden, ungeachtet seiner sozialen Herkunft, mit offenen Armen aufnehmen. Sie sollte eine missionarische Vision haben und jede mögliche Anstrengung unternehmen wollen, Christus in der Welt bekannt zu machen. Es ist wichtig, daß Sie Ihre Gaben und Fähigkeiten zur Ehre Gottes in dieser Gemeinde einsetzen können.

Vor einiger Zeit habe ich der Gemeinde einen hohen Betrag für die Mission versprochen, weil ich die Gemeindemitglieder beeindrucken wollte. Und nun kann ich mein Versprechen nicht halten. Welche rechtlichen Konsequenzen bringt das mit sich? Kann man mich zwingen zu bezahlen, oder wie wird das weitergehen?

Ich bin ganz sicher, daß keine kirchliche Gruppierung, wie tot sie auch immer sein mag, die Erfüllung eines solchen Versprechens erzwingen würde. Doch Sie bleiben Gott die Antwort noch schuldig. Denn Sie haben Ihr Versprechen eigentlich Gott gegeben. Was gedenken Sie in dieser Beziehung zu tun? Ich sehe da im Moment nur eine Möglichkeit. Sie müssen öffentlich Ihre falschen Motive für Ihr Versprechen eingestehen oder um Aufschub bitten, damit Sie es erfüllen können. Wenn Sie letzteres tun wollen, dann hätten Sie sicherlich ein reineres Gewissen den Menschen, und auch Gott gegenüber. Bitten Sie Gott um Vergebung für Ihre falschen Motive; er wird sie Ihnen sicherlich gewähren.

Meine Freunde behaupten, ich sei kein Christ, weil ich keiner Gemeinde angehöre. Kann man nicht genauso religiös und gut sein, wenn man nicht zum Gottesdienst geht?

Ich denke, man kann sagen, daß nicht der Kirchgang einen Menschen zu einem Christen macht. Doch ganz sicher wird man nicht dadurch Christ, daß man die Gemeinschaft mit anderen Gläubigen zurückweist.

Sie können die Bedingungen des Rotary Clubs unterschreiben, ohne ein Rotarier zu sein. Aber was macht das Unterschreiben dann für einen Sinn? Ich denke, wenn Sie wirklich ein guter Christ sein wollen, dann wäre es besser, wenn Sie auch Gemeinschaft mit Gläubigen hätten.

Die Gemeinde ist die Familie der Gläubigen. Christus starb nicht nur für den Einzelnen, sondern auch für die Gemeinde. In der Bibel heißt es: »Er liebte die Gemeinde und gab sich selbst für sie hin«. Wenn Christus die Gemeinde so sehr geliebt hat, daß er sogar für sie gestorben ist, dann sollten auch wir sie lieben und uns ihr anschließen.

Dadurch, daß wir einer Gemeinde angehören, zeigen wir der Welt, wo wir unsere Prioritäten setzen. Sogar Ihre Freunde halten Sie nicht für einen Christen, weil Sie zu keiner Gemeinde gehen. Wenn wir wirklich an Christus glauben, dann müssen wir uns auch mit anderen, die auch an ihn glauben, identifizieren. Auf diese Weise wird Ihr Glaube gestärkt.

Unsere Gemeinde ist so gut organisiert, daß kein Platz ist für Spontanität oder individuellen Ausdruck. Manchmal habe ich den Eindruck, daß ich wegen des ganzen Drumherums Christus gar nicht mehr sehen kann. Empfinde ich das falsch?

Nein, ich glaube nicht, daß Sie das falsch empfinden. Ich bin sicher, daß Ihr Pastor sich über konstruktive Vorschläge freuen wird.

Die meisten Pastoren bedauern, daß die Gemeindemitglieder nicht aktiver am Gemeindeleben teilnehmen, und ich bin sicher, Ihr Pastor würde sich über jegliche Art von »Spontanität« freuen, die Sie in das Gemeindeleben einbringen.

Ich hoffe, daß der Tag niemals kommen wird, wo die Gemeinde ihre Kreise und Gebetsgottesdienste aufgibt. In diesen Gottesdiensten sollte sich jeder, der den Wunsch dazu hat, ausdrücken können. Das altmodische »Zeugnissagen« sollte wiederbelebt werden, denn dadurch können wir anderen mehr von unserem Glauben mitteilen, sowohl von den Siegen, als auch von den Niederlagen und Nöten.

Aber eines ist wichtig: Wenn auch die Möglichkeiten des persönlichen Ausdrucks innerhalb der Gemeinde begrenzt sein mögen, außerhalb können Sie Ihren Nachbarn und Freunden von der errettenden Kraft Jesu Christi erzählen. Es ist viel wirkungsvoller, denen, die Jesus noch nicht kennen, ein Zeugnis zu geben, als denen, die ihn schon kennen. Ich wünsche Ihnen viel Kraft dazu. Seien Sie spontan und ausdrucksstark in Ihrem christlichen Zeugnis.

Unsere Gemeinde plant ein Ausbildungsprogramm. Meines Erach-
tens übersteigt das Projekt unsere finanziellen Möglichkeiten. Aber
meine Freunde sind begeistert. Soll ich dagegen reden und trotzdem
weiter in der Gemeinde mitarbeiten, oder soll ich die Gemeinde ver-
lassen?

Als Christen befinden wir uns nicht immer in vollkommener Übereinstimmung, gerade in politischen Angelegenheiten. So lange aber die essentiellen Dinge des Glaubens nicht
zu kurz kommen, und so lange Ihre Freunde nicht aufhören,
Ihre Freunde zu sein, weil Sie nicht einer Meinung mit ihnen
sind, so lange würde ich weiter mit ihnen zusammenarbeiten.
In Ihrem Fall liegt keine unterschiedliche Beurteilung von
Glaubensfragen vor, sondern lediglich eine abweichende Ein-
schätzung der finanziellen Möglichkeiten. Solche unterschiedlichen Auffassungen sollten die grundsätzliche Zusammenarbeit in der Gemeinde nicht gefährden, wenn Sie sich in
dem Ziel Ihrer Arbeit, Menschen zu Christus zu führen, einig
sind. Äußern Sie Ihre Bedenken, und arbeiten Sie auch weiter
als Freund und Bruder in Christus in Ihrer Gemeinde mit. Die
Zeit wird zeigen, wer recht hatte. Sie aber werden Ihre Freunde
und Ihre Gemeinde behalten.

Ich wuchs in einer Familie auf, die eine sehr starke Bindung an die
Gemeinde hatte. Nun bin ich verheiratet und lebe an einem Ort, wo
es keine vergleichbare Gemeinde gibt. Was halten Sie davon, daß
mein Mann und ich versuchen, eine neue Gemeinde aufzubauen?

Die meisten Gemeindearten stimmen in den grundlegen-
den christlichen Lehrmeinungen überein. Einige halten sich
aber enger an den ursprünglichen Glauben als andere. Das
macht meistens den Unterschied aus. Ich würde Ihnen vorschlagen, sich erst einmal in den Gemeinden Ihrer näheren
Umgebung umzuschauen und sich dann einer anschließen,

die Ihren Vorstellungen am nächsten kommt. Denken Sie daran, daß es keine vollkommene Gemeinde gibt. Vielleicht möchte Gott Ihnen Gelegenheit geben, einer Gemeinde durch Ihr Zeugnis und Ihre Mitarbeit weiterzuhelfen. Manchmal sind es auch Vorurteile, die uns einen guten Zugang zu einer Gemeinde verbauen. Sie sollten sich nur einer Gemeinde anschließen, wo Sie geistliche Hilfe und Stärkung bekommen. Wichtig ist, daß in der Gemeinde Aktivitäten stattfinden, die auf die Ungläubigen in Ihrem Ort ausgerichtet sind. Es ist mir leider nicht möglich, Ihre Frage detaillierter zu beantworten; dazu müßte ich mehr Einzelheiten kennen. Nur Gott kann Sie zu der richtigen Entscheidung führen. Wenn Sie und Ihr Mann dies zu Ihrem Gebetsanliegen machen und sich von Gott führen lassen, dann werden Sie auch die richtige Entscheidung treffen.

Vor kurzem sind wir in einen anderen Ort gezogen. Dort gibt es eine Gemeinde, die wir nur mit einigen Vorbehalten akzeptieren können. Sollen wir in eine weiter entfernte Gemeinde fahren, oder sollen wir am Ort mitarbeiten? Ich wurde gebeten, eine Gruppe in der Sonntagschule zu übernehmen.

Ich bin der Meinung, daß ein Christ an dem Ort, an dem er lebt, ein Zeugnis sein sollte. Wenn Sie aber nicht auch Interesse und Liebe für die Ortsgemeinde zeigen, könnten Sie für christliche Snobs gehalten werden (was Sie sicher nicht sind).

Sie schreiben, daß Sie unter einigen Vorbehalten mit der inhaltlichen Ausrichtung der örtlichen Gemeinde übereinstimmen. Ich habe herausgefunden, daß die Menschen viel öfter durch die unwichtigen Dinge getrennt werden als durch die wichtigen. Wenn man die Entstehungsgeschichte der einzelnen Gemeinderichtungen verfolgt, kann man feststellen, daß die großen Trennungen meistens, aus heutiger Sicht, durch kleine Meinungsverschiedenheiten verursacht worden sind. Es ist wichtig, trotz solcher Differenzen in Detailfragen zusammenzustehen. Manche nennen das »Kompromiß«, andere ganz einfach christliche Liebe im geschwisterlichen Umgang miteinander.

Ich habe mich entschlossen, mit all denen Gemeinschaft zu haben, die Jesus Christus von ganzem Herzen lieben und versuchen, Menschen für ihn zu gewinnen.

Manchmal wurde ich schon deswegen kritisiert, doch mir ist es lieber, ein paar Freunde zu verlieren, als den Segen meines Herrn. Wenn Sie den Eindruck haben, daß Sie diesen Leuten, die nicht in allem mit Ihnen übereinstimmen, zum Segen werden können, dann arbeiten Sie dort mit.

Bis vor einiger Zeit war ich als Kassierer unserer Gemeinde tätig. Von Zeit zu Zeit habe ich kleine Summen an mich gebracht. Ich wollte es so schnell wie möglich wieder zurückzahlen. Jetzt wurde ein anderer Mann für diesen Posten ausgewählt, und ich schäme mich so, ihm gestehen zu müssen, was ich getan habe. Ich muß das Geld jetzt zurückzahlen, damit die Kasse stimmt. Können Sie mir sagen, was ich tun soll?

Ich schlage Ihnen vor, daß Sie Ihren Pastor ins Vertrauen ziehen. Ihr Problem hat sicherlich geistliche Konsequenzen. Sie können sicher sein, daß er Ihr Vertrauen nicht enttäuschen wird.

Die Bibel sagt uns, daß wir uns denjenigen unterwerfen sollen, die Verantwortung tragen: »Gehorcht euren Lehrern und folgt ihnen, denn sie wachen über eure Seelen — und dafür müssen sie Rechenschaft geben —, damit sie das mit Freuden tun und nicht mit Seufzen; denn das wäre nicht gut für euch« (Hebräer 13,17).

Ich kann es nicht ausstehen, daß die Prediger immer um Geld für ihre Lieblingsprojekte betteln. Unser Pastor hat schon so viel davon gesprochen und ich habe den Eindruck, daß viele Prediger, die ich im Fernsehen sehe, sich sehr viel Zeit dafür nehmen, die Leute um Geld anzubetteln. Was halten Sie davon?

Es stimmt, daß viele Prediger, besonders im Fernsehen, ständig um Geld bitten. Aber bedenken Sie: Als Jesus uns sagte, daß Geben seliger ist als Nehmen, hat er eine wichtige Aussage gemacht. Gott braucht unser Geld nicht. Ihm gehört ja alles, auch »unser« Geld. Gott möchte sehen, wo wir unsere Prioritäten setzen. Setzen wir Gott an die erste Stelle oder unser Geld? Manche Menschen benutzen die Bitte eines Predigers um Geld als Ausrede, nichts geben zu müssen, weil sie in Wahrheit ihr Bankkonto anbeten und nicht Gott. Prüfen Sie sich, ob das nicht auch Ihre Einstellung ist.

Die Bibel deutet an, daß Gott großen Wert legt auf unsere Haltung zum Geben. Wir sollten überlegt geben und sicher sein, daß derjenige, der das Geld erhält, es auch gut verwaltet. Lassen Sie sich einen Finanzbericht geben, damit Sie überprüfen können, ob das Geld auch richtig verwendet wurde. Sprechen Sie mit Ihrem Pastor über Ihre Bedenken. Jesus hat gesagt: »Gebt, so wird euch gegeben. Ein volles, gedrücktes, gerütteltes und überfließendes Maß wird man in euren Schoß geben ...« (Lukas 6,38).

Ich gebe es nicht gern zu, aber ich finde Gemeinde und Predigten langweilig. Ich versuche aufzupassen, doch es gelingt mir einfach nicht. Ich weiß, ich sollte zur Kirche gehen, aber warum eigentlich, wenn ich doch nichts mitbekomme? Stimmt irgendetwas nicht mit mir?

Ihr Problem, mit dem Sie leider nicht alleine stehen, kann mehrere Ursachen haben. Das Evangelium sollte aber niemals langweilig sein, denn es ist die bedeutendste und aufregendste Botschaft, die die Menschen jemals erreicht hat. Wenn wir sie langweilig finden, dann ist das ein Warnsignal, daß irgend etwas in unserem Inneren nicht in Ordnung ist und wir Schritte unternehmen müssen, um es in Ordnung zu bringen.

In einigen Fällen kann dieses Problem praktische Ursachen haben. Wir sind z.B. so an die schnellen Bilder im Fernsehen gewöhnt, daß wir Schwierigkeiten haben, uns auf eine längere Predigt zu konzentrieren. Beten Sie vor jedem Gottesdienst, das überwinden zu können und bitten Sie Gott, Ihnen Aufmerksamkeit zu schenken. Achten Sie darauf, daß Sie genügend Schlaf bekommen. Manche Leute haben so viele Freizeitaktivitäten, daß ihnen wenig Energie für den Sonntag übrigbleibt. Machen Sie sich Notizen während der Predigt. Das hilft, sich zu konzentrieren, und außerdem können Sie sich während der Woche die Predigt immer wieder ins Gedächtnis rufen.

Ihr Problem kann aber auch eine geistliche Ursache haben. Wenn Sie nur aus Gewohnheit zur Gemeinde gehen, und nicht, weil Sie Christus liebhaben, dann ist es nicht erstaunlich, daß Sie den Gottesdienst langweilig finden. Haben Sie jemals ganz bewußt Ihr Leben Christus übergeben und sich entschieden, ihm zu folgen? Ein echtes Gotteskind hat einen Hunger nach Anbetung und dem Wort Gottes. »Ich danke dir mit aufrichtigem Herzen, daß du mich lehrst die Ordnungen deiner Gerechtigkeit« (Psalm 119,7).

Ich lebe in einer unserer großen Städte und mache mir Gedanken darüber, daß es so viele Menschen gibt, die nicht einmal genug zu essen haben. Sind Sie nicht auch der Meinung, daß die Kirche in dieser Beziehung mehr tun sollte?

Doch, die Gemeinden und die einzelnen Christen sollten sich dieses Problems annehmen und alles in ihrer Macht stehende tun, hier Abhilfe zu schaffen. Jesus sagte, daß diejenigen seine wahren Jünger seien, die sich der Hungrigen und Bedürftigen annehmen (siehe Matthäus 25,31-46). In der Bibel heißt es auch: »Wenn ein Bruder oder eine Schwester Mangel hätte an Kleidung und der täglichen Nahrung und jemand unter euch spräche ihnen: Geht hin in Frieden, wärmt euch und sättigt euch!, ihr gäbet ihnen aber nicht, was der Leib nötig hat — was könnte ihnen das helfen« (Jakobus 2,15-16).

Ich möchte Sie ermutigen, herauszufinden, welche Hilfsprogramme in Ihrer Stadt existieren, um den Armen und Heimatlosen zu helfen; Sie werden erfahren, daß viele Gemeinden hier tatkräftig wirken. Vor kurzem besuchte ich einige unserer Großstädte und habe viele, von gemeindlicher Seite geförderten, Einrichtungen besucht, die Essen für die Hungrigen ausgeben. In vielen unserer Evangelisationen der letzten Jahre haben wir ganze Lastwagenladungen von Lebensmitteln für Bedürftige gesammelt.

Wenn Gott Sie so führt, daß Sie sich in diesem Bereich engagieren wollen, dann beten Sie, daß nicht nur die körperlichen Bedürfnisse dieser Menschen befriedigt werden, sondern daß ihnen vor allem geistlich geholfen wird. Jesus hat den Hungrigen zu essen gegeben, doch er hat auch gesagt: »Ich bin das Brot des Lebens. Wer zu mir kommt, den wird nicht hungern« (Johannes 6,35).

TEIL II

GEISTLICHE NÖTE

8. ICH FÜRCHTE, MEIN LEBEN IST RUINIERT

Mein Leben ist ruiniert. Ich habe wahrscheinlich eine Geschlechts-
krankheit. Warum bestraft mich Gott auf diese Weise, nur, weil ich
sexuell aktiv bin?

Medizinisch kann ich Sie natürlich nicht beraten, aber Ihr
Arzt kann Ihnen sicher sagen, wie ernst die Erkrankung ist
und mit welchen gesundheitlichen Beeinträchtigungen Sie
rechnen müssen.

Sicher, Gott hat diese Krankheit zugelassen, aber Sie selbst
sind doch dafür verantwortlich. Meiner Meinung nach sind
Geschlechtskrankheiten (es gibt viele verschiedene Formen,
auch einige neue, die medizinisch noch nicht behandelt werden können) eine Warnung Gottes, nicht leichtfertig sexuelle
Beziehungen einzugehen. Gott hat uns die Sexualität nicht
zur Erfüllung unserer egoistischen Vergnügungssucht gegeben; sie soll vielmehr als Zeichen für das Einssein von Mann
und Frau die eheliche Liebe festigen. Jede sexuelle Beziehung
außerhalb der Ehe ist falsch — nicht, weil Gott unser Vergnügen zerstören will, sondern weil die Sexualität erst in der Ehe
ihre volle Erfüllung findet. Liebe ohne Verbindlichkeit ist
keine echte Liebe. Wir mißbrauchen eine der größten Gaben
Gottes, wenn wir mit der Sexualität oberflächlich umgehen.
»Die Ehe soll in Ehren gehalten werden bei allen und das Ehebett unbefleckt; denn die Unzüchtigen und Ehebrecher wird
Gott richten« (Hebräer 13,4).

Für mich sind die in den letzten Jahren rapide ansteigenden Geschlechtskrankheiten ein Anzeichen der weitverbreiteten sexuellen Unmoral in unserem Land. Die Maßstäbe Gottes für das geschlechtliche Zusammenleben von Mann und Frau werden immer mehr ignoriert. Gott sieht dem nicht tatenlos zu. Wir sollten diese Krankheiten als Mahnung sehr ernst nehmen.

Ich bitte Sie daher dringend, sich Christus zuzuwenden. Durch ein einfaches Gebet können Sie ihm Ihr Leben übergeben. Wenn Sie nach seinem Willen für Ihr Leben fragen, werden Sie jeden Tag die Freude eines sinnerfüllten Lebens mit Christus haben.

Vor kurzem begann ich, mich für die Wahrsagerei zu interessieren. Ich habe mir einige Bücher zu diesem Thema gekauft. Glauben Sie, daß jemand wissen kann, was in der Zukunft passiert?

Nur Gott allein kennt die Zukunft, und Sie sollten auf der Hut sein, wenn man Ihnen vormacht, ein exaktes Voraussagen der Zukunft sei möglich. (Ich spreche nicht von allgemeinen Prognosen, die einige Sozialwissenschaftler oder andere Wissenschaftler auf der Basis empirischer Daten und allgemeiner Trends machen, sondern von Leuten, die den Anspruch erheben, übernatürliche Fähigkeiten zu haben, die sie in die Lage versetzen, die Zukunft exakt voraussagen zu können.) Bestenfalls sind solche Prophezeiungen reine Vermutungen; dadurch könnten Sie vielleicht sogar in gefährliche, okkulte Praktiken verwickelt werden. Die Bibel warnt ganz eindringlich davor (z.B. 5.Mose 18, 9-13).

Haben Sie sich schon einmal gefragt, weshalb Sie sich dafür interessieren? Hängt es vielleicht damit zusammen, daß Sie sich nach Klarheit über die Zukunft und über Ihre eigene Lebensperspektive sehnen. Prüfen Sie doch einmal, ob Ihnen in diesen Fragen nicht Christus weiterhelfen kann. Was hat er Ihnen über die Zukunft zu sagen?

Die größte Entdeckung, die wir je im Leben machen können, ist nicht irgendeine vermeintliche »Wahrheit« über die Zukunft, sondern die Freude über den Frieden mit Gott, wenn er ihn durch Jesus Christus gefunden hat. Gott liebt Sie, er möchte in Ihr Leben kommen und eine persönliche Beziehung mit Ihnen beginnen; Sie sollten ihm Ihr Herz öffnen!

Lernen Sie, Christus Ihre Zukunft anzuvertrauen. Wir wissen nicht, was Gott mit uns vor hat, doch wenn wir Christus kennen, dann wissen wir, daß Gott unser Leben in seiner Hand hat und wir uns um die Zukunft keine Sorgen zu machen brauchen. »Ist Gott für uns, wer kann wider uns sein? ... Denn ich bin gewiß, daß weder Tod noch Leben, weder Engel noch Mächte noch Gewalten, weder Gegenwärtiges noch Zukünftiges ... uns scheiden kann von der Liebe Gottes, die in Christus Jesus ist, unserm Herrn« (Römer 8,31.38-39).

Gerade habe ich meine sechste Operation in einem Jahr hinter mich gebracht. Alles, was mich in der Zukunft erwartet, sind Schmerzen und Krankheit. Ich habe immer das Gefühl gehabt, daß Gott es gut mit uns meint, doch nun fange ich an, mich zu fragen, ob Gott sich wirklich um uns kümmert. Warum muß ich so viel leiden?

Es gibt keine Antwort auf die Frage, warum die Menschen leiden müssen, und manche Menschen eine besonders schwere Bürde auferlegt bekommen. Eines Tages, im Himmel, werden wir alles verstehen. »Wir sehen jetzt durch einen Spiegel ein dunkles Bild; dann aber von Angesicht zu Angesicht. Jetzt erkenne ich stückweise; dann aber werde ich erkennen, wie ich erkannt bin« (1.Korinther 13,12).

Gott kümmert sich um uns, denn er weiß, was Leiden bedeutet. Gott kam in seinem Sohn Jesus Christus auf diese Erde und durchlitt den grauenvollen Kreuzestod. Sein Tod war um so schrecklicher, weil er vollkommen war und den Tod nicht verdient hatte. In der Bibel heißt es: »Er war der Allerverachtetste und Unwerteste, voller Schmerzen und Krankheit« (Jesaja 53,3). Sein Leiden war schlimmer als alles, was man sich nur vorstellen kann, weil die Sünden der ganzen Welt auf ihn gelegt waren. Er tat das freiwillig, aus Liebe zu uns, und weil er alles in seiner Macht stehende tun wollte, um für uns die Vergebung unserer Sünden zu erlangen.

Gott steht Ihnen bei bis in die tiefste Tiefe Ihres Leidens. Er wird Sie nicht verlassen, denn der Herr hat gesagt: »Ich will dich nicht verlassen und nicht von dir weichen« (Hebräer 13,5). Erinnern Sie sich an Hiob im Alten Testament? Es schien so, als ob er alles erleiden mußte, was einem Menschen widerfahren konnte. Er verlor seine Kinder, seinen Besitz und seine Gesundheit. Und doch wußte er, daß er Gott vertrauen konnte, auch und gerade im Leid.

Vielleicht will Gott Sie durch Ihr Leiden besonders gebrauchen. Versuchen Sie, Ihre Augen von Ihrer Situation abzuwenden, und vertrauen Sie Christus. Öffnen Sie ihm Ihr Herz und danken Sie ihm für seine große Liebe, und daß er am Kreuz für Sie gestorben ist. Dann gehören auch Sie zu den unzähligen Millionen, die im Laufe der Jahrhunderte entdeckt haben: »Mit Freuden sagt Dank dem Vater, der euch tüchtig gemacht hat zu dem Erbteil der Heiligen im Licht« (Kolosser 1,12).

Wie kann ich glauben, daß Gott mich liebt, wenn er zuläßt, daß meine ganze Ernte zerstört wird?

Wenn ein Schiffszimmermann Holz für den Mast eines Segelschiffes braucht, dann schlägt er es nicht im Tal, sondern hoch oben auf dem Berg, wo die Bäume durch den Wind widerstandsfähiger geworden sind. Er weiß, daß dieses Holz das beste ist. Wir suchen uns Notsituationen nicht aus, doch wenn wir sie tapfer durchleben, dann werden wir dadurch gestärkt.

Auch wenn Sie nicht verstehen können, warum Ihre Ernte vernichtet worden ist, so können Sie Gott doch vertrauen. Aus der Not kann er einen Sieg machen. Ein Feuer fegt über die Hügel hinweg und verbrennt die Pinien wie Streichhölzer. Doch Gott hat dort Fichtensamen gesät; im Sonnenlicht gedeihen sie und wachsen zu einem neuen Wald heran. Ein Tornado zerstört eine Stadt. Die Männer und Frauen nehmen die Herausforderung an und bauen eine viel schönere Stadt auf. Die Geschichte hat gezeigt, daß Gott auf Ruinen etwas Neues entstehen lassen kann. Doch er braucht dazu die hilfreichen Hände von Männern und Frauen, die ihn lieben. Christus hat seinen Jüngern nicht nur Freude und Bequemlichkeit versprochen. Immer wieder sagte er: »Nehmt das Kreuz auf euch und folget mir nach«.

Diese Erfahrung könnte Ihnen Anstoß sein, daß Sie Christus als Herrn und Heiland erkennen. Vielleicht ist deshalb Ihre Ernte vernichtet worden. Als ich in Korea war, sagte mir ein GI, der sein Augenlicht verloren hatte: »Ich bin froh, daß ich im Koreakrieg war. Denn nachdem ich mein Augenlicht verloren hatte, habe ich Christus erkannt!« Ihm war Christus wichtiger geworden als sein Augenlicht!

Ich habe versucht, Christ zu sein, doch mit wenig Erfolg. Eine Weile ging es gut, dann gab ich der Versuchung nach, und jetzt bin ich wieder ganz am Anfang. Haben Sie einen Rat, wie ich ein besserer Christ sein kann?

Werden Sie sich darüber klar, was Christsein bedeutet, und ob Sie wirklich Christ sind. Viele Menschen denken, ein Christ sei eine Person, die moralisch lebt und versucht, die zehn Gebote und die Lehren Jesu zu befolgen. Sicher möchte ein Christ danach leben — doch der Versuch allein, ein gutes Leben zu führen, reicht nicht aus. Nach der Bibel ist der Christ ein Mensch, der sein Leben Jesus Christus übergeben hat und von ihm allein das Heil erwartet (und nicht von seinen guten Taten). Ist Ihnen klar, daß Sie ein Sünder sind und daß Sie sich durch Ihre gute Taten nicht selbst retten können? Ist Ihnen klar, daß Christus am Kreuz für Ihre Sünden gestorben ist und Ihnen das Heil als Geschenk anbietet? Wenn Sie bisher Ihr Leben Jesus Christus noch nicht geöffnet haben, dann tun Sie es jetzt.

So, wie Gott uns leibliche Nahrung gegeben hat, damit wir körperlich wachsen können, hat er uns auch geistliche Nahrung gegeben, damit wir geistlich gestärkt werden. Diese »Nahrung« finden wir vor allem in der Bibel, Gottes Wort. Lesen Sie die Bibel und denken Sie über Gottes Wort nach! Er hat uns auch das Gebet geschenkt und die Gemeinschaft mit anderen Christen. Nutzen Sie diese Möglichkeiten jeden Tag, und Sie werden erleben, daß Gott Ihnen auch geistliches Wachstum schenken wird.

Kann Gott einer unverheirateten Mutter vergeben?

Er kann nicht nur der unverheirateten Mutter vergeben, sondern auch dem unverheirateten Vater; genau wie verheirateten und alleinstehenden Menschen, ob sie nun Eltern sind oder nicht. Doch seine Vergebung war nicht billig. Sie kostete ihn das Leben seines Sohnes, Jesus Christus. Gottes Vergebung ist für alle da, die sie in Anspruch nehmen wollen. Doch Voraussetzung ist, daß Sie Gott darum bitten.

Gott vergibt nicht automatisch jede Sünde. Er möchte, daß wir das Opfer Christi am Kreuz als Buße für unsere Sünden demütig in Anspruch nehmen. Bevor Sie Gott um Vergebung bitten, müssen Sie Ihre Sünden bereuen, d.h., sich von Ihrem alten Lebensstil abwenden, der auch dazu führte, daß Sie eine ledige Mutter wurden. Dann wird Gott Ihnen vergeben und Ihnen die Kraft geben, die Sie für sich und Ihr Kind brauchen.

Mein Bruder hat aufgrund seines Drogenkonsums einen Gehirn-schaden erlitten. Wie ich hörte, sind Sie der Meinung, daß Jesus Christus auf diese Erde gekommen ist, um uns von den Konsequenzen unserer Sünde zu befreien. Glauben Sie, daß Gott den Gehirn-schaden meines Bruders wieder heilen kann, wenn er Jesus Christus annimmt?

In der Bibel steht nicht, daß die Folgen der Sünden, die wir in der Vergangenheit begangen haben, automatisch verschwinden werden. Die Sünde ist schrecklich und kann sehr viel zerstören. Manchmal müssen wir für unsere Dummheiten bezahlen. König David hatte eine schwere Sünde begangen, als er mit der Frau eines anderen Mannes Ehebruch beging. Gott hat ihm diese Sünde vergeben, als er Buße tat — doch das Kind, das aus diesem Verhältnis hervorging, mußte sterben.

Ich möchte also bei Ihnen keine falschen Hoffnungen für Ihren Bruder wecken. Aber gleichzeitig weiß ich auch, daß Gott »überschwenglich tun kann über alles hinaus, was wir bitten oder verstehen, nach der Kraft, die in uns wirkt« (Epheser 3,20). Gott kann Wunder tun, und manchmal heilt er Menschen auf eine Weise, die alles menschliche Verstehen übersteigt, doch niemand kann sagen, wann oder ob das der Fall sein wird. Eines aber ist ganz sicher: Ihr Bruder braucht Christus.

Er braucht die Vergebung seiner Schuld und die Kraft, die Christus ihm jeden Tag geben kann. Er braucht Hoffnung für die Zukunft. Gott hat ihn in seiner Gnade vor dem Tod bewahrt, und er will ihn gebrauchen, wenn er sein Leben Christus öffnet.

Ermutigen Sie Ihren Bruder, sein Leben Christus zu übergeben. Das ist die wichtigste Entscheidung, die jeder von uns in seinem Leben zu treffen hat. Was mit Ihrem Bruder geschehen ist, ist tragisch, doch Gott möchte ihm helfen und ihn zu seinem Kind machen durch den Glauben an Christus.

Ich weiß, daß Gott wegen meines Lebensstils seine Hand von mir ab-
gezogen hat. Wie kann ich ihn wieder auf meine Seite bekommen?
Mein Leben geht schief, wenn ich mich nicht ändere, das weiß ich,
doch wie kann ich Gottes Zuwendung gewinnen, wenn mich so viele
schlimme Dinge von ihm trennen?

Nehmen Sie an, Sie schulden jemandem eine große
Summe. Was können Sie tun? Eine Möglichkeit ist, den Betrag zurückzuzahlen. Aber was machen Sie, wenn Sie das Geld
nicht besitzen und auch keine Aussicht besteht, es jemals zu
bekommen? Dann können Sie sich nur bankrott erklären und
den Verlust von allem, was Sie besitzen, in Kauf nehmen.
Oder aber Sie müssen zu Ihrem Gläubiger hingehen und ihn
bitten, Ihnen die Schuld zu erlassen. Doch erfahrungsgemäß
ist ein solcher Schuldenerlaß sehr selten.

Aber genau das bietet Gott Ihnen an — freie und volle Vergebung aller Ihrer Sünden! Sie können Gottes Zuneigung nicht
»kaufen«, und Sie können Ihre schlechten Taten nicht mit guten ausgleichen, denn Gott ist heilig, und selbst die kleinste
Sünde macht den ganzen Menschen vor ihm unrein. »Deine
Augen sind zu rein, als daß du Böses ansehen könntest« (Habakuk 1,13). Nein, bezahlen können Sie Ihre Schuld nicht.
Die einzige Hoffnung ist, daß Gott sie Ihnen vergibt. Und das
ist möglich geworden, weil Jesus Christus, der Sohn Gottes,
die Strafe, die Sie und ich für unsere Sünden verdient hätten,
auf sich genommen hat. »Denn er hat den, der von keiner
Sünde wußte, für uns zur Sünde gemacht, damit wir in ihm
die Gerechtigkeit würden, die vor Gott gilt« (2.Korinther
5,21).

Weisen Sie Gottes Vergebung nicht länger zurück, sondern
erkennen Sie, daß Ihre einzige Hoffnung in Christus liegt.
Öffnen Sie ihm glaubensvoll Ihr Herz. »Denn der Sünde Sold
ist der Tod; die Gabe Gottes aber ist das ewige Leben in Christus Jesus, unserm Herrn« (Römer 6,23). Sie brauchen Jesus
nur zu bekennen, daß Sie gesündigt haben und seine Verge-

bung in Anspruch nehmen wollen. Wenden Sie sich von Ihrem alten Lebensstil ab, und folgen Sie jeden Tag Christus nach mit Gottes Hilfe.

Gott steht auf Ihrer Seite. Er verurteilt Sie nicht, er verurteilt nur Ihre Sünde. Sie müssen nicht versuchen, Gottes Zuwendung zu verdienen, denn Christus hat dies für Sie schon getan am Kreuz von Golgatha.

Ich bin Mutter eines unehelichen Kindes und erwarte jetzt das zweite. Vor kurzem habe ich mich bekehrt. Wie kann ich ein neues Leben beginnen und das alte wirklich hinter mir lassen, wo ich doch zwei Kinder habe, die in Sünde geboren wurden?

Als die Pharisäer eine Frau zu Jesus brachten, die beim Ehebruch ertappt worden war, sagte er, daß derjenige, der ohne Sünde sei, den ersten Stein werfen solle (Johannes 8,1-11). Aber anscheinend hatten alle gesündigt, denn niemand erhob sich gegen die Frau, alle verschwanden. Daraufhin sagte Jesus zu der Frau: »So verdamme ich dich auch nicht; geh hin und sündige hinfort nicht mehr«. Wenn ein Sünder ein neues Leben beginnt, dann spielt die Vergangenheit keine Rolle mehr. Sicher bleibt die Erinnerung, doch Sie dürfen die Gewißheit haben, daß denjenigen, die sich aufrichtig nach einem neuen Leben gesehnt haben, ihre Sünde vergeben worden ist. Konzentrieren Sie sich auf die Zukunft, und versuchen Sie, eine gute Mutter zu sein; beten Sie für Ihre Kinder und erziehen Sie sie im Glauben an Jesus Christus. Es wird die Zeit kommen, wo sie die Veränderung erkennen werden, die mit Ihnen vor sich gegangen ist.

Ist es falsch, wenn ich darum bitte, daß Gott mich aus dem Leben scheiden läßt? Ich möchte nicht mehr leben, weil sich niemand um mich kümmert, noch nicht einmal Gott. Mein Ex-Mann hat mich

jahrelang geistig und körperlich mißbraucht und ich fühle mich wert-
und nutzlos. Ich möchte so gerne glücklich sein, doch ich weiß, daß
dieser Fall niemals eintreten wird.

Jawohl, es wäre falsch, Gott zu bitten, Sie sterben zu lassen —
denn er möchte Ihnen helfen zu erkennen, daß es auch für Sie
Glück und Freude im Leben gibt, wenn Sie ihm Ihr Leben
übergeben.

Das, was Sie über Ihre Vergangenheit geschrieben haben,
hat mich sehr beschäftigt. Gott kennt Ihr Leben und versteht
auch Ihre Gefühle. Durch Ihre Erfahrungen haben Sie den
Eindruck bekommen, Sie seien wertlos und niemand küm-
mere sich um Sie. Doch das stimmt nicht! Gott hat Sie lieb. Er
weiß um Ihre Not. In seinen Augen sind Sie wertvoll und
wichtig. In Ihrem Brief deuteten Sie an, daß Sie sich nie viel
um Gott gekümmert haben. Er aber hat Sie niemals aufgegeben, und er hat einen Plan für Ihr Leben. Gott sagt in seinem
Wort: »Denn ich weiß wohl, was ich für Gedanken über euch
habe, spricht der Herr: Gedanken des Friedens und nicht des
Leides, daß ich euch gebe das Ende, des ihr wartet. Und ihr
werdet mich anrufen und hingehen und mich bitten, und ich
will euch erhören. Ihr werdet mich suchen und finden; denn
wenn ihr mich von ganzem Herzen suchen werdet, so will ich
mich von euch finden lassen« (Jeremia 29,11-14).

Nehmen Sie Gottes Liebe im Glauben an, und bitten Sie Jesus Christus, in Ihr Leben zu kommen. Sie können das durch
ein einfaches Gebet tun, in dem Sie Gott sagen, daß Sie ihn
brauchen und ihm Ihr Leben übergeben möchten. Vielleicht
sollten Sie auch in Erwägung ziehen, sich einer Gruppe miß-
brauchter Frauen anzuschließen. Nehmen Sie sich jeden Tag
Zeit, in der Bibel zu lesen. Sie werden darin entdecken, wie sehr
Gott Sie liebt. »Darin besteht die Liebe: nicht, daß wir Gott geliebt haben, sondern daß er uns geliebt hat und gesandt seinen
Sohn zur Versöhnung für unsere Sünden« (1.Johannes 4,10).
Das Wissen um Gottes Liebe wird alles verändern.

Ich fühle mich so einsam, daß ich manchmal einfach Schluß machen möchte. Ich besuche das Gymnasium und wünsche mir so sehr echte Freunde, doch ich finde niemanden. Meine Eltern sind geschieden; meine Mutter ist Alkoholikerin. Meine Klassenkameraden würden mich nur auslachen, wenn ich sie mit nach Hause nähme. Würde Gott mir vergeben, wenn ich meinem Leben ein Ende setzen würde?

Ich habe großes Mitgefühl mit Ihnen, denn ich weiß, daß Sie eine schwere Last tragen. Trotzdem muß ich Sie dringend bitten, sich nicht von dem Gedanken an einen Selbstmord gefangennehmen zu lassen. Es gibt Menschen, denen Sie etwas bedeuten und die Ihnen helfen wollen. Ihre Situation ist gewiß nicht einfach, aber auf keinen Fall aussichtslos. Mit Gottes Hilfe können Sie das alles durchstehen und ein starker, glücklicher Mensch werden.

Gott versteht Ihre Situation und Ihre Gefühle. Ich möchte Ihnen sagen, daß er Sie liebhat und Ihnen gerne helfen möchte. Die Bibel verspricht: »Wirf dein Anliegen auf den Herrn; der wird dich versorgen und wird den Gerechten in Ewigkeit nicht wanken lassen« (Psalm 55,23). Jesus Christus ist in diese Welt gekommen, um unsere Schuld wegzunehmen und uns mit Gott zu versöhnen. Wenn wir ihm unser Leben übergeben, dann nimmt uns Gott an und macht uns zu einem Mitglied seiner Familie. Er wird unser Freund und täglicher Begleiter sein. Bitten Sie Christus durch ein einfaches Gebet, in ihr Leben zu kommen.

Ich möchte Sie auch ermutigen, auf andere zuzugehen. Suchen Sie sich eine Gemeinde, die eine rege Jugendarbeit betreibt; vielleicht gibt es an Ihrer Schule auch eine christliche Gruppe, der Sie sich anschließen können. Sie werden junge Menschen treffen, die Ihnen echte Freunde sein können, und Sie werden dort geistliche Ermutigung finden. Sprechen Sie sich einmal bei einem Erwachsenen aus, z.B. dem Pastor einer Gemeinde. Mit Christus gibt es Hoffnung für die Zukunft.

Ich bin alt und praktisch allein. Zwar habe ich einige Verwandte, doch sie kümmern sich nicht um mich; wir kommen auch nicht miteinander klar. Beten Sie für mich, denn ich bin unglücklich, und die Zukunft sieht nicht gerade rosig aus.

Die Einsamkeit ist sicherlich eines der größten und schwierigsten Probleme unserer heutigen Zeit. Gott wollte nicht, daß wir allein sind, sondern daß wir Glück in unseren Beziehungen finden. Ja, ich werde für Sie beten, und ich möchte Sie ermutigen, auch für sich selbst zu beten.

Sie sollten vor allem darum bitten, daß Gott Ihnen zeigt, wie Sie Ihre Einsamkeit überwinden können. Ihr Brief erklärt z.B. nicht, warum Sie mit Ihrer Familie nicht klarkommen. Sind Sie wirklich der Meinung, daß nur die anderen Fehler gemacht haben? Oder kann es auch an Ihnen liegen? Wollten Sie vielleicht Ihren Willen durchsetzen und sich nicht auf die anderen einstellen? Möglicherweise waren Sie rechthaberisch und unversöhnlich. Bitten Sie Gott, Ihnen zu helfen, diese Fragen ehrlich für sich zu beantworten und dann um Vergebung zu bitten, sowohl bei Gott als auch bei denen, die Sie vielleicht im Laufe der Jahre verletzt haben. Wenn auch die Kluft damit vielleicht nicht sofort überwunden wird, sollten Sie auf jeden Fall alle Verbitterung ablegen. »Seid aber untereinander freundlich und herzlich und vergebt einer dem andern, wie auch Gott euch vergeben hat in Christus« (Epheser 4,32).

Gehen Sie auf andere zu. Lassen Sie sich nicht vom Selbstmitleid lähmen, sondern machen Sie sich klar, daß die anderen Menschen um Sie herum vielleicht genauso einsam sind wie Sie und sich auch nach jemandem sehnen, der Ihnen ein Freund sein kann, und der sich um sie kümmert. Denken Sie vor allem daran, daß Christus bei Ihnen ist, wenn Sie ihm Ihr Leben übergeben haben. Wenn Sie Jesus kennen, brauchen Sie nie mehr einsam oder ohne Hoffnung zu sein.

Ich meine, Christ zu sein, doch ich bin immer starken Versuchungen ausgesetzt. Gibt es einen Weg, solchen Anfechtungen zu widerstehen?

Gott hat uns niemals versprochen, alle Anfechtungen von uns fern zu halten. Selbst Christus war Versuchungen ausgesetzt. In der Bibel heißt es, daß er genauso versucht wurde wie wir, doch ohne Sünde war (Hebräer 4,15). Wir sollten auch nicht versuchen, den Anfechtungen zu entgehen, denn solche Prüfungszeiten dienen der Stärkung im Glauben: »... weil wir wissen, daß Bedrängnis Geduld bringt. Geduld aber Bewährung, Bewährung aber Hoffnung, Hoffnung aber läßt nicht zuschanden werden ...« (Römer 5,3). Es gibt ein Gefühl von Befriedigung und Sicherheit, das man nur durch die Überwindung von Anfechtung erfahren kann. Erst in der Versuchung zeigt sich, was für ein Mensch wir sind. Sie macht uns nicht zum Christen oder Nichtchristen. Doch sie stärkt den Glauben und zwingt uns, aus der Kraftquelle Gottes zu schöpfen. Auch deckt sie ein falsches Zeugnis oder Heuchelei auf. Was Ihnen vielleicht zuerst wie eine zu schwere Prüfung erscheint, kann sich im Nachhinein als sehr heilsam erweisen, weil Ihnen in der Versuchung Christus lebendig und seine Errettung noch größer geworden ist.

Ich war der Meinung, meine Drogenabhängigkeit überwunden zu haben, doch das stimmt nicht. Schon zwei Wochen nach meiner Entziehungskur hänge ich wieder mitten drin. Wahrscheinlich hätte ich es geschafft, wenn ich nicht wieder zu meinen alten Freunden zurückgegangen wäre. Warnen Sie bitte die Menschen davor, denn ich weiß, daß meine Abhängigkeit mich zerstören wird.

Ich habe Ihren Brief abgedruckt, damit er jungen Leuten als Warnung dient, die sich in einer ähnlichen Situation befinden. Ich weiß, daß der Gruppenzwang bei Jugendlichen sehr stark sein kann. Die Bibel warnt: »Komm nicht auf den Pfad der Gottlosen und tritt nicht auf den Weg der Bösen. Laß ihn liegen und geh nicht darauf; weiche von ihm und geh vorüber. Denn jene können nicht schlafen, wenn sie nicht übel getan, und sie ruhen nicht, wenn sie nicht Schaden getan« (Sprüche 4, 14-16).

Geben Sie aber bitte nicht auf, und denken Sie nicht, für Sie gäbe es keine Hoffnung mehr. Zwar leben Sie in der Sünde, doch mit Gottes Hilfe können Sie wieder zurecht kommen und sich von den Drogen und allem, was Sie zu zerstören droht, befreien. Ich sage nicht, daß es einfach ist, doch Gott möchte Ihnen helfen, wenn Sie ihn wirken lassen.

Zuerst müssen Sie erkennen, daß Sie dieses Problem nicht aus eigener Kraft lösen können und Christus bitten, in Ihr Leben zu kommen und Ihnen zu helfen. Gott liebt Sie, und Christus starb für Sie am Kreuz von Golgatha, um Ihre Sünden wegzunehmen. Er stand von den Toten wieder auf und schickte seinen heiligen Geist, damit er in uns lebt und wir seine Kraft bekommen können. Brechen Sie ganz entschieden mit Ihrer Vergangenheit, auch mit Ihren »Freunden«, die Sie nach unten gezogen haben. Suchen Sie die Gemeinschaft mit Christen. Dort können Sie neue Freunde finden, die Sie ermutigen und Ihnen geistlich helfen können. Sie werden entdecken, daß einige von ihnen dieselben Kämpfe durchgemacht haben wie Sie.

Nächste Woche soll ich operiert werden. Ich habe schreckliche Angst davor. Der Arzt vermutet Krebs. Ich bin bisher nur selten krank gewesen; plötzlich werde ich damit konfrontiert, daß ich meine Gesundheit verlieren könnte. Können Sie mir Mut machen?

Früher oder später muß sich jeder von uns mit dem Tod auseinandersetzen. Das erschreckt uns.

Haben Sie Gott schon einmal für die vielen Jahre gedankt, die Sie gesund sein konnten? Möglicherweise haben Sie Ihre

Gesundheit viel zu selbstverständlich hingenommen. Es war ein Geschenk Gottes. Vielleicht haben Sie Gott bisher nur wenig Beachtung geschenkt. Doch so, wie er in der Vergangenheit mit Ihnen gewesen ist, wird er auch in Ihrer jetzigen Situation bei Ihnen sein.

Lassen Sie diese zu einer Zeit werden, in der Sie sich Gottes Liebe und Nähe in ganz neuer Weise öffnen. Vielleicht wird Ihnen klar, möglicherweise zum ersten Mal, daß das Leben nur kurz ist, und wie wichtig es ist, sich auf die Ewigkeit vorzubereiten. Die Bibel erinnert uns: »Ein jegliches hat seine Zeit, und alles Vorhaben unter dem Himmel hat seine Stunde: geboren werden hat seine Zeit, sterben hat seine Zeit ... Das alles tut Gott, daß man sich vor ihm fürchten soll« (Prediger 3,1-2.14). Die Bibel verspricht auch: »Die Güte des Herrn ist's, daß wir nicht gar aus sind, seine Barmherzigkeit hat noch kein Ende, sondern sie ist alle Morgen neu, und deine Treue ist groß« (Klagelieder 3, 22-23). Übergeben Sie Ihr Leben Jesus Christus. Er starb am Kreuz für Sie und bietet Ihnen Vergebung und ewiges Leben an, wenn Sie ihn als persönlichen Herrn und Heiland annehmen. Sie wissen natürlich nicht, was die Zukunft Ihnen bringen wird (keiner von uns weiß das, egal wie gesund wir auch zu sein scheinen). Doch wenn Sie Jesus Christus Ihr Leben anvertraut haben, dann ist er in jedem Augenblick Ihres Lebens (und auch im Sterben) bei Ihnen. Lassen Sie nicht noch einen Tag vergehen, bevor Sie Jesus Ihr Leben übergeben.

Wenn es mir gut geht, dann fühle ich mich Gott nahe, doch wenn Probleme auftreten, scheint mir Gott weit entfernt. Haben noch mehr Menschen mit diesem Problem zu kämpfen?

Ja, vielen Menschen geht es so wie Ihnen. Ich bin sogar davon überzeugt, daß das fast jeder Gläubige schon einmal erlebt hat. Doch Gott bleibt immer derselbe, auch wenn sich unsere Lebensumstände ändern. Wir müssen es lernen, ihm in jeder Situation unseres Lebens zu vertrauen.

Erinnern Sie sich an den Zwischenfall in der Bibel, als die Jünger in einem Boot über den See Genezareth fuhren und Jesus zurückblieb, um zu beten. Plötzlich kam ein Sturm auf und die Jünger bekamen Angst. Auf einmal kam Jesus zu ihnen; er ging über das Wasser auf ihr Boot zu. Dann lesen wir, daß Petrus glaubensvoll und gehorsam Jesu Befehl folgte. Er »stieg aus dem Boot und ging auf dem Wasser und kam auf Jesus zu. Als er aber den starken Wind sah, erschrak er und begann zu sinken und schrie: Herr, hilf mir« (Matthäus 14,29-30). Solange Petrus auf Jesus sah, war alles in Ordnung, doch als er seinen Blick von Jesus abwandte und den Sturm sah, bekam er Angst und sank.

Wir verhalten uns oft genau wie Petrus. Solange alles in unserem Leben gut geht, blicken wir vertrauensvoll auf Jesus, doch wenn dann Schwierigkeiten kommen, wenden wir unsere Augen ab und werden von Furcht und Zweifeln erfüllt. Petrus wußte aber, was er zu tun hatte. Er wandte sich Jesus wieder zu und faßte neues Vertrauen.

Sie brauchen Christus jeden Tag und in jeder Situation. Sie dürfen ihm vertrauen, wie schlimm auch die Situation sein mag. Er ist Gott, und er weiß, was für uns das Beste ist. Wir dürfen uns an ihn wenden, wenn wir in Not sind, genau, wie sich ein Kind an den Vater wendet.

Wir können Gott voll und ganz vertrauen — das ist ganz wichtig. Wenn Sie Christus in Bezug auf Ihr ewiges Heil vertrauen, warum dann nicht inmitten Ihrer Probleme? »Ist Gott für uns, wer mag wider uns sein? Der auch seinen eigenen Sohn nicht verschont hat, sondern hat ihn für uns alle dahingegeben — wie sollte er uns mit ihm nicht auch alles schenken« (Römer 8,31-32). Vertrauen Sie Gott und seinem Wort; er wird Ihr Vertrauen nicht enttäuschen.

Ich fühle mich wie ein totaler Versager. Mein Mann hat mich (und unsere drei Kinder) wegen einer anderen Frau verlassen. Ich habe das Gefühl, als sei ich überhaupt nichts mehr wert. Manchmal denke ich sogar darüber nach, einfach Schluß zu machen.

Ich kann verstehen, daß Sie im Moment den Eindruck haben, als gäbe es keine Hoffnung für die Zukunft mehr, doch das stimmt nicht. Lassen Sie sich nicht von Ihren Gefühlen hinreißen, etwas so Endgültiges zu tun. Denn wenn Sie wirklich »Schluß machen« würden, dann hätten Sie auf jeden Fall den falschen Weg gewählt. Ich bete für Sie, daß Sie in Gott die Kraft finden werden, die Sie brauchen, um dies alles durchzustehen. Denken Sie an Ihre Kinder. Wie schlimm wäre es für sie, weder Vater noch Mutter zu haben.

Im Augenblick fühlen Sie sich zurückgestoßen, und Sie haben den Eindruck, daß irgend etwas mit Ihnen nicht stimmt, weil Ihr Mann Sie verlassen hat. Ihr Mann hat aber durch das, was er getan hat, eine große Schuld auf sich geladen. Deswegen brauchen Sie keine Selbstzweifel zu bekommen. Ich kann mir vorstellen, daß Sie sich die Dinge aufzählen, die Sie in Ihrer Ehe hätten anders machen müssen. Lernen Sie aus diesen Erfahrungen — doch glauben Sie nicht, daß Sie wegen dieser Fehler weniger wert wären. Gott sagt, daß Sie wertvoll sind. Und für Ihre Kinder sind Sie unersetzbar. Gott liebt Sie und hat seine Liebe dadurch gezeigt, daß er seinen einzigen Sohn in diese Welt gesandt hat, damit er am Kreuz für Ihre Schuld sterben sollte.

Sie müssen anfangen, von der Vergangenheit wegzusehen und sich auf die Zukunft zu konzentrieren. Das ist bestimmt leichter gesagt als getan, vielleicht haben Sie sogar Angst davor, weil die Zukunft so dunkel vor Ihnen liegt. Doch Sie müssen sich ihr ja gar nicht allein stellen — Gott ist bei Ihnen. Er hat einen Plan für Ihr Leben. Das Wichtigste, was Sie tun können, ist, Ihr Leben Christus anzuvertrauen und seinen Plan für Ihr Leben zu entdecken. In der Bibel heißt es:

»Du tust mir kund den Weg zum Leben: vor dir ist Freude die Fülle und Wonne zu deiner Rechten ewiglich« (Psalm 16,11). Beginnen Sie von neuem, und übergeben Sie Ihr Leben Christus. Er wird Ihnen jeden Tag mit der Freude seiner Gegenwart helfen.

Ich wünschte, ich hätte die Zeit, Ihnen von all dem Unheil zu erzählen, das eine Verwandte in meiner Familie schon angerichtet hat. Sie redet ständig über andere Familienmitglieder, gewöhnlich, ohne die Fakten zu kennen. Verurteilt die Bibel nicht das Reden über andere?

Richtig, die Bibel spricht hart gegen das Übereinander-Reden. Im Alten Testament steht: »Du sollst nicht als Verleumder umhergehen unter deinem Volk« (3.Mose 19,16). Im Neuen Testament werden Haß, Uneinigkeit, Zwietracht und Spaltungen als »Werke des Fleisches« bezeichnet (Galater 5, 19-20). Alle diese Dinge haben ihre Ursache in böswilligem Gerede. Diejenigen, die Christus gefallen möchten, werden aufgefordert: »So legt nun ab alle Bosheit und allen Betrug und Heuchelei und Neid und alle üble Nachrede« (1.Petrus 2,1). Zu den sieben Dingen, die Gott ein Greuel sind, gehören: »falsche Zunge ... ein falscher Zeuge, der frech Lügen redet und wer Hader zwischen Brüdern anrichtet« (Sprüche 6,19- 20)

Üble Nachrede ist sicherlich eine der alltäglichsten Sünden — so alltäglich, daß die Leute sie schon gar nicht mehr ernst nehmen. Sie haben einen der Gründe genannt, warum es falsch ist, über andere Menschen zu reden: die zwischenmenschlichen Beziehungen werden zerstört. »So ist auch die Zunge ein kleines Glied und richtet große Dinge an. Siehe, ein kleines Feuer, welch einen Wald zündet's an. Auch die Zunge ist ein Feuer, eine Welt voll Ungerechtigkeit. So ist die Zunge unter unsern Gliedern: sie befleckt den ganzen Leib und zündet die ganze Welt an und ist selbst von der Hölle entzündet« (Jakobus 3,5-6).

Die Frage ist nun, wie Sie sich dieser Verwandten gegenüber verhalten. Beten Sie für sie. Denn es ist vor allem ein geistliches Problem, und sie muß ihr ganzes Leben, samt ihrer Zunge und ihren Gedanken, Jesus Christus übergeben. Beten Sie, daß Gott Ihnen die Weisheit und Gelegenheit gibt, sie mit ihrem Gerede, und dem daraus entstehenden Schaden liebevoll, aber energisch zu konfrontieren. Vielleicht ist sie sich gar nicht richtig darüber im Klaren, welchen Schaden sie anrichtet. Das wird sicher nicht einfach werden, doch es ist auf Dauer besser, als sie weiter reden, und damit den guten Ruf anderer ohne Grund zerstören zu lassen. Vielleicht ist sie ja sogar froh über Ihre Offenheit und bekommt, mit Gottes Hilfe, ihr Problem in den Griff.

Vor vielen Jahren habe ich eine große Dummheit begangen. Ich gab meine Ehe auf und heiratete einen Mann, der viel älter war als ich. Ich habe furchtbar vielen Menschen weh getan und jetzt, da ich älter werde, bin ich sehr einsam und habe keinen Menschen, dem ich wirklich etwas bedeute. Warnen Sie junge Menschen davor, eine solche Dummheit zu begehen.

Wenn man Gottes Gebote bricht, zerbricht man an den Folgen des Ungehorsams. Das mußten Sie in leidvoller Erfahrung lernen. Sie bezahlen nun einen hohen Preis dafür. Ich bete darum, daß durch Ihr Zeugnis Menschen abgehalten werden, dasselbe zu tun. »Der Sünde Sold ist der Tod« (Römer 6,23). Wenn man den Versuchungen des Satans nicht widersteht, muß man einen schrecklichen Preis bezahlen.

Doch ich möchte Ihnen noch etwas anderes, ganz Wichtiges, sagen. Man kann die Zeit nicht noch einmal zurückdrehen; was man getan hat, läßt sich nicht mehr ungeschehen machen. Aber Sie müssen wissen, daß Gott Sie trotz allem liebt. Vielleicht denken Sie, Gott reagiere wie alle anderen und ziehe sich beleidigt zurück, wenn man ihn verletzt, oder er könne Sie aufgrund Ihres Verhaltens nicht mehr lieben. Doch das stimmt nicht! Sie haben viele Sünden begangen — doch jede einzelne dieser Sünden hat Jesus getragen, als er am Kreuz gestorben ist. Er hat die Einsamkeit des Kreuzes ertragen, damit Ihre Sünden vergeben und Sie mit Gott versöhnt werden können. Wäre es nicht herrlich, wenn Sie jeden Tag in den Spiegel schauen und sich sagen könnten, daß Ihre Schuld vollkommen ausgelöscht ist und Sie Gottes Kind sind? Wäre es nicht herrlich, wenn Sie noch im Alter die Hoffnung auf ein ewiges Leben im Himmel bekommen könnten?

Es ist noch nicht zu spät, Jesus Ihr Leben zu übergeben, und ich bete dafür, daß Sie das noch heute tun. Christus starb für Sünder — auch für Sie. Nehmen Sie doch die Einladung Jesu an: »Kommt her zu mir, alle, die ihr mühselig und beladen seid ... so werdet ihr Ruhe finden für eure Seelen« (Matthäus 11,28-29).

Meine Freundin war einst sehr aktiv in ihrer Gemeinde, doch jetzt hat sie allem den Rücken zugewendet und sagt, daß sie an gar nichts mehr glaubt. Sie ist sehr unglücklich, und ich würde ihr gern helfen, doch sie wird immer wütend, wenn ich sie auf dieses Thema anspreche. Was kann ich tun?

Ich bin fest davon überzeugt, daß Ihre Freundin ganz genau weiß, was sie getan hat, und daß sie mit aller Macht versucht, vor Gott davonzulaufen. Doch sie kann ihm nicht davonlaufen. In der Bibel steht: »Wohin soll ich gehen vor deinem Geist, und wohin soll ich fliehen vor deinem Angesicht? Führe ich gen Himmel, so bist du da; bettete ich mich bei den Toten, siehe, so bist du auch da« (Psalm 139,7-8).

Sie schreiben, sie sei unglücklich. Das ist gut, denn es zeigt, daß sie sich von Gott überführt weiß; sie versucht aber noch, vor ihm davonzulaufen. Diejenigen, die keine Antenne mehr für Gott haben, können auch seine Stimme nicht mehr hören, die sie zur Umkehr ruft.

Sie können Ihrer Freundin am besten helfen, indem Sie intensiv für sie beten. Sie muß wieder neu erkennen, daß Gott sie liebt, obwohl sie gegen ihn gesündigt und ihm bewußt den Rücken zugewendet hat. Er möchte ihr vergeben und sie in seiner Familie wieder willkommen heißen. Sie sollten auch dafür beten, daß Gott Ihnen hilft, liebevoll und vorsichtig mit ihr zu sprechen. Sie muß wissen, daß Sie sie liebhaben und ihr helfen möchten. Sie muß etwas von dem Frieden in Ihrem Leben spüren, den Christus denen gibt, die ihm nachfolgen.

Ich kann mich des Gefühls nicht erwehren, daß Ihre Freundin religiöse Überaktivität an die Stelle einer echten Hingabe an Christus gesetzt hat. Ohne eine persönliche Hingabe an Christus aber wird alle religiöse Betriebsamkeit hohl und bedeutungslos. Ihr persönliches Glaubensvorbild und Ihr Vertrauen in Christus wird die wichtigste Hilfe für Ihre Freundin sein. Dadurch wird sie erkennen, daß es auf unser persönliches Verhältnis zu Jesus Christus ankommt und nicht darauf, daß wir möglichst viele Aktivitäten vorweisen können.

9. ICH FÜHLE MICH SO LEER

Ich verstehe mich nicht mehr. Ich habe alles, was ich will, doch tief innen vegetiere ich nur so vor mich hin. Das Leben langweilt mich, und ich fühle mich so leer. Was stimmt nur nicht mit mir? Wie kann ich dieser Leere entfliehen?

Wir bestehen nicht nur aus Körper und Geist, Gott hat uns auch mit einer Seele geschaffen. Die meisten Menschen bringen ihr Leben damit zu, Körper und Geist zu pflegen, doch die Seele lassen sie verhungern. So wird ihr Leben unvollständig und leer, wie reich sie äußerlich auch sein mögen.

Ihre Seele sehnt sich nach Gott — und nur Gott kann diese Sehnsucht stillen. Gott hat den Menschen so angelegt, daß er eine persönliche Beziehung zu ihm braucht. Doch wenn wir ihn nicht in unser Leben einbeziehen, dann entsteht in unserem Herzen ein Vakuum, das nur Gott ausfüllen kann. Der heilige Augustinus sagte einmal vor vielen Jahrhunderten: »Du hast uns für dich selbst geschaffen, o Gott, und unsere Herzen sind unruhig, wenn sie nicht Ruhe finden in dir«.

Gott möchte, daß wir ihn kennenlernen. Er will in unser Leben kommen und es ausfüllen, damit wir die Freude seiner Gegenwart erleben. Darum kam Christus in diese Welt. »Denn auch Christus hat einmal für die Sünden gelitten, der Gerechte für die Ungerechten, damit er euch zu Gott führte« (1.Petrus 3,18).

Unsere Aufgabe ist es nun, uns Gott zuzuwenden und ihm unsere Sünden zu bekennen. Dann müssen wir Christus bitten, in unser Leben zu kommen. Er hat uns zugesagt: »Siehe, ich stehe vor der Tür und klopfe an. Wenn jemand meine Stimme hören wird und die Tür auftun, zu dem werde ich hineingehen und das Abendmahl mit ihm halten und er mit mir« (Offenbarung 3,20). Sie können die Gegenwart Gottes erfahren, wenn Sie Ihr Herz Christus öffnen.

Letztes Jahr habe ich eine schmerzliche Scheidung durchgemacht. Ein Mann in meinem Büro hat zur selben Zeit die gleiche Erfahrung gemacht, und wir fühlten uns zueinander hingezogen. Eins ergab das andere, und er bat mich, zu ihm zu ziehen. Er versprach, mich zu heiraten, sobald wir rechtskräftig geschieden wären. Doch jetzt lacht er nur noch bei dem Gedanken an eine Wiederheirat. Er sagt, er wäre noch nicht bereit dazu. Mir ist klar, daß ich einen Fehler gemacht habe, doch ich weiß nicht, wie ich da herauskommen soll.

Wir leben in einer Zeit, wo einer Scheidung nicht mehr wie einst ein soziales Makel anhaftet. Früher war es so, daß jemand, der geschieden war, z.B. nicht Präsident werden konnte. Das gilt heute alles nicht mehr. Doch ungeachtet dessen, wie unsere Gesellschaft zu einer Scheidung steht, die Meinung Gottes hat sich nicht geändert. Gott sagt, daß er die Scheidung »haßt«.

Es ist verständlich, daß Sie sich einsam gefühlt und nach einem Menschen gesehnt haben, der sich um Sie kümmert und Ihnen Selbstbestätigung gibt. Aber eine Scheidung steht immer dem Willen Gottes entgegen. Auch hat Ihre Entscheidung, unverheiratet mit diesem Mann zusammenzuleben, eine ohnehin schon ernste Situation nur noch schwieriger gemacht. Wie der Mangel an Verantwortungsgefühl seiner Frau gegenüber erkennen läßt, meint er offenbar, daß er keinem Menschen gegenüber Verantwortung zu tragen braucht. Sie müssen nun erkennen, daß Sie das Glück, das Sie gesucht haben, betrogen hat. Sie haben am falschen Ort danach gesucht.

Die Bibel sagt uns ganz deutlich, wie wir leben sollen. »Fliehet die Hurerei« (1.Korinther 6,18). Gott möchte nicht, daß Sie so weiterleben wie bisher. Er liebt Sie und möchte, daß Sie auf den richtigen Weg kommen. In der Bibel steht: »Manchem scheint ein Weg recht; aber zuletzt bringt er ihn zum Tode« (Sprüche 14,12).

Sie sollten sich endlich der Tatsache stellen, daß Sie Christus brauchen. Wenden Sie sich ihm zu, und bitten Sie ihn um Vergebung und ein neues Leben. Bitten Sie ihn vertrauensvoll, als Herr und Heiland in Ihr Leben zu kommen. Wenden Sie sich dann mit seiner Hilfe von der Sünde ab — auch von diesem Mann. Das ist vielleicht nicht einfach, doch Gott wird Sie segnen, wenn Sie ihm den ersten Platz in Ihrem Leben einräumen.

Wie geht man mit jemandem um, der behauptet, seine Gemeinde sei die einzig richtige, und wenn man ihr nicht angehöre, komme man nicht in den Himmel. Eine meiner Arbeitskolleginnen versucht stän-

dig, andere in Ihre Gemeinde einzuladen (obwohl das eine recht kleine Gruppe ist, die gut auch eine Sekte sein könnte).

Die Bibel lehrt, daß uns nur unsere Beziehung zu Jesus Christus retten und ewiges Leben geben kann. Nicht durch die Zugehörigkeit zu einer Gemeinde (wie wichtig das auch für unser geistliches Wachstum ist) oder durch unsere guten Werke oder religiösen Aktivitäten werden wir gerettet, sondern allein durch Christus, wenn wir uns ihm zuwenden und ihm als unserem Herrn und Heiland vertrauen. In der Bibel heißt es: »Und in keinem andern ist das Heil, ist auch kein andrer Name unter dem Himmel gegeben, durch den wir sollen selig werden« (Apostelgeschichte 4,12).

Beten Sie für Ihre Arbeitskollegin. Tief im Innern wird sie große Unsicherheit und einen geistlichen Hunger nach Gott verspüren — ein Hunger, der nicht bleibend nur durch Gemeindeaktiviäten gestillt werden kann. Bitten Sie Gott um Gelegenheiten, mit ihr über Christus zu sprechen, und ermutigen Sie sie, das Neue Testament zu lesen. (Viele Sekten behaupten, an die Bibel zu glauben, doch in Wahrheit verdrehen Sie ihre Botschaft und versuchen, die Menschen davon abzuhalten, sie selbst zu lesen.)

Wichtig ist aber vor allem Ihre eigene Beziehung zu Christus. Vertrauen Sie ihm, und haben Sie ihm Ihr Leben (und Ihre ewige Rettung) anvertraut? Wenn Sie sich dessen nicht sicher sind, dann wenden Sie sich im Glauben Christus zu. »Denn also hat Gott die Welt geliebt, daß er seinen eingeborenen Sohn gab, damit alle, die an ihn glauben, nicht verloren werden, sondern das ewige Leben haben« (Johannes 3,16).

Gibt es einen Unterschied zwischen dem Stolz auf das, was man erreicht hat und persönlichem Stolz, z.B. auf sein Aussehen? Nach der Bibel ist das Sünde, doch ohne Stolz würde man doch sein Äußeres, den Haushalt usw., vernachlässigen.

An keiner Stelle in der Bibel lese ich, daß Gott Nachlässigkeit befürwortet. Natürlich meint die Bibel eher die geistliche Nachlässigkeit und nicht die Nachlässigkeit in Bezug auf äußerliche Dinge. Manche Menschen sind sehr penibel mit ihrem Aussehen, aber sehr nachlässig in ihren moralischen Ansichten und ihrem Verhalten anderen gegenüber. Auf der anderen Seite kann ein Mensch mit bescheidenem Äußeren aufgrund seines Charakters auf die Liste der »bestangezogensten« Leute gesetzt werden. In der Bibel steht: »Ein Mensch sieht, was vor Augen ist; der Herr aber sieht das Herz an« (1.Samuel 16,7). Ich selbst bin der Meinung, daß ein Christ auch Wert auf seine äußere Erscheinung legen sollte. Es wäre schon ein Armutszeugnis, wenn wir unser Haus peinlich sauber halten würden und der Abfall sich im Hof türmt. Übertragen bedeutet das, wenn Christus unsere Herzen gereinigt hat, dann ist das Mindeste, was wir tun können, unseren Körper, der ja der Tempel des heiligen Geistes ist, sauber und ordentlich zu halten.

Ich möchte das Richtige tun, doch manchmal bin ich zu schwach, allen Versuchungen zu widerstehen. Welche Hoffnung gibt es für mich?

Sie stehen genau dort, wo wir alle stehen. Keiner von uns ist stark genug, von sich aus Versuchungen standzuhalten, so sehr wir es uns auch vornehmen. Darum hat Gott seinen Sohn in diese Welt gesandt, daß er die Schuld und Strafe für unsere Sünden auf sich nehmen sollte. Durch seinen heiligen Geist will er uns die Kraft geben, den Versuchungen widerstehen zu können. Vielleicht ist Ihr Problem, daß Sie zu sehr auf sich selbst sehen und Ihren Blick nicht oft genug auf Christus richten, der Ihnen helfen möchte. In der Bibel heißt es: »Bisher hat euch nur menschliche Versuchung getroffen. Aber Gott ist treu, der euch nicht versuchen läßt über eure Kraft, sondern macht, daß die Versuchung so ein Ende nimmt, daß ihr's ertragen könnt« (1.Korinther 10,13). Wenn Sie in Versuchung geführt werden, dann wenden Sie sich an Gott um Hilfe. Bitten Sie ihn, Ihnen zu zeigen, wie Sie dieser Versuchung standhalten können. Er hat den Weg dafür schon vorbereitet.

Noch einen Rat: Überprüfen Sie, daß Sie nicht selbst an diesen Versuchungen schuld sind. Wir sind so vielen Anfechtungen ausgesetzt. Einige haben eine Schwäche für Alkohol, andere für unsaubere Gedanken und Handlungen, wieder andere sind habgierig, zu kritisch oder lieblos. Was immer es auch sein mag, Satan wird Sie immer nur an Ihrem schwächsten Punkt in Versuchung führen. Jesus Christus hat uns gezeigt, wie man Versuchungen widerstehen kann. Als er in der Wüste versucht wurde, antwortete er dem Satan mit Bibelversen. Der Psalmist nennt uns dafür die Voraussetzung: »Ich behalte dein Wort in meinem Herzen, damit ich nicht wider dich sündige« (Psalm 119,11).

Vor einigen Monaten dachte ich, ich wäre Christ geworden. Ich bin mir aber nicht ganz sicher, denn diese Entscheidung hat keines meiner Probleme gelöst. Es sind sogar noch mehr hinzugekommen. Heißt es nicht, daß das Christentum alle Probleme löst?

Die Bibel verspricht keineswegs, daß Gott alle unsere Probleme löst. Sie verspricht nur, daß Gott uns die Kraft geben wird, mit unseren Schwierigkeiten fertigzuwerden. In 2.Korinther 12,9 sagt Gott zu Paulus: »Laß dir an meiner Gnade genügen; denn meine Kraft ist in den Schwachen mächtig«.

Der Glaube an Jesus Christus löst das Problem der Sünde. Das ist das eigentliche Problem des Menschen, denn durch die Sünde entstehen alle anderen Probleme. Die Errettung wirkt nicht wie ein Aspirin, das alle Nerven betäubt, sondern beschäftigt sich mit der Wurzel des Übels und macht aus Ihnen einen neuen Menschen. »Denn er hat den, der von keiner

Sünde wußte, für uns zur Sünde gemacht, damit wir in ihm die Gerechtigkeit würden, die vor Gott gilt« (2.Korinther 5,21).

Ich habe Arthritis. Als Mensch bin ich jetzt vollkommen nutzlos. Wozu lebe ich noch?

Christus ist für Sie gestorben — das macht Ihr Leben sehr wertvoll. Gott ist nicht der Meinung, daß Sie nutzlos sind. Er braucht alle möglichen Menschen, um sein Werk zu tun. Er braucht die Schnellen und die Langsamen, die Starken und die Schwachen. Ich kenne einen Jungen, der keine Arme hat. Er zeichnet mit seinen Zehen. Der Mut und die Kraft dieses Jungen ist für viele ein Vorbild, die selbst auch behindert sind. Wenn Sie Ihr Leid fröhlich und geduldig ertragen, dann sind Sie ein Zeugnis für Christus.

Ein pensionierter Minister verbringt jeden Tag drei Stunden damit, denjenigen, die in Not sind, Grußkarten zu schicken. Seine Grüße ermutigen und trösten jedes Jahr viele tausend Menschen.

Gott hat eine Aufgabe für Sie. Bitten Sie ihn, Ihnen zu zeigen, wie Sie ihm dienen können. Er wird es tun.

Wir können oft nicht verstehen, warum wir krank werden, doch auch im Leid dürfen wir unserem himmlischen Vater vertrauen. Wir haben dann viel mehr Zeit fürs Gebet als vorher. Beten Sie für andere und auch für sich selbst. Beten Sie für die Obrigkeit. Beten Sie für Frieden und Gerechtigkeit. Auch wenn Sie im Bett liegen, können Sie beten. Auf diese Weise sind Sie für Christus und sein Reich tätig.

Bis vor einigen Monaten war ich Mitglied einer Sekte. Ich habe mich davon befreit, doch ich bin mir immer noch nicht im klaren über Gott. Ich würde ihn gern persönlich kennenlernen, doch ich weiß nicht, wohin ich mich wenden soll.

Die Bibel verspricht: »Bittet, so wird euch gegeben; suchet, so werdet ihr finden; klopfet an, so wird euch aufgetan. Denn wer da bittet, der empfängt; und wer da sucht, der findet; und wer da anklopft, dem wird aufgetan« (Matthäus 7,7-8). Jesus Christus hat diese Worte gesagt. Er möchte, daß Sie die Wahrheit erkennen. Sie können Gott nur durch Jesus Christus finden. Nach ihm müssen Sie suchen, denn Jesus Christus ist Gott. Er kam in menschlicher Gestalt auf diese Erde, um sich uns zu offenbaren. Jesus zeigte uns, daß Gott uns liebt. In seiner Liebe zu uns ging er bis an das Kreuz, wo er für unsere Sünden gestorben ist. Er hat bewiesen, daß er Gottes eingeborener Sohn ist, dem unsere Anbetung gebührt. Ihm müssen wir unser Leben anvertrauen, denn er ist von den Toten wieder auferstanden.

Jesus sagt: »Ich bin der Weg, die Wahrheit und das Leben; niemand kommt zum Vater denn durch mich« (Johannes 14,6). Das ist ein erstaunlicher Ausspruch, doch viele Millionen Christen haben im Laufe der Jahrhunderte erfahren, daß es wahr ist. Gott möchte, daß »allen Menschen geholfen werde und sie zur Erkenntnis der Wahrheit kommen. Denn es ist ein Gott und ein Mittler zwischen Gott und den Menschen, nämlich der Mensch Christus Jesus, der sich selbst gegeben hat für alle zur Erlösung« (1.Timotheus 2,4-6).

Die steigende Zahl der religiösen Sekten (die den Anspruch erheben, die einzig richtigen zu sein und im Grunde die Menschen nur an ihre falschen Lehren fesseln) ist eines der größten Alarmzeichen unserer Zeit. Die Sektierer und ihre Führer erinnern mich an diejenigen, vor denen Paulus den Timotheus warnte: »Zu ihnen gehören auch die, die sich in die Häuser einschleichen ... und nie zur Erkenntnis der Wahrheit kommen können. ... es sind Menschen mit zerrütteten Sinnen, untüchtig zum Glauben« (2.Timotheus 3,6-8). Ich bin dankbar, daß Sie sich aus dieser Sekte befreien konnten, denn dort hätten Sie Gott und seinen Willen für Ihr Leben nicht erkannt.

Sie können Gott persönlich kennenlernen, wenn Sie Christus im Glauben als Ihren Herrn und Heiland annehmen. Lesen Sie in der Bibel, und suchen Sie Hilfe bei anderen Christen, damit Sie geistlich wachsen können.

Unser ältester Sohn wurde bei einem Autounfall getötet. Er stand kurz vor seinem Abschluß an der Universität. Es scheint alles so sinnlos zu sein. Diese Erfahrung hat mich in meinem Glauben an Gott stark erschüttert. Können Sie mir helfen, das alles zu verstehen?

Wenn ich einen Brief wie Ihren bekomme, wünschte ich, ich hätte eine einfache Erklärung parat. Doch leider verstehen wir oft nicht, warum bestimmte Dinge passieren müssen, die uns so sinnlos erscheinen und so viel Leid bringen. Die Bibel spricht von dem »Geheimnis der Bosheit« (2.Thessalonicher 2,7). Vieles ist uns wirklich unverständlich.

Wir müssen aber in Betracht ziehen, daß wir in einer Welt leben, die sündig und schlecht ist. Als Gott diese Welt erschaffen hat, war das nicht so. »Und Gott sah an alles, was er gemacht hatte, und siehe, es war sehr gut« (1.Mose 1,31). Doch dann kam die Sünde in die Welt, und die Menschen haben Gott den Rücken zugewandt. Sie gingen ihren eigenen Weg. Diese Rebellion hatte schreckliche Auswirkungen auf die Menschen. Leid und Tod sind dadurch in die Welt gekommen.

Der Verlust eines Kindes ist sehr schmerzvoll. Gott versteht, daß wir eine Zeit des Trauerns brauchen, um den Schmerz aushalten zu können. Er kennt Ihren Schmerz und auch ihre Wut.

Wenn Sie das in Betracht ziehen, dann möchte ich Sie an etwas anderes, sehr Wichtiges erinnern. Sie sind im Augenblick tief verletzt. Aber glauben Sie mir, Gott kennt Ihre Gefühle. Sein einziger Sohn, Jesus Christus, ist auch gestorben. Er litt und starb am Kreuz, damit Sie und ich mit Gott versöhnt werden konnten. Gott versteht Ihren Schmerz; er möchte Sie mit seiner Liebe umgeben, wenn Sie ihn darum bitten.

Es gibt einen Vers in der Bibel, der ungefähr heißt: »Was aus Gott geboren ist, kann nicht sündigen«. Ich habe mich selbst für einen Christen gehalten, doch ich sündige immer wieder. Bedeutet das, daß ich kein Gotteskind bin?

Sie spielen wahrscheinlich auf 1.Johannes 3,9 an. Viele Menschen lassen sich durch diesen Vers verwirren. Dieser Vers bedeutet nur, daß derjenige, der aus Gott geboren ist, nicht permanent in Sünde leben oder Sünde tun kann.

Lassen Sie sich nicht durch Ihr Versagen oder Ihre Schwächen entmutigen. Wenn Sie von ganzem Herzen in Gemeinschaft mit Gott leben wollen und Christus als Ihren Herrn angenommen haben, dann haben Sie die Gewißheit, daß sein Blut Sie von aller Sünde reingewaschen hat. Die neuere Übersetzung dieses Verses gefällt mir gut: »Wer ein Kind Gottes ist, sündigt nicht mehr, weil Gottes Leben in ihm wirkt. Er kann gar nicht weitersündigen, weil Gott sein Vater ist«.

Seit einigen Jahren bin ich Christ. Obwohl ich Jesus liebe und sicher bin, sein Kind zu sein, habe ich den Eindruck, daß ich im Glauben nicht weiterkomme. Ich scheine immer nur Wasser zu treten. Gibt es eine Lösung für dieses Problem?

Auf ein solch schwieriges Problem kann man keine erschöpfende Antwort geben. Doch ich kann Ihnen einige Vorschläge machen, wie Sie damit umgehen können.

1. Vergessen Sie nicht, daß die Quelle geistlichen Wachstums und Fortschritts die Bibel ist. Wenn Sie nicht systematisch in der Bibel lesen und forschen, dann können Sie nicht hoffen, große Fortschritte zu machen.

2. Das Gebet ist ganz wichtig. Es ist lebenswichtig für Ihre Beziehung zu Gott. Im Gebet können Sie Ihre verborgene Sehnsucht ausdrücken. Es ist die Kommunikation mit Gott.

3. Gehorsam ist der Schlüssel zur Bibelkenntnis. Sie lesen die Bibel ja nicht, um Ihre Neugierde zu befriedigen, sondern um praktische Antworten auf reale Probleme zu finden. Wenn Sie Antworten gefunden haben, dann handeln Sie bitte auch danach.

4. Die Anbetung ist ganz wichtig. Loben Sie Gott für jede Segnung, die Sie empfangen haben. Tun Sie das im Stillen oder, wenn es paßt, auch in der Öffentlichkeit. In der Anbetung können Sie anderen zum Vorbild werden.

Wenn man Christ ist und Gott alles, was geschieht, lenkt und zuläßt, was ereignet sich dann zwischen Gott und uns, wenn wir sündigen?

Ich denke, Ihre Fage kann am besten mit einem einfachen Beispiel beantwortet werden. Wie reagiert ein Vater, wenn der Sohn etwas getan hat, das dem Vater nicht gefällt?

Die Bibel verheißt uns auch als Christ kein sündloses Leben, solange wir noch als Menschen auf dieser Welt sind. Ganz im Gegenteil: »Wenn wir sagen, wir haben keine Sünde, so betrügen wir uns selbst, und die Wahrheit ist nicht in uns« (1.Johannes 1,8).

Mit der Sünde bekommt unsere Beziehung zu Gott einen Riß, der erst wieder geflickt ist, wenn wir sie bekannt und um Vergebung gebeten haben. Mit anderen Worten; wir bleiben Kinder Gottes, doch unsere Beziehung ist getrübt. Es gibt viele tausend Christen, die nicht die Freude und den Frieden dieser Gemeinschaft mit Gott haben. Es gibt keine größere Freude, als tägliche Gemeinschaft mit Gott zu haben. Versuchen Sie es!

Ich bin sehr alt und habe ein schlechtes Leben geführt. Jetzt würde ich mich gerne Gott zuwenden, doch ich fürchte, daß er mich nicht mehr annehmen kann. Außerdem bin ich nicht mehr in der Lage, irgendetwas zu tun, um mir seine Gunst zu verdienen. Können Sie mir helfen?

Ihre Sehnsucht, Gott kennenzulernen zeigt, daß der heilige Geist an Ihnen arbeitet. Wenn das nicht der Fall wäre, dann würden Sie diese Sehnsucht nicht haben. Ihr Alter ist nicht entscheidend. Ich hörte vor einiger Zeit von einer vierundneunzigjährigen Frau, die zu Christus kam.

Jesus macht in einem Gleichnis deutlich, daß nicht der Zeitpunkt entscheidend ist. Wichtig ist nur, daß wir die Einladung zu Christus annehmen. Sie finden das Gleichnis in Matthäus 20,1-16. Am Schluß steht der bekannte Vers: »So werden die Letzten die Ersten und die Ersten die Letzten sein«.

Es gibt einen guten Grund, warum das so ist. Denn die Erlösung hängt nicht von Ihren persönlichen Verdiensten ab, sondern von dem, was Christus für Sie, wie für uns alle getan hat. Wir können uns den Himmel nicht verdienen; so viele Pluspunkte könnten wir in unserem Leben gar nicht zusammenbekommen. Paulus schreibt an einer Stelle: »Wo bleibt nun das Rühmen? Es ist ausgeschlossen. Durch welches Gesetz? Durch das Gesetz der Werke? Nein, sondern durch das Gesetz des Glaubens« (Römer 3,27). Ich möchte Sie ermutigen, dem Drang, Ihr Leben Christus anzuvertrauen, zu folgen; er errettet alle, die durch ihn zu Gott kommen, egal in welchem Alter.

Ich stimme nicht mit Ihnen überein, wenn Sie behaupten, alle Menschen seien Sünder. Es gibt viele ganz wundervolle Menschen in der Welt, die sicherlich so schlecht nicht sein können.

Die Bibel sagt folgendes dazu: »Sie sind allesamt Sünder

und ermangeln des Ruhmes, den sie bei Gott haben sollten«
(Römer 3,23). Diese wundervollen und guten Menschen, die
Sie erwähnten, sind zweifellos gut nach menschlichen Maßstäben. Doch im Lichte der Heiligkeit Gottes gelten andere
Maßstäbe. Jeder, der nicht dem Vorbild Jesu Christi voll entspricht, ist aus der Sicht der Bibel ein Sünder. Er ist der Eine,
der ohne Sünde war. Alle anderen, selbst die in Ihren Augen
guten und wunderbaren Menschen, versagen nach Gottes
Maßstäben, manche mehr, manche weniger. Darum kommen
wir alle ohne einen sündlosen Erretter vor Gott nicht zurecht.
Von Jesus heißt es: »Denn er hat den, der von keiner Sünde
wußte, für uns zu Sünde gemacht, damit wir in ihm die Gerechtigkeit würden, die vor Gott gilt« (2.Korinther 5,21).

*Ich wuchs in einem Elternhaus auf, in dem Gottes Wort eine zentrale
Stellung einnahm. Meine Eltern glaubten an Gott und haben uns in
diesem Glauben erzogen. Seit ich erwachsen bin, habe ich beobachtet,
welche Freude ältere Leute erleben, die sich bekehren. Ich habe dieses
Gefühl nie gekannt. Ist es vielleicht deshalb, weil mir mein ganzes Leben lang von Jesus erzählt worden ist?*

Es gibt vielleicht zwei Gründe, warum Sie diese »Freude«,
die Sie bei anderen Menschen beobachtet haben, niemals
selbst erlebt haben.

Wenn Sie Christus schon in frühen Jahren angenommen
haben, dann konnte Ihre Bekehrung nicht so einschneidend
sein wie bei einem reiferen Menschen, der im Laufe der Jahre
schon viel Schuld auf sein Gewissen geladen hat. Ich möchte
Ihnen das an einem Beispiel verdeutlichen: Ein Bauer und
sein Sohn gehen vom Kornfeld nach Hause. Der Sohn hält einige Ähren in der Hand, der Vater dagegen wird von dem Gewicht des Kornsackes fast niedergedrückt. Nehmen wir an, ein
Freund kommt mit einem Wagen die Straße entlanggefahren
und bietet an, Vater und Sohn nach Hause zu bringen. Er trägt

die Last eines jeden, doch der Vater ist sicherlich froher und dankbarer als der Sohn. Ein Kind, das sich zu Christus bekehrt, erfährt in der Regel nicht die überströmende Freude, die ein Erwachsener empfindet, der von seiner Schuld fast erdrückt wird. Seine Last war größer, also ist auch seine Freude größer.

Vielleicht haben Sie aber auch noch gar kein persönliches Verhältnis zu Christus, sondern sich bisher immer nur auf Ihre christliche Erziehung berufen. Diese Frage können Sie sich nur selbst beantworten.

Wie kann man ganz sicher wissen, daß man Christ ist?

Die Bibel sagt uns ganz klar, wie wir Heilsgewißheit erhalten können.

Wir merken es an der Veränderung, die in uns vorgeht. In der Bibel heißt es: »Darum: Ist jemand in Christus, so ist er eine neue Kreatur; das Alte ist vergangen, siehe, Neues ist geworden« (2.Korinther 5,17).

Wir merken es an dem heiligen Geist, der in unser Leben kommt. »Daran erkennen wir, daß wir in ihm bleiben und er in uns, daß er uns von seinem Geist gegeben hat« (1.Johannes 4,13).

Wir merken, daß wir Christen sind, wenn die Liebe die treibende Kraft in unserem Leben ist. »Ihr Lieben, laßt uns einander lieb haben; denn die Liebe ist von Gott, und wer liebt, der ist von Gott geboren und kennt Gott. Wer nicht liebt, der kennt Gott nicht, denn Gott ist die Liebe« (1.Johannes 4,7.8)

Wir wissen, daß wir Christen sind, wenn wir Gott gehorsam sind. »Und daran merken wir, daß wir ihn kennen, wenn wir seine Gebote halten« (1.Johannes 2,3).

Und schließlich wissen wir es, weil wir Christus angenommen haben. »Wie viele ihn aber aufnahmen, denen gab er Macht, Gottes Kinder zu werden, denen, die an seinen Namen glauben« (Johannes 1,12).

Ich höre die Leute immer wieder von innerem Frieden sprechen. Das ist genau das, was ich gerne haben würde. Ich gehe sogar manchmal zur Kirche, doch ich habe immer das Gefühl, daß mir irgendetwas fehlt. Ist es wirklich möglich, inneren Frieden zu bekommen?

Ja, es ist möglich, Frieden zu finden. Christus hat seinen Jüngern versprochen: »Den Frieden lasse ich euch, meinen Frieden gebe ich euch. Nicht gebe ich euch, wie die Welt gibt. Euer Herz erschrecke nicht und fürchte sich nicht« (Johannes 14,27).

Christus hat nicht versprochen, daß der Friede automatisch in unser Herz einzieht und alle unsere Probleme und Schwierigkeiten wegnimmt. Im Gegenteil, diese Worte sagte er zu seinen Jüngern kurz bevor er gefangengenommen und am Kreuz getötet wurde. Christus kann uns inmitten der Stürme des Lebens Frieden geben. Ich möchte Ihnen drei Arten von Frieden nennen, die Christus uns geben will, wenn wir ihm unser Herz öffnen und und ihm vertrauen.

Erstens, Frieden aus der Vergebung. Wir haben gegen Gott gesündigt, und obwohl wir das nicht gern zugeben, fühlen wir uns schuldig und wissen, daß wir Gottes Strafe verdient haben. Doch Christus ist gekommen, um für uns Frieden mit Gott zu erwirken. »Da wir nun gerecht geworden sind durch den Glauben, haben wir Frieden mit Gott durch unseren Herrn Jesus Christus« (Römer 5,1).

Zweitens, Frieden aus der Gegenwart Christi. Wenn wir unser Leben Christus übergeben, dann nehmen Gott und der heilige Geist Wohnung in unserem Leben. Er ist da, auch wenn wir seine Gegenwart nicht spüren. Wir dürfen dessen ganz gewiß sein. Jesus hat versprochen: »Und siehe, ich bin bei euch alle Tage bis an der Welt Ende« (Matthäus 28,20).

Drittens, Frieden aus der Kraft Gottes. Wir können aus uns selbst heraus nicht unserer ursprünglichen Bestimmung gemäß leben. Gott will uns deshalb helfen, wenn wir ihn um die Kraft dazu bitten. Der Apostel Paulus hatte die Kraft Gottes erfahren, wie auch alle, die Christus aufrichtig durch die Jahrhunderte hindurch nachgefolgt sind: »Ich vermag alles durch den, der mich mächtig macht« (Philipper 4,13).

Sie können den Frieden Gottes erfahren, indem Sie Ihr Leben Christus öffnen und ihn als Herrn und Heiland annehmen. Wenn Sie diesen Schritt getan haben, dann lernen Sie seinem Wort, der Bibel, jeden Tag zu vertrauen. Sie werden die Freude aus dem Frieden mit Gott kennenlernen.

Nach außen, denke ich, bin ich ein guter Mensch, doch ich würde vor Scham in den Boden versinken, wenn jemand meine Gedanken lesen könnte. Ich muß gestehen, daß ich manchmal schlecht über andere Menschen denke und mich über sie ärgere. Mir gefällt das auch nicht, aber ich kann meine Gedanken einfach nicht immer unter Kontrolle haben. Geht das nur mir so? Oder haben auch andere damit zu kämpfen? Können Sie mir helfen?

Vermutlich geht es uns allen von Zeit zu Zeit so wie Ihnen. Unsere Gedanken zeigen recht deutlich, wer wir wirklich sind. Wenn wir uns über unsere Gedanken und Motive klar werden, dann müssen wir zugeben, daß wir gar nicht das sind, wofür andere uns halten.

Gott möchte uns verändern — nicht nur unser Handeln, sondern unsere Gedanken. Denn sie sind die Ursache von sündigem Handeln. Jesus sagte einmal: »Wes das Herz voll ist, des fließt der Mund über. Ein guter Mensch bringt Gutes hervor aus dem guten Schatz seines Herzens; und ein böser Mensch bringt Böses hervor aus seinem bösen Schatz« (Matthäus 12,34-35). Gott kann uns verändern, sowohl äußerlich als auch innerlich, wenn wir unser Leben Christus übergeben.

Vertrauen Sie Jesus Christus Ihr Leben an, und bitten Sie ihn, in Ihr Herz zu kommen. Lassen Sie Ihr Leben von ihm erfüllen. Haben Sie schon einmal einen Eimer mit stehendem, stinkendem Wasser gesehen? Da gibt es nur eine Möglichkeit; ausgießen und mit frischem Wasser füllen. Das macht Christus mit unserem Leben, wenn wir bereit sind, ihm zu vertrauen. Sein Wort, die Bibel, erfüllt dann unser Herz. »Und stellt euch nicht dieser Welt gleich, sondern ändert euch durch Erneuerung eures Sinnes« (Römer 12,2).

Wie kann ich mich Gott näher fühlen? Meine Freundin spricht fortwährend davon, wie nahe Gott ihr ist. Ich wünschte, bei mir wäre das auch so, aber das ist nicht der Fall. Gibt es einen besonderen Trick, Gott besser kennenzulernen, oder hofft man nur, daß das passiert?

Haben Sie sich schon einmal Gedanken darüber gemacht, was passiert, wenn sich zwischen zwei Menschen eine Freundschaft entwickelt? Zuerst werden Sie einander vorgestellt; Sie können nicht mit jemandem befreundet sein, den Sie gar nicht kennen. Dann müssen Sie Zeit miteinander verbringen und sich unterhalten. Ohne diese gemeinsam verbrachte Zeit kann eine Beziehung nicht wachsen.

So ist es auch in unserer Beziehung zu Gott. Gott liebt uns, und er möchte unser Freund sein — in einer viel intensiveren Beziehung, als das bei Menschen möglich ist. Haben Sie sich ihm schon »vorgestellt«, indem Sie sich an seinen Sohn Jesus Christus gewandt und ihn gebeten haben, in Ihr Leben zu kommen und Ihre Sünden wegzunehmen? Wenn nicht, dann öffnen Sie ihm jetzt Ihr Leben. Verbringen Sie viel Zeit mit Gott und sprechen Sie jeden Tag mit ihm. Sie können das durch die Bibel tun, die seine Botschaft an uns ist. Beten Sie zu ihm und danken Sie ihm für alles, was er für Sie tut. Vertrauen Sie ihm alle Ihre Sorgen und Nöte an. Jesus hat gesagt: »Euch aber habe ich gesagt, daß ihr meine Freunde seid; denn alles, was ich von meinem Vater gehört habe, habe ich euch kundgetan« (Johannes 15,15).

Nehmen Sie sich jeden Tag Zeit für Gott. Zu Anfang mögen das vielleicht nur wenige Minuten sein, doch je mehr Sie seine Liebe zu Ihnen verstehen und sein Nahesein, desto mehr wird Ihre Verbundenheit mit ihm wachsen. Sie werden verstehen lernen, daß Sie sich immer an ihn wenden können. Selbst, wenn Sie seine Gegenwart nicht spüren, dürfen Sie doch wissen, daß er da ist und versprochen hat: »Ich will dich nicht verlassen und nicht von dir weichen« (Hebräer 13,5).

Ich habe das Gefühl, daß wir irgendwo unterwegs den Anschluß verpaßt haben. Mein Mann und ich, wir sind mittleren Alters und waren, materiell gesehen, recht erfolgreich. Doch jedes unserer Kinder ist irgendwie in Schwierigkeiten (wie z.B. Drogen) gekommen. Wir sind völlig ausgebrannt. Was, glauben Sie, ist bei uns schiefgegangen?

Die Bibel gibt uns eine Formel an die Hand, wie wir unsere Kinder erziehen können, aber sie überläßt den Kindern auch die Entscheidung, ob sie Gott folgen wollen oder nicht. Aus Ihrem Brief entnehme ich, daß Sie vielleicht zu viel Wert auf das Materielle gelegt und Gottes Willen dabei hintenan gestellt haben.

Bitten Sie Gott um Vergebung dafür, daß Sie Ihren Kindern möglicherweise nicht die Eltern gewesen sind, die Sie hätten sein sollen. Sprechen Sie mit Ihren Kindern, und sagen Sie Ihnen, daß es Ihnen leid tut, materielle Werte an die erste Stelle gesetzt zu haben, und bitten Sie auch sie um Vergebung. Rechnen Sie nicht damit, daß alles sofort in Ordnung kommt, denn viele Wunden werden Zeit zum Heilen brauchen.

Lassen Sie Christus von nun an die Mitte Ihres Lebens und Ihrer Ehe sein. Wenn Sie Ihren Lebensstil ändern müssen, damit die Dinge mit Gott und Ihren Kindern wieder in Ordnung kommen, dann tun Sie es. In der Bibel heißt es: »Was nützte es dem Mensch, wenn er die ganze Welt gewönne und nähme doch Schaden an seiner Seele?«

Denken Sie daran, daß Gott nichts unmöglich ist, auch nicht Ihre und die Erlösung Ihrer Kinder.

Was genau ist eigentlich ein Atheist? Ist das jemand, der nicht genau weiß, ob Gott existiert? Wenn ja, dann glaube ich, daß ich einer bin, denn ich habe viele Zweifel und frage mich, ob wir wirklich etwas über Gott wissen können. Ich würde gerne wissen, daß Gott existiert, aber ich bin mir dessen eben nicht sicher.

Ich würde Sie eher als einen Agnostiker bezeichnen. Ein Atheist glaubt nicht an Gott; ein Agnostiker ist nicht sicher, ob Gott existiert oder nicht. Ein Agnostiker ist »jemand, der ohne Wissen ist«.

Aber auch Sie können mehr über Gott erfahren! Sie können nicht nur die Gewißheit bekommen, daß er tatsächlich existiert; Sie können ihn auch persönlich kennenlernen. Sehen Sie, Gott hat uns nicht im unklaren gelassen über seine Existenz, sondern — es ist ganz wichtig, daß Sie das verstehen — Gott hat sich uns offenbart. Er tat das in einer für uns ganz unbegreiflichen Weise, indem er nämlich selbst Mensch wurde. Wenn Sie wissen wollen, wer Gott ist, dann müssen Sie sich näher mit Jesus Christus beschäftigen; er war Gott in menschlicher Gestalt. »Er ist das Ebenbild des unsichtbaren Gottes ... Denn es hat Gott wohlgefallen, daß in ihm die Fülle wohnen sollte« (Kolosser 1,15.19). Durch seine Auferstehung von den Toten nach seinem Kreuzestod hat er bestätigt, daß er wirklich der Sohn Gottes ist.

Ich möchte Sie einladen, sich ohne Vorbehalte mit dem Jesus Christus zu beschäftigen, wie ihn uns die Bibel im Neuen Testament bezeugt. Sie werden dann erkennen, daß Gott Sie liebt und alles in seiner Macht stehende getan hat, die Kluft zwischen Gott und den Menschen zu überbrücken. Übergeben Sie Ihr Leben Christus, und erkennen Sie für sich selbst die Wahrheit des Verses: »Wie viele ihn aber aufnahmen, denen gab er Macht, Gottes Kinder zu werden, denen, die an seinen Namen glauben« (Johannes 1,12).

Ich kenne Prediger, die viel von Buße sprechen. Was genau ist damit gemeint? Ich weiß, daß in meinem Leben vieles nicht in Ordnung ist, doch wenn Gott mich erst lieb hat, wenn ich alles in Ordnung gebracht habe, dann, fürchte ich, habe ich keine Chance bei ihm.

Der Begriff »Buße tun« kommt im Neuen Testament sehr häufig vor; gemeint ist wörtlich: »eine Veränderung der Lebenseinstellung erleben«. Jesus sagt: »Ich bin gekommen, die Sünder zur Buße zu rufen und nicht die Gerechten« (Lukas 5,32).

Buße tun bedeutet also nichts anderes, als uns der Tatsache zu stellen, daß wir Sünder sind und unser Lebensstil in Gottes Augen falsch ist. Es bedeutet auch, daß wir gegenüber der Sünde eine neue Einstellung haben — wir lieben oder entschuldigen sie nicht mehr, sondern erkennen darin etwas, das Gott mißfällt. Wenn unsere Reue echt ist, dann werden wir uns von der Sünde abwenden, und mit Gottes Hilfe wird uns das auch gelingen. Buße bedeutet nicht nur, daß wir uns schuldig fühlen für unsere Sünden, sondern sie meint auch eine radikale Umkehr.

Doch die Buße ist nur eine Seite der Medaille, Vergebung die andere. Natürlich müssen wir unsere Sünden bereuen, doch das Wichtigste ist, daß Gott uns wirklich vergibt, wenn wir bereuen! Gott liebt uns und Christus starb am Kreuz für unsere Schuld. »Das Blut seines Sohnes, macht uns rein von aller Sünde« (1.Johannes 1,7). Wenn wir Christus annehmen, dann vergibt uns Gott unsere Schuld und macht uns zu seinen Kindern. Er nimmt uns so an, wie wir sind.

Sind Sie sich im klaren darüber, daß Sie Buße tun und an Christus glauben müssen? Lassen Sie sich nicht durch Ihren Stolz davon abhalten. Bekennen Sie Gott statt dessen, daß Sie ein Sünder sind, und daß es Ihnen leid tut, gegen ihn gesündigt zu haben. Bitten Sie Christus, als Herr und Heiland in Ihr Leben zu kommen.

Wissen Sie noch genau, wann Sie Christ geworden sind? Freunde von mir können den exakten Zeitpunkt nennen; ihrer Meinung nach sollte sich jeder daran erinnern können. Ich finde es seltsam, daß ich das nicht kann. Bedeutet das, daß ich kein richtiger Christ bin? Ich wuchs in einem christlichen Elternhaus auf, und ich habe schon immer gewußt, daß Gott mich liebt und ich Christus vertrauen kann.

Ich kann mich tatsächlich noch sehr gut an den Abend erinnern, an dem ich meine Entscheidung für Christus getroffen habe. Damals war ich siebzehn. Ein Evangelist hielt einige Evangelisationsabende in meiner Heimatstadt Charlotte ab. Nach einem kurzen inneren Kampf ging ich nach vorn und bekannte öffentlich, daß ich Christus mein Leben übergeben wollte.

Meine Frau dagegen hat eine solche Erfahrung nicht gehabt. Ihre Eltern waren Missionare in China und seit ihrer frühesten Kindheit wurde ihr von Christus erzählt, daß er uns liebt und für unsere Sünden gestorben ist. Sie machte wahrscheinlich eine ähnliche Erfahrung wie Sie und wie Timotheus, der junge Helfer von Paulus, gemacht hat: »Und daß du von Kind auf die heilige Schrift kennst, die dich unterweisen kann zur Seligkeit durch den Glauben an Christus Jesus« (2.Timotheus 3,15).

Jeder Mensch erlebt seine Bekehrung anders. Die Frage ist nicht, wann oder wie wir zu Christus gekommen sind, sondern es zählt nur die Tatsache, daß es geschehen ist. Wie tragisch ist es, daß viele Menschen mit einem religiösen Hintergrund aufwachsen, ihr ganzes Leben lang zur Kirche gehen und alles doch nur gewohnheitsmäßig tun. Sie wissen nicht genau, daß Christus sie errettet hat. Danken Sie Gott für Ihr christliches Elternhaus und Ihr Vertrauen auf Christus, der am Kreuz für Sie gestorben ist. Achten Sie darauf, daß Sie in Ihrer Beziehung zu ihm wachsen, indem Sie jeden Tag in seinem Wort lesen und zu ihm beten.

Vor einiger Zeit las ich eine Ihrer Antworten zu dem Thema »böse Gedanken«. Auch ich habe Probleme damit, und je mehr ich versuche, sie zu unterdrücken, desto stärker belastet es mich. Je mehr ich versuche, das Problem zu überwinden, desto größer wird es. Ich bin Christ und habe den Wunsch, Gott zu gefallen. Gibt es eine Lösung dieses Problems?

Wir können unsere Gedanken nicht immer kontrollieren. Dadurch, daß Sie verzweifelt versuchen, Ihre bösen Gedanken zu verbannen, halten Sie sie lebendig.

Wir können sie nicht durch unseren Willen und unsere Entschlossenheit überwinden. Vielmehr muß es gelingen, den Feind zu besiegen. Erst, wenn wir unsere Hilflosigkeit zugeben und Gott bitten, uns zu befreien, werden wir wirklich davon loskommen. Solange Sie versuchen, es aus eigener Kraft zu schaffen, müssen Sie scheitern. Lassen Sie sich von Gott dabei helfen.

Sie machen sich Sorgen über Ihre bösen Gedanken. Es ist gut, daß Sie sie als Sünde erkennen, denn wenn Sie anfangen, sie zu billigen, dann sind Sie in einem labilen geistlichen Zustand. Paulus schreibt: »Weiter, liebe Brüder: Was wahrhaftig ist, was ehrbar, was gerecht, was rein, was liebenswert, was einen guten Ruf hat, sei es eine Tugend, sei es ein Lob — darauf seid bedacht« (Philipper 4,8).

Ich habe gestern Abend gehört, wie Sie im Fernsehen über die Einsamkeit gesprochen haben. Das ist wahrscheinlich mein größtes Problem. Ich habe eine gute Stellung und eine schöne Wohnung, doch ich werde fast verrückt, wenn ich nach Hause in meine vier Wände komme. Bitte beten Sie für mich.

Ich glaube, die Einsamkeit ist heutzutage das schlimmste Problem unserer Nation. Vieles in unserer Gesellschaft, wie z.B. der schnelle Lebensrhythmus in unseren Städten, läßt die Menschen sehr einsam werden.

Zwei Dinge möchte ich Ihnen vor allem sagen. Erstens, wie schlimm Ihre Situation auch sein mag, Gott will immer bei Ihnen sein. Sie sind niemals vollkommen allein, wenn Sie Christus kennen. Die Bibel verspricht: »Denn der Herr hat gesagt: ›Ich will dich nicht verlassen und nicht von dir weichen‹« (Hebräer 13,5). Wo immer Sie auch sind oder was Sie auch tun, Gott ist da und Sie können sich glaubensvoll an ihn wenden. Ich bin überzeugt, daß der erste Schritt zur Lösung Ihres Problems die Hinwendung zu Christus sein muß. Bitten Sie ihn, in Ihr Leben zu kommen. Jesus steht an Ihrer Herzenstür und verspricht: »Wenn jemand meine Stimme hören wird und die Tür auftun, zu dem werde ich hineingehen und das Abendmahl mit ihm halten und er mit mir« (Offenbarung 3,20).

Zweitens, ich möchte Sie dringend bitten zu versuchen, Freundschaften mit anderen Menschen aufzubauen. Eine Gemeinde ist dafür der geeignete Ort — nicht nur im Gottesdienst am Sonntagmorgen, sondern vor allem bei den vielen anderen Veranstaltungen, die in einer Gemeinde angeboten werden. (Sie brauchen die Gemeinschaft mit anderen Christen für Ihre geistliche Entwicklung.) Bitten Sie Gott, Ihnen eine Gemeinde zu zeigen, wo Christus verkündigt wird und Sie Freunde finden können.

Ergreifen Sie die Initiative, auf andere zuzugehen. Möglicherweise gibt es in Ihrer Firma oder ihn Ihrem Haus noch andere, die auch einsam sind. Wahrscheinlich wird es Ihnen anfangs nicht leicht fallen, doch Sie können lernen, anderen ein Freund zu sein. Ein guter Weg ist vielleicht, jemandem zu helfen, der in Not ist.

Ich bin Unterhalter und arbeite nachts. Ich spüre, daß ich Gott brau-
che. Vor einiger Zeit habe ich angefangen zu trinken. Manchmal
habe ich den Eindruck, daß das Leben sinnlos und leer ist. Gibt es
Hilfe für mich?

Sie sind zu Recht besorgt über die Richtung, in die Ihr Leben verläuft. Ich möchte Sie dringend davor warnen, Trost im
Alkohol zu suchen. Der Alkohol trübt Ihre Sinne und macht
es Ihnen unmöglich, darüber nachzudenken oder zu verstehen, was Gott Ihnen sagen möchte.

Die Tatsache, daß Sie Hilfe suchen zeigt, daß Sie sich Gedanken über Ihre Zukunft machen. Das Leben ist ohne Christus tatsächlich leer und sinnlos. Gott möchte, daß wir eine
Beziehung zu ihm haben und nicht versuchen, unsere innere
Leere mit Erfolg, Ruhm, Geld, Wollust und allen möglichen
falschen Göttern auszufüllen, die uns nie befriedigen können.

In der Bibel heißt es: »Wer zu mir kommt, den werde ich
nicht hinausstoßen« (Johannes 6,37). Als erstes müssen Sie zu
Gott kommen. Bekennen Sie Ihm Ihre Schuld und nehmen
Sie Jesus Christus als Ihren Retter an. Überdenken Sie die Art
von »Unterhaltung«, die Sie bisher beruflich betrieben haben
und überlegen Sie, ob das Gottes Willen für Ihr Leben ist. Suchen Sie andere, die auch nach Gottes Willen leben wollen,
verbringen Sie viel Zeit mit ihnen und lesen Sie mit ihnen zusammen die Bibel.

10. Kann das Gebet wirklich etwas bewirken?

Sind Sie der Meinung, daß das Gebet den Verlauf bestimmter Dinge wirklich beeinflussen kann?

Jawohl, davon bin ich überzeugt. Die Bibel kann Ihre Frage beantworten: »Der Gerechten Gebet vermag viel, wenn es ernstlich ist« (Jakobus 5,16). Gott beantwortet jedes Gebet, nicht nur manchmal, sondern immer.

Vielleicht verstehen wir Gottes Antwort auf unser Gebet nicht immer. Manchmal erfüllt er unsere Bitte, manchmal nicht, und manchmal sagt er auch »jetzt noch nicht«. Doch eines unserer größten Privilegien als Gotteskinder ist der unmittelbare Zugang zu Gott. Im Gebet können wir direkt mit Gott sprechen. Das ist möglich, weil Christus uns durch seinen Tod am Kreuz mit Gott versöhnt hat. Wir waren von Gott getrennt, doch Christus nahm unsere Sünden auf sich, und wenn wir im Glauben zu ihm kommen, dann sind wir mit Gott vereint. »Da wir nun gerecht geworden sind durch den Glauben, haben wir Frieden mit Gott durch unseren Herrn Jesus Christus; durch ihn haben wir auch den Zugang im Glauben zu dieser Gnade, in der wir stehen« (Römer 5,1-2). Wir haben also Zugang zu Gott durch Jesus Christus.

Das bedeutet aber nicht, daß Gott uns alle Bitten, wie egoistisch sie auch sein mögen, automatisch erfüllt. Nein, wir sollten im Gebet Gottes Willen suchen, nicht den unsrigen. (Natürlich dürfen wir ihm unsere Sorgen und Nöte sagen, doch unser Wunsch muß sein, daß Gott nach seinem Willen handelt.) In der Bibel heißt es: »Das ist die Zuversicht, die wir haben zu Gott: Wenn wir um etwas bitten nach seinem Willen, so hört er uns. Und wenn wir wissen, daß er uns hört, worum wir auch bitten, so wissen wir, daß wir erhalten, was wir von ihm erbeten haben« (1.Johannes 5,14-15).

Nimmt das Gebet eine zentrale Stellung in Ihrem Leben ein? Beten Sie für Ihre eigenen und die Bedürfnisse anderer? Loben Sie Gott im Gebet und bitten Sie ihn um seine Führung in Ihrem Leben? »Seid beharrlich im Gebet und wacht in ihm mit Danksagung« (Kolosser 4,2). Denken Sie daran, daß auch Christus viel gebetet hat, und wenn er, der sündlose Sohn Gottes, schon betete, wieviel mehr sollten wir lernen, »zu beten ohne Unterlaß« (1.Thessalonicher 5,17).

Was meinen die Leute damit, wenn Sie ein Gebet mit »in Jesu Namen« beschließen? Ich habe das nie richtig verstanden.

Um das richtig zu verstehen, müssen Sie etwas über die Bedeutung und Wichtigkeit des Namens in der früheren Welt erfahren.

Zur Zeit Jesu spielte der Name einer Person eine große Rolle. (Zur Zeit des Alten Testamentes übrigens auch.) Denn der Name faßte den Charakter oder das Wesen eines Menschen zusammen. Man kann fast sagen, daß der Name ein Bild seiner Persönlichkeit war. Er war nicht nur ein Wort — er hatte eine Bedeutung. (Diese Idee ist heute verloren gegangen; früher war das auch im Englischen so.)

Ich möchte mit einem Beispiel aus dem Alten Testament erklären, was ich meine. Einmal hatte David Schwierigkeiten mit einem Mann namens Nabal. »Nabal« bedeutet in der hebräischen Sprache soviel wie »Narr«, und genau das war dieser Mann. Er wollte David nicht helfen, obwohl David ihm geholfen hatte. Nabals Frau bat David, ihrem Mann nichts zu tun, obwohl dieser David so schlecht behandelt hatte. Sie sagte: »Mein Herr errege sich nicht über Nabal, diesen heillosen Menschen; denn wie sein Name, so ist er: er heißt 'Tor', und Torheit ist bei ihm« (1.Samuel 25,25). Sein Name, der Tor, charakterisierte den ganzen Mann.

Und jetzt denken Sie an den Namen Jesu. »Jesus« bedeutet

im Hebräischen »der Herr rettet«. Der Engel sagte zu Joseph: »... dem sollst du den Namen Jesus geben, denn er wird sein Volk retten von ihren Sünden« (Matthäus 1,21).

Daher erinnern wir uns, wenn wir »im Namen Jesu« bitten, wer er ist, und was er für uns durch seinen Tod und seine Auferstehung getan hat. Wir erinnern uns daran, daß er erst unser Gebet möglich gemacht hat, weil er uns mit Gott versöhnt hat und unser Mittler geworden ist. So, wie wir sind, können wir nicht zu Gott kommen, denn wir sind Sünder. Doch Christus hat unsere Sünden weggenommen und die Vergebung möglich gemacht. Wenn wir im Namen Jesu beten, was wir tun sollten, dann erkennen wir damit an, daß wir Christus brauchen und mit unseren Gebeten seine Ehre und seinen Willen suchen wollen.

Halten Sie es für möglich, daß Gott böse auf uns wird, weil wir zu oft für unsere eigenen Belange beten? Ich möchte ihn nicht zu sehr mit unseren Problemen belästigen.

Nein, in der Bibel heißt es ja, daß wir um alles und beständig beten sollen. Gott antwortet nicht immer so, wie oder wann wir das gerne hätten. (Dafür sollten wir dankbar sein, denn Gott weiß viel besser, was gut für uns ist!) In der Bibel steht: »Betet ohne Unterlaß« (1.Thessalonicher 5,17). Jesus selbst erzählt das Gleichnis von der Witwe, die einem Richter beständig mit ihrem Fall in den Ohren lag. Sie erreichte schließlich, daß er ihren Willen tat. (Sie können das in Lukas 18,1-8 nachlesen.) Jesus wollte uns damit ermutigen, häufig zu beten.

Ich möchte noch zwei Dinge, sozusagen als Fußnote, anmerken. Erstens, versuchen Sie nicht, um etwas zu bitten, das er Ihnen schon verweigert hat. Mit anderen Worten, es ist möglich, daß ein Gebet mit »nein« beantwortet wird. Sind wir bereit, Gottes Willen zu akzeptieren? Es ist gut möglich, daß

Gott uns eine Bitte verwehrt, oder daß er uns auf etwas lange warten läßt. Unser Bestreben sollte vor allem sein, daß Gottes Wille erfüllt wird, selbst, wenn das unserem eigenen Wunsch entgegensteht. Wir sollten seine Antwort dann akzeptieren.

Zweitens, denken Sie daran, daß wir manchmal nicht nur beten, sondern auch handeln sollen. Bei einer Gelegenheit z.B. sagte Jesus seinen Jüngern: »Darum bittet den Herrn der Ernte, daß er Arbeiter in seine Ernte sende«. In den nächsten Versen lesen wir, daß die Jünger selbst ausgesandt wurden, um Gottes Werk zu tun. Sie waren selbst die Antwort auf ihre eigenen Gebete (siehe Matthäus 9,38; 10,1.)! Das Gebet ist eines der Vorrechte des Gotteskindes. Es ist möglich geworden, weil Christus uns den Weg zum Vater geebnet hat. Gott liebt Sie und möchte, daß der folgende Vers in Ihrem Leben Wahrheit wird: »Sorgt euch um nichts, sondern in allen Dingen laßt eure Bitten in Gebet und Flehen mit Danksagung vor Gott kundwerden« (Philipper 4,6).

Mein Freund sagt mir immer, daß sich meine Probleme in Luft auf-lösen würden, wenn ich nur beten und in der Bibel lesen würde. Ich bin mir nicht so sicher, daß das so einfach ist. Denken Sie auch wie mein Freund?

Nein, die Bibel verspricht keineswegs, daß alle unsere Probleme verschwinden, wenn wir uns Jesus Christus zuwenden. Wir sollen Christus annehmen, weil er »der Weg und die Wahrheit und das Leben« ist (Johannes 14,6), und nicht, weil wir hoffen, daß wir damit allen unseren Schwierigkeiten entkommen können. Sicherlich lösen sich einige unserer Probleme von selbst, wenn wir zu Christus kommen. Wir brauchen z.B. unsere Schuld nicht länger mit uns herumzutragen, wenn wir begreifen, was Christus am Kreuz für uns getan hat. Doch es kann auch durchaus sein, daß sich neue Konflikte ergeben, wenn wir versuchen, Christus treu zu sein.

Sehen Sie sich den Apostel Paulus an, der treu in der Nachfolge Jesu stand. Sein Leben war gekennzeichnet von Schwierigkeiten und widrigen Umständen. (Sie können einiges davon in 2.Korinther 11,23-33 nachlesen.)

Sicher werden Sie sich neuen Problemen ausgesetzt sehen, wenn Sie Jesus nachfolgen. Er will Ihnen aber mitten in Ihren Schwierigkeiten die Kraft geben, die Sie brauchen, und er kann Ihnen auch die nötige Weisheit geben. Gott schenkt Ihnen neue Hoffnung, weil Sie durch ihn wissen dürfen, daß mit dem Tod nicht alles zu Ende ist. Eines Tages werden wir bei Christus im Himmel sein, wo »Gott wird abwischen alle Tränen von ihren Augen, und der Tod wird nicht mehr sein, noch Leid noch Geschrei noch Schmerz wird mehr sein« (Offenbarung 21,4).

In gewisser Weise hat Ihr Freund recht. Wenn Sie Ihr Leben Christus übergeben, wird Gott nicht automatisch alle Probleme beseitigen, doch durch das Gebet und das tägliche Bibellesen (und im Vertrauen auf seine Verheißungen) werden Sie Christus näherkommen und den »Frieden Gottes, der höher ist als alle Vernunft« (Philipper 4,7) kennenlernen, wie schwierig Ihre Lebenssituation auch sein mag.

Seit Monaten bete ich schon, daß Gott mich verändern und einen besseren Menschen aus mir machen soll. Aber nichts geschieht. Was, denken Sie, mache ich falsch?

Ich kann nicht umhin, mich zu fragen, ob Sie erwarten, daß Gott auf wundersame Weise in Ihr Leben eingreift und Sie von heute auf morgen radikal verändert. Das ist nicht Gottes Art. Es hat einige Zeit gedauert, bis Sie zu dem wurden, was Sie sind. Es wird auch eine Weile dauern, bis Gott Sie ganz verändert hat.

Gott erwartet von uns, daß wir mithelfen und selbst an uns arbeiten. Ich kenne Ihre besonderen Probleme nicht. Sagen wir einmal, Sie könnten Ihre Zunge nicht im Zaum halten. Vielleicht verletzen Sie andere durch Ihr Verhalten oder reden schlecht über sie. Wie, denken Sie, würde Gott das ändern wollen?

Zuerst müßten Sie erkennen, wie verletzend eine spitze Zunge sein kann, und wieviel Unheil Sie damit anrichten können. »Auch die Zunge ist ein Feuer, eine Welt voll Ungerechtigkeit. So ist die Zunge unter unsern Gliedern: sie befleckt den ganzen Leib und zündet die ganze Welt an und ist selbst von der Hölle entzündet« (Jakobus 3,6).

Sie können Gott dieses Problem übergeben. Er möchte, daß Sie Ihre Sünden bereuen und seine Kraft in Anspruch nehmen, um dagegen anzukämpfen. »Buße« bedeutet, sich bewußt von seiner Sünde abzuwenden und dagegen anzukämpfen. Das heißt, Sie vermeiden Situationen, wo Sie wahrscheinlich in Versuchung kommen zu versagen. Das erfordert Selbstdisziplin. Es bedeutet auch, daß Sie versuchen sollten, Ihre Zunge zum Lob Gottes einzusetzen. Gott hat Ihnen die Bibel gegeben; Sie sollten jeden Tag darin lesen und das Gelesene auf Ihr Leben anwenden.

Wie kann ich Gott näherkommen? Wenn ich bete, habe ich oft das Gefühl, daß ich gegen eine Mauer spreche; und obwohl schon unzählige Gebete erhört worden sind, habe ich oft den Eindruck, als würden meine Gebete im Nichts versinken. Können Sie mir vielleicht helfen?

Ich fürchte, Sie haben eine falsche Vorstellung von Gott. Sie schreiben, daß schon unzählige Gebete erhört wurden. Das ist doch wunderbar. Gott beantwortet alle Ihre Gebete, aber nicht immer so, wie Sie es sich wünschen. Manchmal kann er eine Bitte nicht erfüllen.

Unsere Erwartung an das Gebet darf nicht sein, daß wir Gott benutzen wollen, vielmehr soll es uns zubereiten, daß Gott uns gebrauchen kann.

Ich beobachtete einmal, wie die United States, ein großer Dampfer, im Hafen anlegte. Zuerst wurden den Männern an der Pier die Taue zugeworfen. Im Innern des Schiffes arbeiteten die großen Motoren; sie zogen es an den dicken Tauen an die Pier heran. Nicht die Pier wurde zum Schiff gezogen, sondern das Schiff bis ganz dicht an die Pier.

Das Gebet ist das Tau, das Gott und Mensch miteinander verbindet. Doch es zieht Gott nicht zu uns herunter, sondern uns zu ihm hinauf. Wir müssen lernen, mit Christus zu sagen: »Doch nicht mein, sondern dein Wille geschehe« (Lukas 22,42).

Ist es immer nötig, lange Gebete zu sprechen, um sein geistliches Image zu erhalten?

Die Länge des Gebetes ist nicht entscheidend. Gott läßt sich weder von der Länge eines Gebetes noch von seiner Eindringlichkeit beeindrucken. Ich bin sicher, daß vor Gott nur die Ernsthaftigkeit zählt. Jesus sagt: »Und wenn ihr betet, sollt ihr nicht plappern wie die Heiden; denn sie meinen, sie werden erhört, wenn sie viele Worte machen« (Matthäus 6,7). Das kurze, ernsthafte Gebet im Namen Jesu wird viel mehr bewirken, als eine halbe Million halbherzig dahingeplapperter Worte. Beten Sie in einer Erwartungshaltung. Gott spürt genau, wenn Sie gar nicht mit der Erhörung Ihres Gebetes rechnen.

Es ist interessant, daß Jesus oft die ganze Nacht hindurch gebetet hat, doch in der Öffentlichkeit waren seine Gebete kurz.

Welche Bedeutung hat das Knien während des Betens? Ist es nur ein Ausdruck der Demut oder werden die Gebete dann eher erhört?

Nicht die Haltung des Körpers sondern des Herzens ist entscheidend. Die Bibel erwähnt die verschiedensten Gebetshaltungen: beugen, auf sein Angesicht fallen, stehen, sitzen und gehen. Doch entscheidend ist nur die innere Einstellung. Wenn das Herz Gott zugewandt ist, dann kann man in jeder äußeren Haltung beten.

Jesus betete im Sitzen, Stehen, Knien, auch auf dem Bauch liegend. Mose fiel oft auf sein Angesicht zum Beten. Daniel kniete. Die Jünger saßen in einem Raum, als der heilige Geist über sie kam. Ahab betete mit dem Kopf zwischen seinen Knien.

Zeitweise bete ich kniend. Aber manchmal auch im Sitzen oder Stehen. Ich glaube nicht, daß es eine Position gibt, die am besten geeignet ist. Gott sieht nicht das Äußere, sondern das Herz.

Mein Problem ist, daß ich mich beim Beten nicht konzentrieren kann. Sonst leide ich nicht unter Konzentrationsschwierigkeiten. Stimmt etwas nicht mit mir?

Es muß nicht sein, daß etwas mit Ihnen nicht in Ordnung ist. Die Jünger im Garten Gethsemane hatten dasselbe Problem. Sie schliefen ein, als sie »wachen und beten« sollten. Beten ist schon schwierig. Sogar in der Bibel heißt es, daß wir nicht beten können, wie wir sollten.

Jemand sagte einmal: »Der Satan zittert, wenn er den schwächsten Heiligen auf den Knien sieht.« Wenn wir einmal in den Himmel kommen, dann fragen wir uns sicher, warum wir so wenig gebetet haben. Ein Gebet kann Berge versetzen. Daher wird der Satan alles in seiner Macht stehende tun, um Sie abzulenken. Sie werden in einem Gebet niemals vollkommen konzentriert sein können, doch Sie können Ihre Konzentration erhöhen, indem Sie Psalmen zitieren und sich Gebetshilfen schaffen. Denken Sie auch daran, daß das Gebet eine Unterhaltung sein sollte. Hören Sie auch auf die Stimme Gottes. Die meisten von uns reden zu viel im Gebet. Gott hat uns in bezug auf das Gebet Hilfe versprochen: »Desgleichen hilft auch der Geist unserer Schwachheit auf. Denn wir wissen nicht, was wir beten sollen, wie sich's gebührt; sondern der Geist selbst vertritt uns mit unaussprechlichem Seufzen« (Römer 8,26). Lassen Sie sich nicht entmutigen. Beten Sie weiter.

Ich habe eine Menge Probleme, die ich gern gelöst sähe. Stimmt es wirklich, daß, wenn man nur genug Glauben hat, alle Gebete beantwortet werden? Kann ich diese Art von Glauben bekommen?

Christsein bedeutet nicht, ohne Schwierigkeiten zu leben. Jesus war »der Allerverachtetste und Unwerteste, voller Schmerzen und Krankheit« (Jesaja 53,3). Der Apostel Paulus wurde häufig mit Problemen und Schwierigkeiten konfrontiert.

Doch Gott hat versprochen, inmitten unserer Schwierigkeiten bei uns zu sein, uns zu helfen und uns Kraft zu geben. Vielleicht gibt er uns eine Idee, wie wir mit einer bestimmten Situation umgehen können, vielleicht aber auch neuen Mut und Kraft. »Fürchte dich nicht, denn ich habe dich erlöst; ich habe dich bei deinem Namen gerufen; du bist mein. Wenn du durch Wasser gehst, will ich bei dir sein, daß dich die Ströme nicht ersäufen sollen ... So fürchte dich nun nicht, denn ich bin bei dir« (Jesaja 43,1-2.5).

Er hat uns versprochen, uns inmitten der Stürme des Lebens Frieden zu geben. Wenn wir unsere Zukunft in seine Hände legen, dann wissen wir, daß wir uns keine Sorgen zu machen brauchen. »Sorgt euch um nichts, sondern in allen Dingen laßt eure Bitten in Gebet und Flehen mit Danksagung vor Gott kundwerden! Und der Friede Gottes, der höher ist als alle Vernunft, bewahre eure Herzen und Sinne in Christus Jesus« (Philipper 4,6-7). Gott hört unser Gebet, und wir können ihm vertrauen, daß er es auf die richtige Art beantwortet.

Gott gibt uns auch Hoffnung für die Zukunft. Selbst, wenn wir mit vielen Problemen zu kämpfen haben, dürfen wir wissen, daß eine wunderbare Zukunft im Himmel auf alle die wartet, die Christus kennen. Dort wird es keine Schmerzen und keine Probleme mehr geben. Wir werden für immer bei Christus sein.

Ich weiß, daß Sie die Leute immer ermutigen, jeden Tag in der Bibel zu lesen und zu beten, doch irgendwie klappt das bei mir nicht. Warum sind Sie der Meinung, daß das so wichtig ist? Ich gehe mehrmals in der Woche in die Gemeinde, und ich habe das Gefühl, daß ich Gott durch die Bibelstunden dort wirklich näher komme.

Es ist gut, wenn Sie durch die Bibelstunden in Ihrer Gemeinde geistlich wachsen. Doch Gott möchte Sie jeden Tag segnen, wenn Sie persönlich seine Nähe suchen. Das muß nicht lange sein, doch jeder von uns profitiert von der Zeit, die er allein mit Gott verbringt. Ich möchte Ihnen vier Empfehlungen geben, die Ihnen vielleicht helfen können, einen Rhythmus zu finden.

Erstens, nehmen Sie es sich vor. Viele Menschen nehmen sich keine Zeit fürs Bibellesen und Beten, noch nicht einmal ein paar Minuten, weil sie die Bedeutung dieser persönlichen Stille mit Gott nicht erkannt haben. In dieser Zeit werden Sie geistliche Stärkung finden. Sie können für andere beten und ihnen damit helfen. Außerdem ist es Gottes Wunsch, Gemeinschaft mit uns zu haben.

Zweitens, legen Sie eine bestimmte Zeit für die Andacht fest. Ich habe gemerkt, daß sonst viel zu viele Dinge dazwischen kommen. Wenn uns etwas wirklich wichtig ist, finden wir dafür auch die Zeit. Suchen Sie sich einen ruhigen Augenblick, vielleicht zu Anfang nur wenige Minuten. Versuchen Sie, diese Zeit unter allen Umständen einzuhalten.

Drittens, gehen Sie systematisch vor. Beten Sie einige Minuten, danken Sie Gott für seine Segnungen, bringen Sie ihm Ihre Sorgen und Nöte, beten Sie für andere. Für viele ist es hilfreich, sich eine Gebetsliste anzulegen. Lesen Sie dann in der Bibel. Sie brauchen keinen langen Abschnitt zu lesen — oft ist es besser, nur einige Verse zu lesen und zu versuchen, sie zu verstehen. Lesen Sie systematisch in einem Buch der Bibel.

Viertens, wenden Sie an, was Sie verstanden haben. Überlegen Sie, was diese Verse über Gott aussagen oder darüber, wie wir leben sollen. Was sollte sich in meinem Leben aufgrund der gelesenen Verse ändern?

Jawohl, es ist wichtig, jeden Tag mit Gott zu sprechen und ihn durch sein Wort zu uns sprechen zu lassen.

11. Ich möchte Gottes Willen
kennenlernen

Ich bin noch nicht lange Christ und möchte Gottes Willen kennenlernen. Wie ist das möglich?

Gott offenbart seinen Willen auf mancherlei Weise. Nur, wenn wir unseren Geist und unsere Herzen ihm übergeben haben, können wir seine Stimme hören. Gott spricht zu uns durch den heiligen Geist, manchmal während wir beten. Ich kenne einen Mann, der vor einem schwierigen Problem stand. Er war ein ernster Christ und betete für ein wichtiges Anliegen. Während er noch betete, hatte er eine ganz klare Vorstellung von der Lösung des Problems, so klar, daß er von seinen Knien aufstand und sie niederschrieb. Später am Tag, als dieses Problem in einer Konferenz diskutiert wurde, las er vor, was er während seiner Andacht aufgeschrieben hatte. Die ganze Gruppe, die vorher zerrissen war, nahm diese Lösung einstimmig an. So wurde ein Streitpunkt, der Christen schon monatelang gespalten hatte, in vollkommener Harmonie beseitigt.

Manchmal führt Gott die Menschen durch Worte oder Taten anderer. Manchmal führt er uns auch ganz direkt, wenn wir darum beten oder in der Bibel lesen. Und bei anderer Gelegenheit kommt eine Gruppe zu der Überzeugung, wie ein Einzelner handeln sollte. Wichtig ist, daß wir bereit sind, Gottes Willen zu tun. Gott wird ihn uns dann auf die verschiedenste Weise klarmachen. Viele Christen haben schon erfahren, daß die Worte des Propheten Jesaja wahr sind: »Deine Ohren werden hinter dir das Wort hören: 'Dies ist der Weg; den geht! Sonst weder zur Rechten noch zur Linken'« (Jesaja 30,21). Ein anderes Versprechen finden wir in Sprüche 3,5-6: »Verlaß dich auf den Herrn von ganzem Herzen, und verlaß dich nicht auf deinen Verstand, sondern gedenke an ihn in allen deinen Wegen, so wird er dich recht führen«.

Ich mag keine betrunkenen Leute; bin aber der Meinung, daß ein bißchen Trinken in Gesellschaft nicht schaden kann. Sehen Sie das auch so?

Alkohol ist schädlich. Ein Glas führt zum zweiten, das zweite zum dritten und so geht das immer weiter. In jeder Stadt bittet mich jemand, für einen Ehemann, eine Ehefrau oder einen Sohn zu beten, der angefangen hat, in Gesellschaft ein Gläschen zu trinken und nun zum Alkoholiker geworden ist. Heute noch sind Sie der Meinung, daß Sie sich vollkommen unter Kontrolle haben. Wenn aber das Trinken zur Gewohnheit wird, dann greifen Sie erst recht zur Flasche, wenn Probleme oder Enttäuschungen auf Sie zukommen.

Sie tragen auch die Verantwortung für das Wohlergehen Ihres Nachbarn. Vielleicht bringt Ihr Vorbild ihn in ein Fahrwasser, aus dem er nicht wieder herauskommt. Wenn Sie ihn zu etwas ermutigen, aus dem er sich nicht mehr befreien kann, dann laden Sie Schuld auf sich. Und vergessen Sie nicht, daß bei etwa der Hälfte aller Verkehrsunfälle Alkohol im Spiel ist. Ein Mann, der auf der Straße einen Mord begeht, weil sein Reaktionsvermögen durch Alkohol beeinträchtigt war, oder weil er nicht gesehen hat, wohin er gefahren ist, ist in Gottes Augen schuldig.

Unser Körper ist der Tempel unserer Seele. Wir dürfen ihn nicht ruinieren; das widerspricht Gottes Willen. In der Bibel heißt es: »Ob ihr nun eßt oder trinkt oder was ihr auch tut, das tut alles zu Gottes Ehre« (1.Korinther 10,31). Dieses Gebot sollte kein Christ mißachten.

Meine Frau und ich sind verschiedener Meinung; mich interessiert, welchen Standpunkt Sie vertreten. Meine Frau glaubt, es sei schädlich, sich Filme anzusehen, in denen viel Gewalt und Sex gezeigt wird. Ich dagegen glaube nicht, daß diese Filme wirklich einen Einfluß auf die Menschen ausüben;, es sind doch nur erdachte Geschichten.

Tatsächlich beruhen Filme meist nicht auf Tatsachen. Gleichwohl regen sie aber unsere Phantasie an oder wecken Wünsche in uns. Wir müssen darum aufpassen, was wir auf uns einwirken lassen.

Die Bibel sagt ganz deutlich, daß das, worüber wir nachdenken, einen starken Einfluß auf unser Leben hat. Darum fordert die Bibel uns auf, unsere Gedanken von Dingen abzuwenden, die uns negativ beeinflussen könnten. »Trachtet nach dem, was droben ist, nicht nach dem, was auf Erden ist. ... So tötet nun die Glieder, die auf Erden sind, Unzucht, Unreinheit, schändliche Leidenschaft, böse Begierde und die Habsucht, die Götzendienst ist« (Kolosser 3,2.5). Gott möchte, daß wir reinen Herzens sind und uns von ihm führen lassen.

Haben Sie sich jemals gefragt, ob Sie die Prioritäten in Ihrem Leben richtig gesetzt haben? Möchten Sie wirklich wissen, was der Wille Gottes für Ihr Leben ist, oder versuchen Sie, ihn auf Distanz zu halten, damit Sie Ihr Leben ohne ihn führen können? Gott hat Sie geschaffen und er hat seinen einzigen Sohn am Kreuz für Sie sterben lassen, damit Ihre Sünden vergeben werden und Sie für immer sein Kind sein können. Haben Sie jemals Ihr Leben Christus übergeben und ihn als Ihren Herrn und Heiland angenommen? Lassen Sie ihn in jedem Bereich Ihres Lebens Herr sein — auch über Ihre Zeit, Ihre Phantasie und Ihre Ehe.

Fragen Sie nach Gottes Willen in Bezug auf Ihre Freizeitgestaltung. Natürlich brauchen wir alle Entspannung, doch in dieser Zeit sollten wir uns seelisch und körperlich erholen. Denken Sie an das Gebot der Bibel: »Und stellt euch nicht dieser Welt gleich, sondern ändert euch durch Erneuerung eures Sinnes, damit ihr prüfen könnt, was Gottes Wille ist« (Römer 12,2).

Es sieht so aus, als würde es sich lohnen, Gottes Willen zu tun. Ich würde das so gern tun, doch ich weiß nicht, was sein Wille für mein Leben ist.

Ich bin dankbar dafür, daß Sie erkennen, wie lohnend es ist, Gottes Willen zu tun. Es wäre tragisch, wenn wir auf unser Leben zurückblicken und erkennen müßten, daß wir nichts getan haben, das wirklich Ewigkeitswert hat. Wenn wir von Herzen den Willen Gottes erfahren möchten, dann wird er ihn uns auch offenbaren.

Gott hat seinen Willen in der Bibel niedergeschrieben. Das bedeutet zwar nicht, daß die Bibel uns für jeden Tag präzise und detaillierte Anweisungen gibt, aber sie vermittelt uns etwas sehr Wichtiges: nämlich Orientierungshilfen für unser Leben. Jeden Tag werden Sie in vielen Situationen Gottes Willen erfahren, weil Sie sein Wort kennen.

Vielleicht kennen Sie jemanden (einen Nachbarn oder Verwandten), der in Not ist, weil er ein besonderes Problem hat.

Gott möchte, daß Sie diesem Menschen helfen; in seinem Wort heißt es: »Du sollst deinen Nächsten lieben wie dich selbst« (Matthäus 22,39). Wir sollen unsere Liebe zu anderen auch durch unsere Taten sichtbar machen. »Wenn aber jemand dieser Welt Güter hat und sieht seinen Bruder darben und schließt sein Herz vor ihm zu, wie bleibt dann die Liebe Gottes in ihm? Meine Kinder, laßt uns nicht lieben mit Worten noch mir der Zunge, sondern mit der Tat und mit der Wahrheit« (1.Johannes 3,17-18).

Ich würde Ihnen gern noch viele andere Beispiele nennen, doch wichtig ist allein, daß Sie Ihr Leben von Gottes Wort durchdringen lassen. Jemand sagte einmal, daß wir Gottes Willen nicht erkennen können, wenn wir sein Wort nicht kennen. Das stimmt. Wenn wir offen sind für seinen Willen, dann wird er uns auch mit der Hilfe des heiligen Geistes durch Schwierigkeiten hindurchführen. Und diese Führung wird niemals im Widerspruch zu seinem Wort stehen.

In den wissenschaftlichen Schulfächern werden alle lebenden Wesen als Tiere bezeichnet. Sind auch die Menschen »Tiere«? Ordnet Gott den Menschen nicht ganz anders ein?

Biologisch gesehen ist der Mensch einem Tier vergleichbar. Menschen und Tiere können nicht — wie die Pflanzen — ihre Nahrung durch Fotosynthese herstellen. Doch der Mensch ist mehr als ein Tier. Er hat drei Attribute, die Tiere nicht haben: den Verstand, ein Gewissen und einen eigenen Willen. Tiere verhalten sich instinktiv, nicht intelligent, deshalb haben sie auch kein Gewissen. Wenn ein Hund einen Menschen gebissen hat, fühlt er nicht mehr Reue als nach einem Biß in einen Knochen. Ein Tier hat keinen Willen, es handelt instinktiv, einem inneren Drang folgend.

Der Mensch ist anders als das Tier, er ist im Bilde Gottes geschaffen und mit den drei eben genannten Kennzeichen ausgestattet. Der erste Mensch, Adam, gebrauchte alle drei. Er überlegte, ob sein eigenes Urteil nicht genauso gut sei wie Gottes Urteil und aß dann von der verbotenen Frucht. Hier kam der Wille des Menschen ins Spiel, denn er hätte sich auch anders entscheiden können. Nachdem er Gottes Gebot gebrochen hatte, bekam er Gewissensbisse und versteckte sich im Garten. Es ist schon seltsam, daß der Mensch genau dieses Verhaltensmuster über die Jahrhunderte hinweg beibehalten hat. Diese von Gott gegebenen Attribute bestimmen Leben und Tod, Glück und Trauer, Frieden und Unfrieden. Wenn er die Macht, die Gott ihm gegeben hat, mißbraucht, dann ist er die elendeste von allen Kreaturen. Doch wenn er sie richtig einsetzt, dann kann er diese Welt zum Paradies machen.

Welche christliche Eigenschaft kann mich zum besseren Christen und zu einem Zeugen für Christus machen?

Die größte christliche Eigenschaft ist die Liebe. Nicht das sentimentale Gefühl, das heutzutage oft Liebe genannt wird, sondern die echte Sorge um das Wohlergehen anderer, die uns treibt, Hilfe zu geben, wo sie gebraucht wird; mitzuleiden, wo Mitleid nötig ist; freundlich und nicht kritisch über andere zu reden; Menschen für Christus gewinnen zu wollen, die ihn noch nicht kennen.

Die Liebe ist die Basis für alles, was von Gott kommt, denn Gott ist Liebe. Aus Liebe hat er seinen Sohn in diese Welt gesandt, damit er für unsere Sünden stürbe. Die Liebe wird von dem Apostel Paulus an die erste Stelle der Geistesgaben gesetzt (Galater 5,22). Liebe sollte unsere Haltung Gott und den Menschen gegenüber kennzeichnen, wenn wir sein Gesetz erfüllen wollen. In Matthäus 22,37-38 lesen wir: »Du sollst den Herrn, deinen Gott lieben von ganzem Herzen, von ganzer Seele und von ganzem Gemüt. Dies ist das erste und höchste Gebot«. Danach sagt Christus uns: »In diesen beiden Geboten hängt das ganze Gesetz und die Propheten«. Gottes Liebe sollte uns drängen. In der Bibel heißt es: »Darin besteht die Liebe: nicht, daß wir Gott geliebt haben, sondern daß er uns geliebt hat und gesandt seinen Sohn zur Versöhnung für unsere Sünden« (1.Johannes 4,10). Wenn Sie Liebe für andere empfinden, dann werden Sie ein fruchtbares Zeugnis für Christus sein.

Wie ist Ihre Position in Bezug auf den Zehnten? Ich bin sicher, daß ich nicht allein mit dieser Frage stehe. Soll man den Zehnten vom Bruttoeinkommen geben oder von dem, was nach Abzug der Fixkosten übrigbleibt?

Ich kann Ihnen nur meine ganz persönliche Meinung zu diesem Thema schreiben. Wenn ich erst alle Kosten von meinem Einkommen abziehen würde, dann bliebe nichts für Gott übrig. Mit Einkommen ist das gemeint, »was hereinkommt«. Wenn wir nun den Zehnten unseres Einkommens abgeben wollen, dann müssen wir das Bruttoeinkommen zu Grunde legen.

Das Problem dabei ist, daß wir viel zu oft dabei vergessen, wie viel wir für Gott tun können. Sogar die Regierung erkennt Spenden als eine Bürgerpflicht an und ermöglicht, daß man sie von den Steuern abzieht. Viele Menschen haben mir erzählt, daß sie mit neun Zehnteln ihres Einkommens mit Gottes Segen viel weiter gekommen sind, als mit dem vollen Einkommen ohne Gottes Segen. Auch meine Frau und ich haben das erfahren. Hat Gott nicht gesagt: »Bringt aber die Zehnten in voller Höhe in mein Vorratshaus, … und prüft mich hiermit, spricht der Herr Zebaoth, ob ich euch dann nicht des Himmels Fenster auftun werde und Segen herabschütten die Fülle« (Maleachi 3,10).

Ich mache mir Sorgen über die Einstellung meiner Kinder zu Geld und Besitz. In unserer Generation wurden wir gelehrt, hart zu arbeiten und zu sparen. Ich erinnere mich noch an die große Wirtschaftskrise. Doch unsere Kinder wollen so viel wie möglich haben und verschulden sich hoch. Das macht uns Sorge. Ich vermute, das ist nicht gerade ein geistliches Problem, doch ich würde gern Ihre Meinung dazu hören.

Unsere Einstellung zum Geld ist oft ein Spiegel dafür, wo wir im Leben unsere Prioritäten setzen. Deshalb ist das schon ein geistliches Problem.

Jesus sagte in der Bergpredigt: »Ihr sollt euch nicht Schätze sammeln auf Erden, wo sie die Motten und der Rost fressen und wo die Diebe einbrechen und stehlen. Sammelt euch aber Schätze im Himmel, wo sie weder Motten noch Rost fressen, und wo die Diebe nicht einbrechen und stehlen. Denn wo dein Schatz ist, da ist auch dein Herz« (Matthäus 6,19-21). Damit wollte Jesus keinesfalls sagen, daß wir nicht hart arbeiten oder sparen sollten. Im Gegenteil, die Bibel lobt so etwas wie ehrliche Arbeit und Sparsamkeit und warnt uns vor den Gefahren der Schulden. Jesus wollte uns nur daran erinnern, daß Geld und materielle Werte leicht die Stelle Gottes in unserem Leben einnehmen können. Wir suchen zu leicht unsere Sicherheit in unserem Bankkonto und hören auf, Gott zu vertrauen.

Die Bibel lehrt uns, daß wir unser Geld nicht nur für uns einsetzen, sondern anderen damit helfen sollen. Wie haben Ihre Kinder Ihre Einstellung zum Geld erlebt? Haben Sie den Zehnten gegeben? Sind Sie sparsam, oder gehen Sie sogar geizig mit dem Geld um, das Gott Ihnen anvertraut hat? Obwohl Ihre Kinder selbst verantwortlich sind für den Umgang mit ihrem Geld, können Sie ihnen vielleicht doch mit einem guten Vorbild weiterhelfen.

Ich trat direkt nach meinem Universitätsabschluß in die Armee ein und werde in einigen Monaten entlassen. Ich möchte Gott gerne dienen, aber ich weiß nicht, was sein Wille für mich ist.

Ich bin davon überzeugt, daß Gott jedem, der ernsthaft seinen Willen für sein Leben erfahren möchte, klarmachen wird, was er mit ihm vorhat. Voraussetzung ist Ihr festes Vertrauen im Glauben an Jesus Christus. Im irischen Kanal gibt es verschiedene Leuchtfeuer, die der Kapitän eines Schiffes erst in einer Linie sehen muß, bevor er in einen Hafen einlaufen kann. Wenn wir versuchen herauszufinden, was Gott mit unserem Leben vorhat, dann müssen wir oft mehrere Mosaiksteine zusammenfügen, die uns geistliche Führung geben. Als erstes ist da der innere Antrieb durch den heiligen Geist. Die Bestätigung dafür, daß dieser Antrieb von Gott kommt, finden wir dann in der Bibel. Schließlich gebraucht Gott häufig eine Reihe von Umständen, durch die wir seinen Weg für uns erkennen können. In diesem Zusammenhang sind die Verse aus Sprüche 3,5-6 ein wunderbares Versprechen: »Verlaß dich auf den Herrn von ganzem Herzen, und verlaß dich nicht auf deinen Verstand, sondern gedenke an ihn in allen deinen Wegen, so wird er dich recht führen«. Das ist ein festes Versprechen. Nehmen Sie Gott beim Wort. Er wird Sie nicht im Stich lassen.

Mein Bruder ist drogenabhängig und ich habe die Befürchtung, daß er immer tiefer abrutscht, wenn ihm niemand hilft. Ich würde ihm gerne beistehen, doch ich weiß nicht wie. Was schlagen Sie vor?

Als erstes sollten Sie dafür beten, daß Gott Ihnen (oder anderen aus Ihrer Familie oder seinem Freundeskreis) Weisheit schenkt, mit dieser Angelegenheit richtig umzugehen. Denken Sie an Gottes Versprechen: »Wenn es aber jemandem unter euch an Weisheit mangelt, so bitte er Gott, der jedermann gern gibt und niemanden schilt; so wird ihm gegeben werden« (Jakobus 1,5),

Oft denken Menschen in der Situation Ihres Bruders, daß niemand etwas von seiner Sucht weiß, oder er ist der Überzeugung, daß gar keine Abhängigkeit besteht. Wenn Sie sich dessen aber sicher sind, dann sollten Sie behutsam, aber dennoch offen und ehrlich mit ihm darüber sprechen. Er wird sich erst dann für Hilfe von außen öffnen, wenn ihm klar geworden ist, daß er Hilfe braucht. Er muß dann spüren, daß er mit der Unterstützung derjenigen rechnen kann, die ihn lieben. Wenn er bei Ihnen aufgrund seiner Drogenabhängigkeit eine Abneigung ihm gegenüber feststellt, entstünde eine kaum zu überbrückende Kluft zwischen Ihnen. Er muß wissen, daß Sie ihn so sehr lieben, daß Sie nicht einfach zusehen können, wie er sich selbst zerstört.

Sie brauchen fachkundige (ärztliche) Hilfe. In Ihrem Brief schreiben Sie nichts über die Lebensumstände Ihres Bruders. Wenn er noch zu Hause lebt, sollten Ihre Eltern darauf drängen, daß er sich in ärztliche Betreuung begibt. Vielleicht kann Ihr Pastor hier weiterhelfen. Bitten Sie oder Ihre Eltern ihn um Rat. Sprechen Sie auch andere an, die Ihnen vielleicht Hilfestellung geben können.

Vor allem aber beten Sie für Ihren Bruder. Beten Sie, daß er die Kraft findet, gegen sein Abhängigkeit anzukämpfen und daß er begreift, wie sehr er Gott braucht. Gott möchte ihm nicht nur helfen, von den Drogen loszukommen, er will durch Jesus Christus seinem Leben einen Sinn geben, den er in den Drogen niemals finden kann.

Ich habe eine Menge Fragen in bezug auf Gott und die Religion. Darf man diese Fragen haben? Ich bin manchmal versucht, sie einfach beiseite zu schieben.

Unser Verstand ist begrenzt; nie werden wir die Größe Gottes ganz begreifen können. Erst im Himmel werden wir auf viele unserer Fragen letzte Antworten bekommen. »Wir sehen jetzt durch einen Spiegel ein dunkles Bild; dann aber von Angesicht zu Angesicht. Jetzt erkenne ich stückweise; dann aber werde ich erkennen, wie ich erkannt bin« (1.Korinther 13,12).

Das soll aber nicht bedeuten, daß Sie Ihre Fragen begraben sollten oder nicht nach Lösungen für Probleme suchen sollten, die Sie von einer Beziehung zu Christus abhalten. Natürlich können wir nicht alles über Gott wissen. Dafür dürfen wir ihn aber ganz persönlich kennenlernen.

Der wichtigste Schritt dazu ist, Jesus Christus im Glauben anzunehmen. Sie mögen einwenden, daß Sie einen solchen Schritt unmöglich wagen können, wo Sie doch noch so viele Fragen haben. Aber: Sie dürfen Gott vertrauen. Gott lügt niemals, denn er ist vollkommen und heilig. Wenn wir uns ihm im Glauben zuwenden, wird er uns annehmen und unsere Schuld vergeben. Das hat er uns zugesagt. Beten Sie wie der Mann, der von Zweifeln geplagt zu Jesus kam: »Ich glaube; hilf meinem Unglauben« (Markus 9,24).

Versuchen Sie dann, Antworten auf Ihre Fragen zu finden. Die wichtigste Quelle hierfür ist das Wort Gottes, die Bibel. Beschäftigen Sie sich regelmäßig mit der Bibel und bitten Sie Gott, daß er Ihnen hilft, sie zu verstehen und auf Ihr Leben anzuwenden — nicht nur als Antwort auf Ihre Fragen, sondern als Hilfe auf dem Weg, ein Mensch zu werden, der Gott gefällt. Stellen Sie anderen Gläubigen die Fragen, die Sie quälen. Vielleicht können sie Ihnen geeignete Literatur empfehlen. Doch ich bin überzeugt, daß viele Ihrer Fragen sich von selbst beantworten, wenn Sie zu Christus kommen, weil Sie in ihm die Größe und Liebe Gottes zu Ihnen erkennen werden.

Vor einiger Zeit habe ich ein Mädchen an der Universität getroffen, das behauptet, eine Hexe zu sein. Allerdings leugnet sie, etwas mit Satansverehrung und solchen Sachen zu tun zu haben. Das erscheint mir komisch, fasziniert mich aber gleichzeitig. Mich würde interessieren, was Sie davon halten.

Das Mädchen wird behaupten, daß es verschiedene okkulte Praktiken gibt, und daß das nichts mit Satanismus zu tun habe. Doch die Bibel — wie auch die Geschichte des Okkultismus — zeigt, daß das nicht stimmt. Letztlich haben alle okkulten Praktiken ihren Ursprung in Satan. Sie sind ein Ersatz für die Anbetung Gottes und deshalb von Übel.

Das ist einer der Gründe, weshalb die Bibel uns immer wieder vor dem Okkultismus, d.h. vor jeglicher Art von Zukunftsvorhersagen, Zauberei, Hexerei, Spiritismus oder Aberglauben, warnt. Früher war das allgemein üblich, doch Gott gebot seinem Volk, nichts damit zu tun zu haben. »... daß nicht unter dir gefunden werde, der ... Wahrsagerei, Hellseherei, geheime Künste oder Zauberei treibt oder Bannungen oder Geisterbeschwörungen oder Zeichendeuterei vornimmt oder die Toten befragt« (5.Mose 18,10-11). Als diejenigen, die in Ephesus in okkulte Praktiken verstrickt waren, sich zu Jesus bekehrten, verbrannten sie als erstes ihre okkulten Bücher (siehe Apostelgeschichte 19,19).

In den letzten Jahren hat uns eine Welle des Okkultismus überflutet. Ich habe mich schon gefragt, warum das so ist und ich bin davon überzeugt, daß der Grund dafür der große geistliche Hunger vieler Menschen ist. Ich vermute, das ist bei Ihnen auch so. Tief in Ihrem Innern suchen Sie nach dem Sinn des Lebens. Doch in einem solchen Leben werden Sie keine Befriedigung finden, sondern nur in Jesus Christus, dem Sohn Gottes, der Sie liebt und Ihr Leben bestimmen möchte.

Lassen Sie sich nicht von gefährlichen okkulten Praktiken faszinieren, von denen Sie meinen, sie würden Sie zu Gott führen. Lernen Sie Gott statt dessen persönlich kennen, indem Sie Ihr Leben Christus übergeben.

TEIL III

PSYCHISCHE PROBLEME

12. Ich fühle mich so schuldig

Früher bin ich viel in die Kirche gegangen. Nachdem ich im Leben einen großen Fehler begangen habe, meide ich die Kirche, weil ich mich so schuldig fühle. Können Sie verstehen, warum ich so reagiere?

Ja, ich kann verstehen, warum Sie so reagieren — doch ich möchte Sie auf etwas sehr Wichtiges hinweisen. Sie lösen damit nicht Ihr eigentliches Problem; Sie umgehen es bloß. Sie müssen sich diesem Problem stellen, etwas dagegen tun.

Ihr eigentliches Problem ist nicht das Gefühl der Schuld; das ist nur ein Zeichen dafür, daß etwas nicht in Ordnung ist. Ihr Problem ist, daß Sie etwas Falsches getan haben und dafür Gottes Vergebung brauchen. Sie können sich noch so gut verstecken oder Ihre Schuldgefühle unterdrücken, Sie bleiben schuldig und müssen sich dieser Schuld stellen.

Doch Sie brauchen diese Bürde nicht länger mit sich herumzutragen! Gott möchte Ihnen die Last abnehmen und Ihnen vergeben. Das ist möglich, weil er Sie liebt und seinen einzigen Sohn in diese Welt gesandt hat, der als Opfer für Ihre Sünden gestorben ist. Am Kreuz hat Jesus die Bürde, mit der Sie sich im Moment herumschleppen, auf sich genommen — die Last der Sünde und Schuld (nicht nur die eine Sünde, sondern alle Sünden, die Sie je begangen haben und noch begehen werden). In der Bibel heißt es: »Der unsere Sünden selbst hinaufgetragen hat an seinem Leibe auf das Holz, damit wir, der Sünde abgestorben, der Gerechtigkeit leben. Durch seine Wunden seid ihr heil geworden« (1.Petrus 2,24).

Gottes Vergebung ist ein Geschenk, das Ihnen in Jesus Christus angeboten wird. Sie selbst könnten niemals Ihre Sünden tragen — doch Christus konnte es, und er hat es getan. Sie brauchen Ihre Schuld nicht länger mit sich herumzutragen. Wenden Sie sich reuevoll an Christus und nehmen Sie seine Vergebung an. Es gibt keine größere Freude, als zu erfahren, daß die Schuld vergeben ist und Sie Gemeinschaft mit Gott haben können.

Vor Jahren war ich »die andere Frau«. Mein Mann war verheiratet und verließ wegen mir seine Frau. Wir führen eine gute Ehe, doch ich fühle mich jetzt so schuldig. Mir ist klar geworden, daß ich das Leben so vieler Menschen durcheinander gebracht habe. Was kann ich tun?

Wenn eine Ehe auseinander geht, dann sind viele Menschen davon betroffen, Kinder, Verwandte usw. Leider wird das heutzutage zu leicht übersehen. Die Menschen wollen nur ihre eigenen Bedürfnisse befriedigen und denken nicht an den Schmerz, den sie anderen dadurch zufügen. Vielleicht bringt Ihr Brief einige, die in derselben Lage sind, zum Nachdenken.

Sie können die Vergangenheit nicht ungeschehen machen. Doch Sie können Gott um Vergebung bitten für das, was Sie getan haben. Als David Ehebruch mit der Frau eines anderen Mannes begangen hatte, was in den zehn Geboten klar verboten wird, versuchte er (wie Sie), sich seiner Verantwortung zu entziehen. Doch er wurde mit seiner Sünde konfrontiert. Ihm wurde klar, daß er vielen Menschen Unrecht getan hatte, und daß er vor allem gegen Gott gesündigt hatte. Darum bekannte er: »An dir allein habe ich gesündigt und übel vor dir getan ... Siehe, ich bin als Sünder geboren« (Psalm 51,6-7).

Sie fühlen sich schuldig, weil Sie gesündigt haben — gegen andere und gegen Gott. Doch Gott liebt Sie trotz allem, was Sie getan haben. Er sandte seinen Sohn Jesus Christus in diese

Welt; er ist an Ihrer Stelle gestorben. Wenn Sie sich reuevoll an ihn wenden, kann Gott Ihnen vergeben und Sie zu seinem Kind machen. Nehmen Sie ihn als Herrn und Heiland an. Dann können Sie mit David sagen: »Wohl dem, dem die Übertretungen vergeben sind, dem die Sünde bedeckt ist« (Psalm 32,1).

Überlegen Sie, wie Sie die anderen, denen Sie weh getan haben, um Vergebung bitten können. Das wird nicht einfach sein, vielleicht sollten Sie den Betreffenden schreiben, daß Sie falsch an ihnen gehandelt und Gott um Vergebung gebeten haben, und daß Sie sie auch um Verzeihung bitten.

Vor ungefähr einem Jahr hatte ich, gänzlich gegen meine Überzeugung, eine Abtreibung. Seither habe ich Schuldgefühle und hasse mich für mein Handeln. Wie kann ich erwarten, daß Gott mir vergibt, wenn ich mir noch nicht einmal selbst vergeben kann?

Gottes Vergebung hängt nicht von unserem eigenen Vergeben ab. In der Bibel heißt es: »Gott aber erweist seine Liebe zu uns darin, daß Christus für uns gestorben ist, als wir noch Sünder waren« (Römer 5,8). Das bedeutet, daß Gott die Initiative schon ergriffen hatte, noch bevor wir unsere Sünden überhaupt bereut und Gott um Vergebung gebeten haben.

Ich möchte Ihnen sagen, daß das Kind, das Sie abgetrieben haben, jetzt bei Gott im Himmel ist. Gott möchte Ihnen vergeben, wenn Sie ihn darum bitten. Ich kenne so viele junge Frauen in Ihrer Situation, die der Lüge Glauben geschenkt haben, das Kind, das sie erwarteten, sei nichts weiter als ein Zellklumpen, und die die Wahrheit dann zu spät erkannt haben. Viele engagieren sich heute in der Arbeit unter Schwangeren, indem sie Frauen, die sich mit dem Gedanken an eine Abtreibung tragen, von ihren Erfahrungen erzählen, um sie davon abzuhalten, denselben Fehler zu machen. Vielleicht hat Gott dasselbe mit Ihnen vor.

Ich bin in einem christlichen Elternhaus aufgewachsen. Meine Eltern haben immer versucht, mir beizubringen, was richtig und was falsch ist. Als ich älter wurde, verließ ich mein Zuhause und beschloß, all das hinter mir zu lassen. Ich meinte, das nicht nötig zu haben. Mittlerweile habe ich erkannt, wie falsch das war, und ich fühle mich schuldig. Ist es schon zu spät? Ich habe den Eindruck, daß Gott mir den Rücken zugewandt hat, so, wie ich es ihm gegenüber getan habe.

Denken Sie einen Moment darüber nach, wie schön es wäre, wenn Sie sich heute abend ins Bett legen könnten in dem Gedanken, Gott hat mir alle meine Schuld vergeben. Das können Sie heute erfahren, denn Gott liebt Sie und ist bereit, Sie wieder anzunehmen.

Jesus Christus hat alles getan, damit Sie vollkommene Vergebung haben können. Als er am Kreuz gestorben ist, nahm er Ihre und meine Sünden auf sich. Er hatte den Tod nicht verdient, denn als Gottes Sohn war er ohne Sünde. Doch Christus nahm freiwillig unsere Schuld auf sich und die Strafe, die wir eigentlich verdient hätten. Ihre Schuld bei Gott ist durch Jesus Christus schon bezahlt! »In ihm haben wir die Erlösung durch sein Blut, die Vergebung der Sünden, nach dem Reichtum seiner Gnade, die er uns reichlich hat widerfahren lassen in aller Weisheit und Klugheit« (Epheser 1,7-8). Auch wenn Sie der einzige Mensch auf dieser Welt gewesen wären, der Gottes Vergebung nötig gehabt hätte, wäre Christus bereit gewesen, für Sie ans Kreuz zu gehen. So sehr liebt Gott Sie.

Gott hat versprochen: »Wenn wir aber unsere Sünden bekennen, so ist er treu und gerecht, daß er uns die Sünden vergibt und reinigt uns von aller Ungerechtigkeit« (1.Johannes 1,9). Dieses Versprechen gilt Ihnen, egal, was Sie auch getan haben. Lassen Sie es nicht zu, daß Ihre Vergangenheit Sie noch länger von Christus abhält; gehen Sie auf Ihre Knie, bekennen Sie ihm Ihre Sünden und nehmen Sie noch heute Christus an und das Geschenk seiner Vergebung.

Ich bin wahrhaftig kein vollkommener Mensch. Tief innen habe ich viele Schuldgefühle. Wie kann ich wissen, daß Gott mir vergeben wird? Ich würde gern einen Neuanfang machen, doch ich fürchte, daß ich nur scheitern kann.

Gott hat Ihnen die Schuldgefühle gegeben, damit Sie einsehen, daß Sie Ihr Leben ändern müssen und ihn um Vergebung bitten müssen. Er bietet Ihnen die Vergebung an.

Den ersten Schritt dazu haben Sie bereits getan, indem Sie Ihre Schuld anerkannt haben und Ihre Unfähigkeit, selbst etwas daran zu ändern. Bitten Sie Christus um Vergebung. Er ist in die Welt gekommen, um Ihre Schuld wegzunehmen. Als Sohn Gottes war er vollkommen und ohne Sünde, doch er nahm freiwillig die Schuld der ganzen Welt auf sich und die Strafe, die Sie und ich verdient hätten. Dafür starb er am Kreuz an Ihrer Stelle, damit Sie Vergebung empfangen können. »Das ist gewißlich wahr und ein Wort des Glaubens wert, daß Christus Jesus in diese Welt gekommen ist, die Sünder selig zu machen« (1.Timotheus 1,15). Gott tat das, weil er Sie liebt.

Christus hat alles getan, um Ihnen die Vergebung möglich zu machen, er bietet sie Ihnen als Geschenk an. Sie brauchen Sie nur anzunehmen.

Warum fühle ich mich so schuldig, wenn ich etwas tue, von dem ich weiß, daß es falsch ist? Ich behaupte von mir nicht, daß ich besonders religiös bin, obwohl ich an Gott glaube, doch ich werde meine Schuldgefühle einfach nicht los. Hat das nur psychische Ursachen, wie einer meiner Freunde meint, oder was ist sonst der Grund dafür?

Wir fühlen uns schuldig, weil wir wirklich schuldig sind. Gott hat uns seine Gebote gegeben. Wenn wir dagegen verstoßen, dann sind wir schuldig. Außerdem hat uns Gott ein Gewissen gegeben, damit wir wissen und fühlen, wann wir sein Gesetz mißachten. Darin unterscheiden wir uns von den Tieren und Pflanzen.

Wir wollen das noch ein wenig weiterverfolgen. Gott hat uns die Schuldgefühle auch gegeben, damit wir erkennen, wie sehr wir ihn brauchen. Wenn Sie einen heißen Ofen anfassen, dann spüren Sie den Schmerz sofort. Gott gab Ihnen die Möglichkeit, diesen Schmerz zu erfahren, damit Sie Ihre Hand wegnehmen und sich nicht selbst verletzen. Mit den Schuldgefühlen ist das ähnlich. Sie sind eine Art »Schmerz«, damit wir erkennen, daß wir etwas Falsches tun und uns verletzen werden. Sie sollen uns vor der Sünde bewahren und erkennen lassen, wie sehr wir Gott brauchen.

Ist Ihnen jemals wirklich klargeworden, daß Sie Gott brauchen? Mehr noch, Sie brauchen das ewige Leben, das nur er allein geben kann. »Und das ist das Zeugnis, daß Gott uns das ewige Leben gegeben hat, und dieses Leben ist in seinem Sohn. Wer den Sohn hat, der hat das Leben; wer den Sohn Gottes nicht hat, der hat das Leben nicht« (1.Johannes 5,11-12). Nehmen Sie Christus noch heute an.

13. Ich bin wütend

Wahrscheinlich wird Sie das erschrecken, aber ich bin wütend auf Gott. Meine Frau ist gerade an Krebs gestorben und, ich bin voller Groll und Verbitterung — obwohl sie Christ war und ich weiß, daß sie im Himmel ist.

Seien Sie dankbar dafür, daß Ihre Frau Christus gekannt hat und jetzt bei ihm im Himmel ist, wo Tod und Schmerz ihr nichts mehr anhaben können. Seien Sie dankbar dafür, daß Gott gerade jetzt bei Ihnen ist; daß er Sie liebt und Ihnen helfen möchte. Gott hat alles in der Hand, auch, wenn Sie nicht alles verstehen, was in dieser sündigen Welt passiert. Wir dürfen wie Paulus sein »als die Traurigen, aber allezeit fröhlich« (2.Korinther 6,10).

Sprechen Sie mit Gott über Ihre Empfindungen. Er weiß es natürlich schon, doch Sie müssen ihm gegenüber ehrlich sein und erkennen, daß Sie Buße tun und Heilung erfahren müssen. Sie brauchen in Ihrem Leid seinen Beistand. Denken Sie daran, daß Christus am Kreuz für Sie gestorben ist – Gott weiß also, was Leiden bedeutet. Christus war »voller Schmerzen und Krankheit« (Jesaja 53,3). Öffnen Sie Ihr Leben wieder neu für Christus. Er will Ihnen helfen.

Sie durchleben sicherlich im Moment keine einfache Zeit, doch Sie können jetzt Gottes Liebe wieder ganz neu erfahren. Christus kam, »zu trösten alle Trauernden, zu schaffen den Trauernden zu Zion, daß ihnen Schmuck statt Asche, Freudenöl statt Trauerkleid, Lobgesang statt eines betrübten Geistes gegeben werden« (Jesaja 61,2-3).

Ich habe eine andere Hautfarbe als die meisten Leute unseres Ortes. Ich begegne vielen Vorurteilen, und wenn ich auch versuche, sie zu ignorieren, fällt es mir doch schwer, meine Wut darüber zu unterdrükken. Können Sie mich verstehen?

Ja, ich kann Sie sehr gut verstehen, denn ich wurde in meinem Leben schon mit viel zu vielen Vorurteilen konfrontiert. Als ich mit meiner Arbeit anfing, habe ich beschlossen, daß in unseren Evangelisationen keine Rassentrennung herrschen sollte. Ich war auch in anderen Ländern, wo ich eine andere Hautfarbe hatte als die meisten Leute. Dort habe ich oft die Vorurteile gegen meine eigene Rasse erlebt. Vorurteile gegen andere Rassen gibt es in vielen Teilen der Welt und wie wir wissen, sind sie leider manchmal sehr stark ausgeprägt.

Ein Christ, der so leben möchte, wie Christus es von ihm erwartet, wird erkennen, daß solche Vorurteile falsch sind. Der

Apostel Paulus war sehr stolz auf seine Abstammung, doch nachdem Christus in sein Leben getreten war, begann er, die Menschen mit anderen Augen zu betrachten. Er versuchte, sie so zu sehen, wie Gott sie sieht, und er kam an den Punkt, wo er sagen konnte: »Darum kennen wir von nun an niemanden mehr nach dem Fleisch ... Aber das alles ist von Gott, der uns mit sich selber versöhnt hat durch Christus und uns das Amt gegeben, das die Versöhnung predigt« (2.Korinther 5,16.18). Gott hat Paulus eine neue Liebe zu anderen geschenkt, und er wurde der große Apostel für die Menschen, die nicht seiner Rasse angehörten.

In seinen Wurzeln ist der Rassenhaß ein geistliches Problem, das durch die Sünde verursacht wird. Auch, wenn wir Gesetze und Maßnahmen unterstützen, die die Harmonie zwischen den Rassen fördern, kann dieses geistliche Problem des Hasses letztlich nur von Gott gelöst werden. Christus kann das Herz eines jeden verändern. Er kann den Haß durch Liebe und Gleichgültigkeit durch Mitgefühl ersetzen.

Lassen Sie sich nicht vom Haß regieren, was immer andere auch tun. Sie würden sich nur derselben Sünde schuldig machen und nichts würde sich ändern. Öffnen Sie sich statt dessen Christus und lassen Sie sich von ihm eine neue Liebe für die anderen schenken. Bitten Sie ihn, Ihnen zu zeigen, wie Sie die Kluft zu den Menschen mit einer anderen Hautfarbe überbrücken können. Er will Ihnen auch in allen anderen Bereichen Ihres Lebens helfen, damit Sie zu einem erfüllten Leben finden können.

Vor drei Monaten hatte ich einen Autounfall. Es wird eine körperliche Behinderung zurückbleiben, mit der ich mein ganzes Leben lang zu tun haben werde. Ich verstehe nicht, warum Gott das zugelassen hat. Ich studiere noch; nun sind meine ganzen Zukunftspläne zerstört. Ich gebe zu, daß ich wütend auf Gott bin. Ich kann nichts dagegen tun. Ihrer Meinung nach bin ich sicher im Unrecht.

Haben Sie sich schon einmal Gedanken darüber gemacht, warum Sie bewahrt worden sind? So viele Menschen sterben bei Autounfällen. Haben Sie Gott schon für Ihre Bewahrung gedankt?

Ich weiß nicht, warum Gott Autounfälle zuläßt und auch nicht, warum er Sie bewahrt hat. Aber ich weiß, daß Gott Sie liebt und Ihnen in der Zukunft helfen möchte. Natürlich können Sie weiter ständig nach dem Warum fragen — doch was bringt das? Es wird Sie nur immer wieder neu aufwühlen und isolieren. Die Bibel warnt: »Denn einen Toren tötet der Unmut, und den Unverständigen bringt der Eifer um« (Hiob 5,2).

Verschließen Sie sich nicht vor Gottes Hilfe. Öffnen Sie Ihr Herz Jesus Christus und bitten Sie ihn, in Ihr Leben zu kommen und Ihnen zu helfen. Einige der großartigsten Menschen, die ich je getroffen habe, waren behindert. Sie haben oft sogar erst durch ihre Behinderung erkannt, wie schön es ist, jeden Tag mit Gott zu leben und wieviel Kraft und Freude er schenkt. Auch Sie können diese Erfahrung machen, wenn Sie Ihre Zukunft und Ihr Leben ihm anvertrauen. »Ich vermag alles durch den, der mich mächtig macht« (Philipper 4,13).

Ich habe so viele Probleme und werde das Gefühl nicht los, daß Gott sich von mir abgewendet hat. Mir ist klar, daß das unwahrscheinlich ist, aber ich kann nicht umhin, böse auf ihn zu sein.

Es fällt uns oft schwer, mit Problemen in unserem Leben fertigzuwerden, die uns sehr belasten. Nur zu leicht fragen wir dann, warum Gott das zugelassen hat. Von da aus ist es nicht mehr weit zu Ärger und Bitterkeit. Wir haben das Gefühl, daß Gott uns verlassen hat oder uns ungerecht behandelt. Doch das stimmt nicht. Wir müssen lernen, nicht unsere Probleme in den Mittelpunkt zu stellen, sondern Gott in jeder Situation zu vertrauen.

Ich möchte Ihnen ein Beispiel aus der Bibel nennen. Zur Zeit Jeremias mußte das Volk mitansehen, wie das Land von einem fremden Volk verwüstet wurde. Das Volk war durchaus nicht unschuldig, denn es hatte sich von Gott abgewandt. Doch für Jeremia war es trotzdem schrecklich zusehen zu müssen, wie sein Volk und die wunderschöne Hauptstadt Jerusalem zerstört wurden. Inmitten seines Schmerzes lernte er, auf Gott zu sehen; er wußte, daß Gott sein Volk immer noch liebte und ihm nahe war. Hören Sie, was Jeremia schrieb: »Dies nehme ich zu Herzen, darum hoffe ich noch: Die Güte des Herrn ist's, daß wir nicht gar aus sind, seine Barmherzigkeit hat noch kein Ende, sondern sie ist alle Morgen neu, und deine Treue ist groß« (Klagelieder 3,21-23).

Gott liebt Sie trotz der Schwierigkeiten, die Sie vielleicht nicht verstehen. Er hat Sie nicht verlassen. Er liebt Sie so sehr, daß er seinen einzigen Sohn für Ihre Sünden sterben ließ. Dadurch hat er es Ihnen ermöglicht, Gott kennenzulernen und später bei ihm im Himmel zu sein. Das Beste, was Sie tun können, ist, Gottes Liebe in Jesus Christus für Ihr Leben anzunehmen.

Vielleicht verstehen Sie nicht, warum bestimmte Dinge geschehen müssen, doch Sie können jeden Tag in der Gewißheit erleben, daß Christus bei Ihnen ist, auch und gerade, wenn Sie schwierige Probleme durchzustehen haben.

Ich weiß, daß wir andere Menschen lieben sollen, doch es fällt mir schwer, nicht auf den Bruder und die Schwester meines Mannes ärgerlich zu sein. Meine Schwiegermutter ist schon älter. Sie lebt bei uns, weil es ihr gesundheitlich nicht so gut geht. Mein Schwager und meine Schwägerin besuchen sie nie, bieten auch in keiner Weise ihre Hilfe an. Wir sind in der Lage, für sie zu sorgen, ich bin aber der Meinung, daß mein Schwager und meine Schwägerin ihr gegenüber aufmerksamer sein sollten. Meinen Sie nicht?

Zweifellos sollten Ihr Schwager und Ihre Schwägerin sich mehr um Ihre Schwiegermutter kümmern. Schließlich hat sie viele Jahre für ihre Kinder gesorgt. Es ist traurig, daß sie nicht dankbarer sind. Eines Tages werden auch sie älter sein und nicht mehr für sich selbst sorgen können. Wie werden sie sich später einmal fühlen, wenn ihre Kinder, die ja zweifellos ihr Verhalten der Mutter gegenüber beobachten, ihnen keine Beachtung schenken werden, wenn sie sie vielleicht dringend brauchen?

Die Bibel spricht viel von der Verantwortung unseren Eltern gegenüber. Eines der zehn Gebote heißt: »Du sollst deinen Vater und deine Mutter ehren« (2.Mose 20,12). In der Bibel steht auch: »Wenn aber jemand die Seinen, besonders seine Hausgenossen, nicht versorgt, hat er den Glauben verleugnet und ist schlimmer als ein Heide« (1.Timotheus 5,8).

Diese Gedankenlosigkeit und Undankbarkeit läßt auf ein tieferes geistliches Problem schließen. Wenn wir egoistisch sind, dann beweist das, daß wir uns nicht von Gottes Liebe haben anrühren lassen. Wenn wir uns nicht um unsere Eltern kümmern, dann ist das ein Zeichen dafür, daß wir uns auch nicht um Gott, unseren himmlischen Vater kümmern. Beten Sie für Ihre Verwandten, nicht nur, daß sie anderen gegenüber aufmerksamer und liebevoller werden, sondern daß sie zu Christus kommen und seine Liebe und Vergebung kennenlernen.

Aber lassen Sie nicht zu, daß Sie von Bitterkeit und Verärgerung zerfressen werden. Vielleicht sollten Sie die Initiative ergreifen und Ihre Verwandten von Zeit zu Zeit einladen — nicht, um ihnen die Meinung zu sagen, sondern um ihnen zu zeigen, daß sie willkommen sind. »Vergeltet niemand Böses mit Bösem. Seid auf Gutes bedacht gegenüber jedermann. Ist's möglich, soviel an euch liegt, so habt mit allen Menschen Frieden« (Römer 12,17-18).

Vor einiger Zeit nahm mein Mann eine neue Stellung an in einer anderen Stadt, und wir zogen dorthin. Wo wir früher gelebt haben, war ich immer in der Nähe meiner Familie. Aber nun, in der anderen Stadt, bin ich depressiv und ärgere mich über meinen Mann, weil er mir das angetan hat. Was halten Sie davon, wenn ich ihm sage, daß wir entweder wieder zurückziehen oder ich ohne ihn gehen würde?

Sie sind verpflichtet, Ihrem Mann eine gute Frau zu sein. Als Sie geheiratet haben, haben Sie ein Versprechen abgelegt, nicht nur vor anderen Menschen, sondern vor Gott, daß Sie zusammenbleiben wollen in guten wie in schlechten Zeiten.

Gott möchte Ihnen helfen, geistlich und emotional zu wachsen. Haben Sie Gott schon einmal gebeten, Ihnen zu helfen? Sie müssen ihn um seine Hilfe bitten, sich an die neue Situation zu gewöhnen und die Lektionen lernen zu können, die er Ihnen damit zugedacht hat. Kennen Sie die Geschichte von Abraham im Alten Testament? Er führte ein sehr glückliches und erfolgreiches Leben dort, wo er aufgewachsen war. Dann trug Gott ihm auf, diesen Ort zu verlassen und woanders hinzugehen. In der Bibel heißt es: »Durch den Glauben wurde Abraham gehorsam, als er berufen wurde, in ein Land zu ziehen, das er erben sollte; und er zog aus und wußte nicht, wo er hinkäme« (Hebräer 11,8). Abraham lernte, Gott zu vertrauen, und Gott belohnte dieses Vertrauen.

Wenn Sie Ihr Leben Gott noch nicht übergeben haben, dann ist es an der Zeit, diese wichtige Entscheidung zu treffen. Bitten Sie Gott, Ihnen Wege zu zeigen, mit Ihren Gefühlen fertigzuwerden und sich an die neue Nachbarschaft zu gewöhnen. Schließen Sie sich einer Gemeinde an, wo Christus verkündigt wird - das wird Ihnen helfen, die Einsamkeit zu überwinden. Paulus sagte einmal: »Denn ich habe gelernt, mir genügen zu lassen, wie's mir auch geht ... ich vermag alles durch den, der mich mächtig macht« (Philipper 4,11.13). Das kann auch Ihre Erfahrung werden, wenn Sie Ihr Leben Christus übergeben und ihm jeden Tag ein Stück näherkommen.

Mir fällt es schwer, auf Gott nicht böse zu sein. Im vergangenen Jahr sind meine Schwester und meine Mutter an Krebs gestorben. Ich vermisse sie so sehr. Warum hat Gott das zugelassen? Beide haben fest daran geglaubt, daß Gott sie heilen würde. Aber er hat es nicht getan. Ich verstehe das nicht.

Ich kann mir gut vorstellen, daß Sie eine schwierige Zeit durchmachen, und ich kann verstehen, daß Sie nach dem Warum fragen. Unser Verstand ist begrenzt und wir können nicht immer ganz verstehen, warum bestimmte Dinge geschehen müssen. Wir nehmen oft an, daß wir es hier auf der Erde besser haben und ein besseres Leben führen als das, das im Himmel auf uns wartet. Dort gibt es keinen Schmerz, kein Leid und keinen Tod mehr. Wenn Sie sich vielleicht mehr darauf konzentrieren, wie schön es im Himmel ist und wie sehr Gott Ihre Schwester und Ihre Mutter liebt, daß er sie von ihren Schmerzen erlöst hat, dann sehen Sie das Handeln Gottes vielleicht mit anderen Augen.

Die Bibel lehrt, daß Gott ein liebender Gott ist, und daß er letztlich die Kontrolle über das Universum hat. Doch auch das Böse ist real. In der Bibel wird der Tod als »Feind« bezeichnet (1.Korinther 15,26). Diese Dinge gehören nun einmal zum irdischen Leben, auch wenn wir sie oft nicht ganz verstehen können.

Sie haben zwei Möglichkeiten, auf das Geschehene zu reagieren: Auf der einen Seite können Sie Gott die ganze Schuld zuschieben und verbittert und böse werden. Das würde bedeuten, daß Gott ungerecht wäre und uns nicht lieben würde.

Auf der anderen Seite könnte diese Erfahrung Sie auch näher zu Gott bringen, wenn Sie nämlich erkennen, daß Sie Gott gerade jetzt brauchen, seine Liebe und sein Mitleid, und besonders seine Hoffnung für die Zukunft. Nur er allein kann Ihnen inneren Frieden geben. Er wird es tun, wenn Sie lernen, ihm zu vertrauen.

Sehen Sie auf Jesus Christus. Gott weiß, was Leiden bedeutet; er hat sogar den Tod durchlebt. Sein Sohn ist am Kreuz gestorben, damit Sie Vergebung und ewiges Leben bekommen können. Möchten Sie erfahren, daß Gott Sie wirklich liebt? Schauen Sie auf Christus. »Daran haben wir die Liebe erkannt, daß er sein Leben für uns gelassen hat« (1.Johannes 3,16). Ihre Mutter und Ihre Schwester haben offensichtlich an Gott geglaubt. Sie sind jetzt bei Christus im Himmel, ohne Schmerzen und ohne Trauer. Lassen Sie Ihre Verbitterung nicht anwachsen und Ihr Leben vergiften. Wenden Sie sich Christus zu, und übergeben Sie ihm wieder neu Ihr Leben.

Ich gebe zu, daß ich mit Gott hadere, denn ich habe seit meiner Geburt eine körperliche Behinderung, die mich vom normalen Leben gänzlich ausschließt. Warum hat Gott mir das angetan? Ich werde niemals die Arbeit verrichten können, die ich gern tun würde. Sie können gar nicht nachempfinden, wie frustrierend es ist, die meiste Zeit an den Rollstuhl gefesselt zu sein.

Die meisten von uns haben niemals den Schwierigkeiten gegenübergestanden, mit denen Sie zu kämpfen haben. Wir sind gar nicht in der Lage, Ihre Verzweiflung zu verstehen. Das ist ein Grund, warum ich einen Teil Ihres Briefes abgedruckt habe. Wir alle müssen lernen, sensibler mit Menschen umzugehen, die eine Behinderung haben.

Jesus hat sich ganz besonders um die Kranken und Behinderten gekümmert. »Und sie brachten zu ihm alle Kranken, mit mancherlei Leiden und Plagen behaftet, Besessene, Mondsüchtige und Gelähmte; und er machte sie gesund« (Matthäus 4,24). Ich möchte Sie ermutigen, Ihre Bürde zu Jesus zu bringen, denn er liebt Sie und möchte Ihnen helfen. Vielleicht verstehen wir nicht immer, warum Gott Leiden und Behinderungen zuläßt. Sie können nun wählen, entweder Sie verbringen den Rest Ihres Lebens in Verbitterung, oder Sie akzeptieren Ihre Begrenzungen. Wir alle spüren in der einen oder anderen Weise unsere Grenzen, doch mit Gottes Hilfe können wir die Freude am Leben entdecken.

Ärger und Verbitterung werden Sie zerstören. Christus möchte Sie davon befreien und Ihnen helfen, sich mit Ihrer Behinderung abzufinden und die Anfechtungen, die Sie immer wieder zurückhalten wollen, zu überwinden.

14. Ich werde immer deprimierter

Bitte, helfen Sie mir, ich verfalle mehr und mehr in Depressionen. Ich liebe einen Mann, der viel älter ist als ich. Er hat eine Familie, doch er behauptete immer, mich zu lieben. Jetzt hat er mich im Stich gelassen, und ich weiß nicht, was ich tun soll.

Ich hoffe, Sie halten mich nicht für unsensibel, doch ehrlich gesagt, Sie sollten froh sein, daß es so gekommen ist. Sie haben sich vermutlich damit einen viel größeren Schmerz erspart. Eine Ehe mit diesem Mann wäre wahrscheinlich problematisch geworden. Welche Garantie hätten Sie gehabt, daß er nicht auch Sie wegen einer anderen hätte sitzen lassen, so, wie er es mit seiner Familie getan hat?

Für Sie gibt es nur eines, das alles hinter sich zu lassen und von nun an den richtigen Weg einzuschlagen. Was Sie getan haben, war in Gottes Augen falsch, denn die Ehe ist vor Gott heilig. Es wäre schrecklich für Sie, wenn Sie die Ehe und Familie eines Mannes zerstört hätten — schlimm für die Familie und schlimm vor Gott.

Ihre Frage zeigt mir, daß Sie sich niemals wirklich mit Christus auseinandergesetzt haben. Sie suchen nach Liebe und Glück — doch auf diese Weise werden Sie es nie finden. Gott liebt Sie und möchte Ihnen Freude und Frieden schenken.

Jesus hat gesagt: »Den Frieden lasse ich euch, meinen Frieden gebe ich euch« (Johannes 14,27).

Gott hat Sie geschaffen, und er liebt Sie. Sein einziger Sohn, Jesus Christus, hat Sie so sehr geliebt, daß er am Kreuz für Sie gestorben ist, damit Ihre Sünden vergeben würden und Sie ein Kind Gottes werden können. Wenn Sie Christus annehmen, dann wird Gott selbst in Ihnen wohnen! Sie werden Teil seiner Familie und können die Freude seiner Gegenwart Tag für Tag erleben. Sie dürfen ihm jeden Bereich Ihres Lebens anvertrauen. Er hat einen Plan für Ihr Leben. Gehen Sie auf die Knie und bitten Sie Christus, in Ihr Leben zu kommen. Das wird die wichtigste Entscheidung sein, die Sie je getroffen haben.

Ich werde von meiner Vergangenheit verfolgt. Ich war Soldat in Vietnam und werde, wie viele andere, die dort gekämpft haben, nicht mit der Erinnerung an die schrecklichen Erlebnisse dort fertig. Ich wurde außerdem noch in andere Dinge verwickelt (z.B. Drogen), die ich nur schwer abschütteln kann. Verschiedene Rehabilitationsprogramme haben mir ein wenig geholfen. Im Moment bin ich aber wieder so depressiv, daß ich nicht arbeiten kann. Bitte beten Sie für mich, daß Gott mir irgendwie heraushilft.

Gott kann Dinge, die uns belasten, auf wundersame Weise wegnehmen oder uns helfen, sie zu überwinden. Ich werde dafür beten, daß Sie diese Erfahrung machen.

Ich möchte Sie ermutigen, Christus um Hilfe und um Vergebung zu bitten. Gott kann Sie von Ihrer Schuld befreien. Die Sünde trennt uns von Gott. Doch Gott liebt uns, und er möchte uns vergeben. Darum hat er alles dafür getan, daß die Vergebung möglich wird. Sein Sohn Jesus Christus ist stellvertretend für uns am Kreuz gestorben. Die Bibel verspricht: »In ihm haben wir die Erlösung durch sein Blut, die Vergebung der Sünden, nach dem Reichtum seiner Gnade« (Epheser 1,7).

Gott möchte Ihnen neuen Lebensmut und ein Lebensziel geben. Sie können seinen Plan für Ihr Leben entdecken — es gibt nichts Spannenderes, als Gott zu kennen und seinen Willen zu tun. Er will Ihnen auch zeigen, wo Sie praktische Hilfe finden, damit Sie mit Ihren Problemen fertigwerden können. Wenn wir Christus kennen, haben wir einen Anker, der uns sicher hält.

Unser Sohn hat eine leichte körperliche Behinderung. Wir machen uns Sorgen um ihn, denn er hat Komplexe und isoliert sich immer mehr. Seine Klassenkameraden machen sich über ihn lustig, weil er anders ist als sie und nicht alles mitmachen kann. Machen wir uns berechtigte Sorgen, oder wird er diese Phase überwinden. Was meinen Sie?

Sie machen sich berechtigte Sorgen um Ihren Sohn, und Sie sollten alles in Ihrer Macht stehende tun, damit er seine Komplexe überwindet und eine positive Einstellung zu sich selbst und zu anderen findet. Die frühen Kindheitsjahre haben ganz entscheidenden Einfluß auf den Charakter eines Menschen. Das wissen wir nicht erst durch die moderne Psychologie — das sagt schon die Bibel.

Sprechen Sie ganz offen mit den Lehrern Ihres Sohnes. Vielleicht ist ihnen noch gar nicht aufgefallen, daß Ihr Sohn gehänselt wird. Sie können die Klassenkameraden Ihres Sohnes für die Schwierigkeiten von behinderten Menschen in unserer Gesellschaft sensibilisieren. Vor allem müssen Sie selbst aber Ihrem Sohn zeigen, daß Sie ihn so lieben, wie er ist.

Darüberhinaus ermutigen Sie Ihren Sohn, sein Leben Jesus Christus zu übergeben. Sagen Sie ihm, wie wertvoll er, und jeder andere Mensch, in den Augen Gottes ist. »Fürchte dich nicht, denn ich habe dich erlöst; ich habe dich bei deinem Namen gerufen; du bist mein! Wenn du durchs Wasser gehst, will ich bei dir sein« (Jesaja 43,1-2). Jesus Christus ist in diese Welt gekommen, um am Kreuz für uns zu sterben. Beten Sie für Ihren Sohn. Wenn er sein Leben Christus übergibt, wird Gott ihm auch helfen, mit seinen Komplexen fertigzuwerden.

Ich habe immer an Gott geglaubt, aber nachdem unser Baby nach nur einer Woche gestorben ist, kann ich nicht mehr beten. Wie kann ich den Mut für einen Neuanfang mit Gott finden?

Ich wünschte, ich könnte mich persönlich mit Ihnen darüber unterhalten. Eine Erfahrung wie die Ihre stellt jeden Menschen auf eine Zerreißprobe. Viele Menschen müssen solche Augenblicke geistlicher Dunkelheit durchleben. Selbst im Leben der Heiligen gab es dunkle Tage. Doch sie haben zu Gott zurückgefunden. Das kann auch bei Ihnen so sein.

1. Danken Sie Gott jeden Morgen für all die Freude, die er Ihnen die Jahre hindurch geschenkt hat. Legen Sie Ihren Tag in seine Hände. Bitten Sie Christus, Sie zu führen und zu leiten. Denken Sie daran, daß Gott in jedem Augenblick bei Ihnen ist.

2. Lesen Sie in der Bibel. Dort finden Sie Trost. »Wir sehen jetzt durch einen Spiegel ein dunkles Bild; dann aber von Angesicht zu Angesicht. Jetzt erkenne ich stückweise; dann aber werde ich erkennen, wie ich erkannt bin« (1.Korinther 13,12).

3. Versuchen Sie, anderen zu helfen. Vielleicht gibt es jemanden, der Ihre Liebe und Fürsorge braucht. Bitten Sie Gott, Ihnen jemanden zu zeigen.

4. Halten Sie an Ihrem Glauben an das ewige Leben fest. Der Tod ist nicht das Ende, sondern die Tür zum Himmel.

Das ist bestimmt eine schwierige Zeit für Sie. Jesus hat seinen Jüngern nie versprochen, daß sie niemals Leid und Schmerz erleben müßten. Ganz im Gegenteil, er hat ihnen versprochen, daß sie inmitten der Stürme des Lebens Frieden haben und Kraft finden würden, Not und Trübsal zu überwinden. In der Bibel heißt es: »Und unser Glaube ist der Sieg, der die Welt überwunden hat« (1.Johannes 5,4).

Meine Frau hatte vor einigen Monaten eine Krebsoperation. Im Rahmen der Nachbehandlung wird zur Zeit eine Chemotherapie durchgeführt. Die ganze Prozedur nimmt sie körperlich sehr mit — doch erstaunlicherweise ist sie sehr positiv gestimmt, während ich immer depressiver werde. Ich versuche, das vor ihr geheimzuhalten, doch es wird dadurch nur schlimmer. Vielleicht hat ihr Glaube etwas mit ihrer Haltung zu tun. Was immer es auch ist, ich wünschte, ich wäre genauso stark.

Aus dem, was Sie an anderer Stelle schrieben, entnehme ich, daß Ihre Frau einen starken Glauben an Christus hat. In dieser schwierigen Zeit hat Gott ihr besonders viel Kraft geschenkt. Ich werde dafür beten, daß auch Sie Christus kennenlernen, damit Sie mit Ihrer Frau die Freude teilen können, die man erfährt, wenn man zu Christus gehört.

Ihre Frau verhält sich deshalb so anders, weil sie weiß, daß Sie mit Christus niemals allein ist, egal, welches Leid sie auch durchleben muß. »Wohin soll ich gehen vor deinem Geist, und wohin soll ich fliehen vor deinem Angesicht? ... Bettete ich mich bei den Toten, siehe, so bist du auch da ... so würde auch dort deine Hand mich führen und deine Rechte mich halten« (Psalm 139,7.8.10). Ihre Frau weiß, daß mit diesem Leben nicht alles zu Ende ist und sie eines Tages mit Gott in der Ewigkeit sein wird. »Und Gott wird abwischen alle Tränen von ihren Augen, und der Tod wird nicht mehr sein, noch Leid noch Geschrei noch Schmerz wird mehr sein; denn das Erste ist vergangen« (Offenbarung 21,4).

Gott möchte Ihre Aufmerksamkeit gewinnen. Wenden Sie sich nicht von ihm ab. Bekennen Sie ihm, daß Sie ein Sünder sind und seine Vergebung brauchen. Bitten Sie Jesus Christus, als Herr und Heiland in Ihr Leben zu kommen. Dann können

Sie das Leben (und auch den Tod) in einem neuen Licht sehen. Christus wird Ihre Verzweiflung durch Hoffnung ersetzen und das Licht seiner Gegenwart in Ihnen leuchten lassen.

Ich glaube sagen zu können, daß ich zu keiner Zeit meines Lebens richtig glücklich gewesen bin. Mein Vater war immer sehr damit beschäftigt, Geld zu verdienen, und meine Mutter hat ständig an mir herumgenörgelt. Auch meine Ehe ist nicht glücklich und ich verfalle in immer tiefere Depressionen. Vielleicht sollte ich es einmal mit Gott versuchen.

Es tut mir leid, daß Ihr Leben so unglücklich verlaufen ist. Einige Ihrer Gefühle sind, wie Sie wahrscheinlich wissen, das Ergebnis Ihrer Kindheitserfahrungen. Die Eltern müssen erkennen, wie sehr ihr Verhalten das spätere Leben ihrer Kinder beeinflußt.

Gott kann Ihnen helfen. Er liebt Sie. Ihr ganzes Leben hindurch hatten Sie den Eindruck, daß niemand Sie richtig liebt, und Sie haben, bewußt oder unbewußt, mit dem Eindruck gelebt, daß Sie nicht verdienen, geliebt zu werden. Doch ich möchte Ihnen sagen, daß Gott Sie liebt, denn Jesus Christus, Gottes einziger Sohn, war bereit, für Ihre Sünden zu sterben, damit Sie zur Familie Gottes gehören können. Selbst, wenn Sie der einzige Sünder auf dieser Welt gewesen wären, Christus wäre nur für Sie ans Kreuz gegangen. So sehr liebt er Sie!

Darum versuchen Sie, sich selbst zu sehen, wie Gott Sie sieht. Wenn Sie Gottes Liebe in seinem vollen Ausmaß erkannt haben, können Sie nicht mehr dieselbe sein. »Seht, welch eine Liebe hat uns der Vater erwiesen, daß wir Gottes Kinder heißen sollen — und wir sind es auch« (1.Johannes 3,1).

Gott hat alles in seiner Macht stehende getan, Ihre Sünden abzuwaschen, damit Sie in eine persönliche Beziehung zu ihm treten können. Doch Sie müssen auf seine Liebe antworten, indem Sie Christus im Glauben in Ihr Herz aufnehmen und ihn bitten, der Herr Ihres Lebens zu werden. Gott ist bereit, Sie anzunehmen. Lesen Sie in der Bibel, dort werden Sie Gottes Liebe zu Ihnen entdecken. Gott möchte Sie verändern und Ihnen einen inneren Frieden schenken, wie Sie ihn noch nie gekannt haben.

Vor einigen Monaten habe ich eine Überdosis Schlaftabletten genommen, weil ich so deprimiert war. Mir geht es jetzt besser, doch ich werde die Angst nie ganz los, daß ich die Kontrolle über mich verlieren und es wieder versuchen könnte. Wie kann ich diese Angst überwinden?

Wie Sie sicher schon festgestellt haben, gibt es verschiedene Ursachen für Depressionen. Vom medizinischen Standpunkt aus würde Ihr Arzt Ihnen sicher dringend empfehlen, sich sofort um fachliche Hilfe zu bemühen, wenn Sie feststellen, daß Ihre Depressionen wiederkommen. Doch ich bin sicher, daß Gott Ihnen helfen kann, Sie von Ihren Ängsten zu befreien, und daß er Sie geistlich und seelisch stärken kann.

Darum sollten Sie lernen, Gott in allem zu vertrauen und Ihren Blick ganz auf ihn zu richten. Der große Prophet Elia war einmal so entmutigt, daß er Gott bat, ihn sterben zu lassen. (Sie können das in 1.Könige 19 nachlesen.) Es gab vieles, was zu Elias Depression beigetragen hatte — Müdigkeit, Hunger, Niedergeschlagenheit, weil er glaubte, versagt zu haben, Angst vor der Zukunft und auch die Furcht vor seinen Feinden. Doch die wirkliche Ursache war, daß Elia nicht auf Gott geblickt hatte, sondern auf die äußeren Umstände. Gott half ihm, indem er erst einmal seine körperlichen Bedürfnisse befriedigte. Doch er schenkte ihm auch eine neue Sicht der Kraft und der Liebe Gottes. Danach konnte Elia noch sehr wirkungsvoll für Gott arbeiten.

Gott liebt Sie und er möchte Sie wissen lassen, daß er in jeder Situation bei Ihnen ist. Christus kann Ihre Ängste wegnehmen und Ihnen Kraft geben für jeden Tag. Die Bibel verspricht: »Fürchte dich nicht, denn ich habe dich erlöst; ich habe dich bei deinem Namen gerufen; du bist mein. Wenn du durchs Wasser gehst, will ich bei dir sein, daß dich die Ströme nicht ersäufen sollen« (Jesaja 43,1-2). Das können auch Sie erfahren, wenn Sie Ihr Leben Christus übergeben.

Ich bin gerade aus einem psychiatrischen Krankenhaus entlassen worden, wo ich wegen schlimmer Depressionen behandelt wurde. Ich fühle mich jetzt viel besser, doch im Hintergrund lauert immer die Angst, daß die Krankheit wieder ausbricht. Zum ersten Mal in meinem Leben denke ich über Gott nach, obwohl einer meiner Freunde sagt, die Religion sei nur eine Krücke und ich sollte besser lernen, auf eigenen Füßen zu stehen.

Es ist durchaus nicht ein Zeichen von Schwäche, wenn wir zugeben, daß wir Gott brauchen. Im Gegenteil, ich würde sagen, daß Ihr Freund der Schwache ist, weil sein Stolz ihn davon abhält, ehrlich mit sich selbst zu sein und zuzugeben, daß auch er Gott braucht. Lassen Sie sich durch ihn nicht von der wichtigsten Entscheidung abhalten, die Sie je in Ihrem Leben treffen können — der Entscheidung, Christus nachzufolgen.

Wir alle brauchen Gott, denn nur er allein kann unsere Schuld vergeben. Wir brauchen ihn auch, weil nur er weiß, was gut für uns ist, und wir brauchen seine Führung, damit wir so leben, wie es seinem Willen entspricht. Wir brauchen seine Kraft — Kraft, den Anfechtungen des Teufels zu widerstehen. Und wir brauchen Gott, weil nur er uns Hoffnung für die Zukunft geben kann, in diesem Leben und für das Leben nach dem Tode.

Ja, wir alle brauchen Gott. Wie wunderbar ist es, daß er uns liebt und möchte, daß wir zu ihm kommen. Er liebt Sie. Er kennt Ihre Probleme und Ängste, und er bietet Ihnen an, sich ihm ganz anzuvertrauen. Wir können ihm vertrauen. Er hat seinen Sohn in diese Welt gesandt, damit er am Kreuz für unsere Sünden stirbt. Er will auch Sie dadurch retten und Ihnen nicht nur in Ihren seelischen Nöten helfen, sondern vor allem die Sinnfrage Ihres Lebens beantworten.

Gott hat versprochen, Sie zu seinem Kind zu machen, wenn Sie ihn darum bitten. In der Bibel heißt es: »Wieviele ihn aber aufnahmen, denen gab er Macht, Gottes Kinder zu werden, denen, die an seinen Namen glauben« (Johannes 1,12). Wenn Sie ihn annehmen, können Sie heute abend in der Gewißheit zu Bett gehen, daß Christus bei Ihnen ist und Sie nicht mehr verlassen wird, was immer die Zukunft auch bringen mag.

Der Arzt hat mir gerade mitgeteilt, daß ich Krebs habe. Er sagte zwar, daß gute Heilungschancen bestehen, doch manchmal frage ich mich, ob es sich lohnt, das überhaupt zu versuchen. Warum läßt Gott so etwas zu?

Es ist verständlich, daß Sie bei einer solchen Nachricht deprimiert sind und sich fragen, ob sich der Kampf gegen die Krankheit überhaupt lohnt. Ich bete dafür, daß Sie sich nicht von der Verzweiflung überwältigen lassen. Zweifellos hat Ihr Arzt guten Grund, Ihnen eine Heilung in Aussicht zu stellen (am besten holen Sie aber noch eine zweite Meinung ein). In den vergangenen Jahren sind erstaunliche Fortschritte in der Krebsbekämpfung erzielt worden, und Sie sollten sich diese Chance nicht nehmen. Machen Sie sich bewußt, daß es viele Menschen gibt, die Sie lieben und die Sie brauchen. Schon um ihretwillen sollten Sie den Kampf aufnehmen.

Wir wissen nicht, warum Gott manche Dinge zuläßt. Doch ich möchte Ihnen etwas sagen, das ich immer wieder von Menschen gehört habe, die vor ähnlichen Problemen gestanden haben. Gott gebraucht oft gerade die schmerzlichen und leidvollen Erfahrungen in unserem Leben, um uns näher zu sich zu ziehen. »Jede Züchtigung aber, wenn sie da ist, scheint uns nicht Freude, sondern Leid zu sein; danach aber bringt sie als Frucht denen, die dadurch geübt sind, Frieden und Gerechtigkeit« (Hebräer 12,11).

Deshalb werde ich beten, daß Sie, wie immer auch Ihre Krankheit ausgehen wird, offen sein können für das, was Gott Ihnen zeigen möchte. Vielleicht will er Ihnen klarmachen, wie wichtig es ist, ihn an die erste Stelle in Ihrem Leben zu setzen, oder daß Sie ihm in jeder Situation vertrauen können. Vielleicht möchte er Ihnen auch ganz einfach zeigen, daß die Ewigkeit viel wichtiger ist als die vergänglichen Dinge dieser Welt. Lassen Sie sich nicht von Ihrem Ärger und Ihrer Bitterkeit überwältigen, sondern nutzen Sie diese Zeit, um Gottes Liebe und Gnade in Ihrem Leben zu entdecken.

Was sagt die Bibel zum Thema Selbstmord? Kann Gott mir vergeben, wenn ich Selbstmord begehe?

Normalerweise beantworte ich anonyme Briefe nicht, doch in Ihrem Fall habe ich eine Ausnahme gemacht, weil ich das Gefühl habe, daß Sie in großer Not sind und in der Gefahr stehen, etwas sehr Ernstes und Endgültiges zu tun. Sie wollen sich das Leben nehmen. Von ganzem Herzen bete ich darum, daß Sie diesen Schritt nicht tun, denn ich bin überzeugt, daß es falsch ist. Natürlich kennt Gott unser Herz, und er kann unsere Sünden vergeben. Doch das darf keine Ausrede dafür sein, daß man etwas Falsches tut, was klar gegen seinen Willen verstößt. Und wenn Sie Christus nicht kennen, dann muß ich Ihnen offen sagen, daß der Tod Ihre Probleme nicht beenden wird. Dann liegt nämlich die Ewigkeit vor Ihnen mit all ihrer Einsamkeit und Trauer. Sie werden für immer von Gott getrennt sein. Ich möchte Ihnen damit die Tragweite dieses unwiderruflichen Schrittes vor Augen führen.

Doch ich möchte Ihnen vor allem zurufen, daß Gott Sie liebt und gerade jetzt in Ihr Leben treten möchte, um Ihre Verzweiflung wegzunehmen und Ihnen neue Hoffnung und Frieden zu geben. Vielleicht halten Sie das für unmöglich, doch Gott ist größer als alle Ihre Probleme, wie schwer sie auch sein mögen.

Jesus sagt: »Kommt her zu mir alle, die ihr mühselig und beladen seid; ich will euch erquicken. Nehmt auf euch mein Joch und lernt von mir; denn ich bin sanftmütig und von Herzen demütig; so werdet ihr Ruhe finden für eure Seelen. Denn mein Joch ist sanft, und meine Last ist leicht« (Matthäus 11,28-30). Unzählige Menschen haben im Laufe der Jahrhunderte die Wahrheit dieser Verse erfahren können. Auch Sie werden dazugehören, wenn Sie Ihre Bürde auf Jesus Christus werfen. Lassen Sie sich nicht von Ihrer Depression und Verzweiflung überwältigen — Gott hat einen Plan für Ihr Leben, und es ist sehr wichtig für Sie, diesen Plan zu erkennen und Christus im Glauben anzunehmen.

Ein Freund erzählte uns, daß Sie in einer Kolumne geschrieben haben, Gott würde niemanden retten, der, aus welchen Gründen auch immer, Selbstmord begehen würde. Unser Sohn litt jahrelang an einer schrecklichen Geisteskrankheit und hat wahrscheinlich Selbstmord begangen, obwohl ich davon überzeugt bin, daß er Gott wirklich kannte. Wie begründen Sie Ihre Einstellung?

Dieses ist absolut nicht meine Auffassung. Entweder hat Ihr Freund etwas mißverstanden oder, was manchmal vorkommt, die Zeitung hat aus Platzgründen einen Teil des Artikels weggelassen. Dieses Mißverständnis bedaure ich auf jeden Fall sehr.

Jede Woche bekomme ich viele Briefe von Menschen, die über Selbstmord nachdenken. Ich versuche immer, sehr vorsichtig zu antworten, denn Selbstmord ist etwas Schreckliches und ich möchte nicht, daß jemand meint, mit meiner Antwort am Ende diese schreckliche Tat entschuldigen zu können. Das Leben wurde uns von Gott gegeben, und nur er allein hat das Recht, es uns wieder zu nehmen. Außerdem ist Gott auch in den schwierigsten Situationen bei uns, wenn wir Christus kennen. Mit seiner Hilfe können wir auch unsere Probleme bewältigen. Darum muß ich mit aller Deutlichkeit betonen, daß es falsch ist, Selbstmord zu begehen, und daß es auch gegen Gottes Willen verstößt, der einen anderen Plan mit unserem Leben hat.

Doch es gibt auch Situationen, wo ein Mensch aufgrund einer geistigen Verwirrung gar nicht richtig versteht, was er tut; das war vielleicht bei Ihrem Sohn der Fall. Gott versteht solche Situationen. »Wie sich ein Vater über Kinder erbarmt, so erbarmt sich der Herr über die, die ihn fürchten. Denn er weiß, was für ein Gebilde wir sind; er gedenkt daran, daß wir Staub sind« (Psalm 103,13-14). Die Bibel erinnert daran, daß »weder Tod noch Leben, ... noch eine andere Kreatur uns scheiden kann von der Liebe Gottes, die in Christus Jesus ist, unserm Herrn« (Römer 8,38-39).

Nur, wenn wir Christus ablehnen, wird uns der Zugang zu Gott und zur ewigen Errettung verweigert werden. Nicht durch gute Werke kommen wir vor Gott zurecht. Er rettet uns allein durch seine Gnade, wenn wir Christus in unserem Leben Herr sein lassen. Wir dürfen Gottes Gnade natürlich nicht als Blankoscheck benutzen und annehmen, daß wir uns nun alles erlauben können, ohne nach seinem Willen zu fragen. Doch lassen Sie sich, wenn Sie an Ihren Sohn denken, von der Gnade Gottes trösten und versuchen Sie, jeden Tag zur Ehre Gottes zu leben.

Wie kommt es, daß es so vielen berühmten Leuten im Leben so schlecht geht? Ich denke an manche Filmstars, die kein Glück in der Ehe zu haben scheinen und am Ende oft Selbstmord begehen.

In der Bibel steht, daß unser Leben auf Gott hin angelegt ist und seiner vollen Bestimmung erst in der Gemeinschaft mit ihm gerecht wird. Wenn wir ihm nun den rechtmäßigen Platz in unserem Leben verweigern, dann läuft alles schief, und unser Leben gerät aus den Fugen. Ich habe oft festgestellt, daß sich die Leute, die scheinbar schon alles haben, noch mehr Geld und Ruhm verschaffen wollen und meinen, sie könnten erst glücklich sein, wenn sie das erreicht haben. Doch das ist eine Einbahnstraße, denn bleibendes Glück und bleibender Friede kann nur von Gott kommen.

Genau das hatte König Salomo erkannt. Während seiner Regierungszeit herrschte in Israel Frieden und Wohlstand. Salomo konnte alles haben, was man mit Geld kaufen konnte. Auf seiner Suche nach Glück probierte er alles mögliche aus – Reichtum, Sex, Macht, Vergnügen, Alkohol und sogar die Religion (obwohl das für ihn nur eine tote und formelle Art von Religion war). »Und alles, was meine Augen wünschten, das gab ich ihnen und verwehrte meinem Herzen keine Freude« (Prediger 2,10). Doch was war das Ergebnis von Salomos Suche? »Als ich aber ansah alle meine Werke, die meine Hand getan hatte, und die Mühe, die ich gehabt hatte, siehe, da war alles eitel und Haschen nach Wind und kein Gewinn unter der Sonne« (Prediger 2,11). Er erkannte schließlich, daß bleibendes Glück und ein sinnvolles Leben nur bei Gott gefunden werden kann.

Das sollte uns als Warnung dienen, daß wir nicht versuchen, die Leere in uns durch materielle Dinge auszufüllen. Nur Gott kann das, und er wird es tun, wenn wir uns Jesus Christus öffnen, der gesagt hat: »Ich bin gekommen, damit sie das Leben und volle Genüge haben« (Johannes 10,10). Das ist die Erfahrung der Christen über viele Jahrhunderte hinweg, und es kann auch Ihre Erfahrung werden, wenn Sie Ihr Leben Jesus Christus öffnen.

Vor fast dreitausend Jahren fragte Gott durch den Propheten Jesaja: »Warum zählt ihr Geld dar für das, was kein Brot ist, und sauren Verdienst für das, was nicht satt macht? ... Neigt eure Ohren her und kommt her zu mir! Höret, so werdet ihr leben« (Jesaja 55,2.3) Diese Einladung gilt auch heute noch. Sie sind eingeladen, zu Christus zu kommen und durch ihn ein sinnvolles Leben zu führen.

Es wird heutzutage so viel von der sogenannten »Midlife-Krise« ge-sprochen. Sagt die Bibel etwas darüber?

Midlife-Krise nennen wir dieses Phänomen erst seit einigen Jahren. Ich denke, es gibt tatsächlich auch einige gute Bei-spiele dafür in der Bibel. So wie ich diesen Begriff verstehe, sind damit jene Menschen gemeint (vorwiegend Männer), die ungefähr in ihrer Lebensmitte eine Krise durchmachen, über ihre Lebensziele nachdenken und sich fragen, was sie bisher erreicht (oder nicht erreicht) haben. Manche versuchen dann, ihrer Verantwortung in Familie und Beruf zu entfliehen, oder sie wollen plötzlich wieder jung sein. Manchmal geschieht das auf ganz verrückte Weise, wenn z.B. ein Mann im mittle-ren Alter wegen eines jungen Mädchens Frau und Kinder ver-läßt.

Ich frage mich, ob König David nicht auch eine ähnliche Krise durchmachte. Sie erinnern sich an die uns in der Bibel überlieferte Begebenheit, daß er einmal bei seinen Truppen sein sollte, doch aus einem nicht nachvollziehbaren Grund einfach zu Hause im Palast blieb. Dort sah er dann vom Dach aus eine wunderschöne Frau mit Namen Bathseba. Sie war die Frau eines anderen Mannes, und David beging Ehebruch mit ihr. Das war eine dunkle Zeit im Leben des Mannes, der sonst immer versucht hatte, Gott gehorsam zu sein. Einige Monate lang lebte David ohne Gemeinschaft mit Gott. (Sie können das in 2.Samuel 11 nachlesen.)

Doch schließlich wurde er mit seiner Sünde konfrontiert und erkannte, wie dumm und böse er gehandelt hatte. In Psalm 51 finden wir das ausdrucksstärkste Bußgebet der gan-zen Bibel. »Gott, sei mir gnädig nach deiner Güte ... Wasche mich rein von meiner Missetat, und reinige mich von meiner Sünde« (Psalm 51,1.2).

Wenn Sie das Gefühl haben, vor einer solchen oder ähnlichen Krise zu stehen, dann sollten Sie sich klarmachen, wie wichtig es ist, Ihr Leben Christus anzuvertrauen und seinen Willen zu tun. Wenn wir sicher sind, daß wir den Willen Gottes tun, dann brauchen wir keine Selbstzweifel zu haben. Wie David an anderer Stelle sagte: »Du tust mir kund den Weg zum Leben: Vor dir ist Freude die Fülle und Wonne zu deiner Rechten ewiglich« (Psalm 16,11). Auch Sie können das erfahren, wenn Sie Christus als Ihrem Herrn folgen.

Ich glaube, ich durchlebe gerade eine Art Midlife-Krise, denn mir ist plötzlich klargeworden, daß ich älter werde und so viel Zeit in meinem Leben vergeudet habe. Ich habe mich immer so verhalten, als bliebe ich ewig jung und könnte tun, was ich wollte, doch jetzt erkenne ich, daß das nicht stimmt. Ich weiß selbst nicht genau, warum ich Ihnen schreibe, doch irgendwie habe ich das Gefühl, als müßte ich mein Leben und meine Ziele neu überdenken.

Ich bin dankbar, daß Sie sich diese Fragen stellen. Es gibt nichts Traurigeres, als wenn Menschen sich ihr ganzes Leben über nicht fragen, wer sie sind und welche Ziele sie haben.

Sie leben nicht nur zufällig, Gott hat Sie an den Ort gestellt, an dem Sie stehen. Er hat etwas mit Ihnen vor und Sie können nichts Wichtigeres tun, als Gottes Willen für Ihr Leben zu erkennen suchen. Er möchte vor allem, daß Sie ihn persönlich kennenlernen und Ihr Leben Jesus Christus übergeben. Sie können es jetzt sofort und jeden Tag neu erfahren, was es heißt, mit ihm zu leben und seinen Willen zu tun. In der Bibel heißt es: »Trachtet zuerst nach dem Reich Gottes und nach seiner Gerechtigkeit« (Matthäus 6,33).

Wofür haben Sie gelebt? Für Geld? Vergnügen? Sicherheit? Glück? Erfolg? Was immer es auch gewesen sein mag, es hat

Ihnen keine Sicherheit oder dauerhaftes Glück gebracht. Sie wurden erschaffen, um eine Beziehung zu Gott zu haben, und Sie werden Ihren Sinn und Ihr Ziel nur in Christus finden. Bisher haben Sie sich selbst zur Mitte Ihres Lebens gemacht. Lassen Sie Christus Mittelpunkt Ihres Lebens werden, indem sie ihn bitten, Ihr Herr und Heiland zu sein. Dann können Sie mit dem Psalmisten sagen: »Du tust mir kund den Weg zum Leben« (Psalm 16,11).

Ich habe in letzter Zeit viel über die Midlife-Krise gelesen und ich glaube, das trifft genau auf meinen Mann zu. Er hat immer sehr hart gearbeitet und war sehr erfolgreich, doch jetzt sagt er, daß er alles satt hat, eine neue Laufbahn einschlagen und eine neue Familie haben möchte. Wir sind alle bis ins Tiefste getroffen. Er hat uns wegen seiner Freundin verlassen. Sie ist viel jünger als er. Kann ich irgendetwas tun?

Ich weiß, in den letzten Jahren ist viel über die sogenannte Midlife-Krise geschrieben worden — eine Zeit, in der die Menschen desillusioniert sind über ihr Leben und auf die verschiedenste Art versuchen, auszubrechen. Was immer auch der Grund dafür ist, Entscheidungen wie die, die Ihr Mann getroffen hat, bringen nicht nur den Betroffenen, sondern am Ende auch ihm selbst Kummer und Herzeleid.

Beten Sie für Ihren Mann. Wie der verlorene Sohn in dem Gleichnis, das Jesus erzählte (Lukas 15,11-32), ist Ihr Mann einer Selbsttäuschung zum Opfer gefallen, indem er glaubte, glücklich werden zu können, wenn er vor seiner Verantwortung davonläuft und Gottes moralischen Gesetzen nicht gehorcht. Nur Gott kann ihm klarmachen, wie dumm und falsch das ist, was er tut. Beten Sie, daß Gott seine moralische Blindheit durchbrechen und ihm seine Sünde vor Augen stellen kann. Beten Sie, daß Ihr Mann die Notwendigkeit erkennt, seine Sünde zu bereuen und Christus um Vergebung bittet.

Lassen Sie Ihren Mann wissen, daß Sie ihn immer noch lieben und ihm vergeben. Vielleicht kommt die Zeit, wo er so tief gesunken ist (wie der verlorene Sohn), daß er wieder zur Besinnung kommt und erkennt, daß er wieder nach Hause kommen muß. Der Vater des verlorenen Sohnes hieß ihn zu Hause willkommen, und Sie sollten Ihren Mann wissen lassen, daß er zu Hause immer wieder willkommen ist. Seien Sie zu Zugeständnissen bereit, vielleicht einem entspannteren Lebensstil, damit er sich nicht unter ständigem Erfolgszwang sieht.

Vor allem aber helfen Sie Ihren Kindern in dieser schwierigen Zeit. Gott will Ihnen die Kraft und Weisheit dazu schenken. Wenn er bisher nicht die Basis Ihrer Familie war, dann wenden Sie sich ihm jetzt zu und machen Sie es zu Ihrem Ziel, Ihren Kindern klarzumachen, daß Gott uns niemals verläßt, auch wenn der leibliche Vater sie im Stich gelassen hat.

In der Bibel heißt es, daß wir unseren Feinden immer wieder vergeben sollen. Bei einem bestimmten Menschen bereitet mir das Schwierigkeiten. Andere Feinde habe ich nicht. Denken Sie, daß Gott mich richten wird, weil es diesen einen Menschen in meinem Leben gibt, dem ich nicht vergeben kann?

Auch der Nicht-Christ hat Freunde; er liebt sie, weil sie ihn auch lieben. Hier liegt der Unterschied zum Leben eines Christen. Jesus hat gesagt: »Liebt eure Feinde und bittet für die, die euch verfolgen« (Matthäus 5,44). An anderer Stelle sagt er, daß wir siebzigmal siebenmal vergeben sollen. Gott will uns befähigen, anderen zu vergeben, wenn wir seine Vergebung in Jesus Christus annehmen. Wenn Sie das tun, dann erkennen Sie, wie viel Ihnen vergeben worden ist, so daß Sie selbst den Wunsch haben, auch anderen zu vergeben. In der Welt ist es üblich, Gleiches mit Gleichem zu vergelten. Wir Christen jedoch sollten es für erstrebenswert halten, das Böse um Christi willen zu erdulden und anderen zu vergeben, damit die Menschen durch uns die Gnade Gottes erkennen können.

15. WARUM TUE ICH, WAS ICH TUE?

Ich verstehe nicht, warum ich mich so verhalte. Mein Vater war Alkoholiker, und ich habe ihn immer gehaßt und mir geschworen, niemals so zu werden wie er. Jetzt muß ich feststellen, daß auch ich meinen Alkoholkonsum nicht mehr kontrollieren kann, und ich habe die geheime Angst, genauso zu enden wie er. Warum tue ich das?

Die Kinder von Alkoholikern schlagen oft denselben Weg ein wie ihre Eltern - trotz der desolaten Zustände, in denen sie groß geworden sind.

Dafür kann es mehrere Gründe geben. Neuere Untersuchungen haben gezeigt, daß manche Menschen körperlich sehr empfänglich sind für den Alkohol, und daß das sogar erblich sein kann. Aber es steht auch fest, daß der Alkohol für einige der »einfachste« Weg ist, ihren Problemen zu entkommen (obwohl es keine wirkliche oder dauerhafte Lösung ist). Vielleicht sind Sie emotional durch Ihr Elternhaus so verletzt, daß Sie sich, trotz besseren Wissens, dem Alkohol zugewendet haben, um Ihren Schmerz zu betäuben.

Doch was immer auch die Ursachen sein mögen, wichtig ist, daß Sie sich dieser Tatsache stellen und versuchen, die nötige Hilfe zu bekommen. Glauben Sie nicht, daß Sie mit Ihrem Problem allein fertigwerden können; der Alkohol wird Sie zerstören. Die Bibel warnt: »Wo ist Weh? Wo ist Leid? Wo ist Zank? ... Wo man lange beim Wein sitzt ... aber danach beißt er wie eine Schlange und sticht wie eine Otter« (Sprüche 23,29.30.32). Es gibt Gruppen in Ihrer Stadt, die Ihnen helfen können. Sprechen Sie offen mit Ihrem Pastor und/oder Arzt über Ihr Problem, und verschließen Sie sich nicht vor der Hilfe, die Sie brauchen.

Sie sind in Gottes Augen wichtig und er möchte nicht, daß Sie sich selbst zerstören. Er liebt Sie und möchte Ihnen helfen. Vertrauen Sie Ihr Leben Christus an und bitten Sie ihn, Sie dorthin zu führen, wo Sie Hilfe bekommen können.

Mein Elternhaus war chaotisch — der Vater ein Trinker, meine Mutter ständig unterwegs, schließlich die Scheidung meiner Eltern. Ich lief von zu Hause fort und kam dann zu Pflegeeltern. Meine Tante hat mir immer erzählt, daß ich verantwortlich wäre für all die Schwierigkeiten, die meine Eltern miteinander hatten, weil ich ein Problemkind gewesen sei. Jetzt bin ich erwachsen und werde von diesen Schuldgefühlen verfolgt. Ich habe das Gefühl, daß ich nichts wert bin. Wie kann ich das überwinden?

Gefühle, die ihre Wurzeln in Kindheitserfahrungen haben, sind nicht leicht zu überwinden. Vielleicht kann es Ihnen helfen, wenn Sie einen Psychiater oder Psychologen aufsuchen, der mit Ihnen diese Dinge aufarbeitet, damit Sie erkennen können, was in Ihnen vorgeht und es besser verstehen. Ihr Pastor kann Ihnen da sicherlich jemanden vorschlagen.

Ihr Bild von sich selbst ist sehr negativ; haben Sie schon einmal darüber nachgedacht, was Gott Ihnen gegenüber empfindet? Er liebt Sie, und in seinen Augen sind Sie ein wertvoller Mensch. Das ist eine Tatsache, wie immer Sie selbst auch empfinden mögen. Unsere Gefühle können uns täuschen. Sie bringen uns manchmal dazu, etwas zu glauben, das gar nicht wahr ist. Natürlich gibt es Ursachen für Ihre Gefühle — aber trotzdem werden Sie von ihnen getäuscht, denn in Gottes Augen sind Sie sehr wertvoll.

Bitten Sie Christus mit einem einfachen Gebet, in Ihr Leben zu kommen. Lesen Sie jeden Tag die Bibel. Am besten fangen Sie mit dem Johannesevangelium oder dem ersten Johannesbrief an. Notieren Sie sich, was immer wieder über die Liebe Gottes zu uns gesagt wird. Dort heißt es z.B.: »Furcht ist nicht in der Liebe« (1.Johannes 4,18). Gottes vollkommene Liebe kann Ihr Gefühl der Wertlosigkeit vertreiben, wenn Sie das ganze Ausmaß der Liebe Gottes für sich erkennen.

Ich kann mich immer wieder für neue Projekte jeglicher Art begeistern. Voller Energie gehe ich sie an und verliere dann ganz schnell das Interesse. Ich frage mich, warum ich nichts durchhalten kann. Vermutlich ist das kein geistliches Problem, aber vielleicht können Sie mir trotzdem helfen.

Jedes Problem hat auch eine geistliche Seite; Ihres ist da keine Ausnahme. Ich möchte Ihnen versichern, daß Gott die Probleme, vor denen wir im Leben stehen, nicht gleichgültig sind. Er möchte Ihnen helfen, damit umgehen zu können.

Ich kann Ihnen nicht sagen, warum Sie kein Projekt zu Ende führen, dafür kann es mehrere Gründe geben. Ich möchte Sie ermutigen, das herauszufinden. Manche Menschen bringen z.B. nichts zu Ende, weil sie tief in ihrem Innern die Angst vor dem Versagen spüren – der einfachste Weg, Versagen zu vermeiden, ist, ein Projekt abzubrechen. Doch wir sollten uns durch die Angst vor dem Versagen nicht abhalten lassen, bestimmte Dinge im Leben durchzuziehen; Gott nimmt uns so an, wie wir sind. Wahrscheinlich können Sie Ihr Problem am besten überwinden, wenn Sie bei einer Sache bleiben, diese dann wirklich auch zu Ende bringen und dabei entdecken, daß Sie erfolgreich sind. (Vielleicht bitten Sie andere, Ihnen zu helfen, durchzuhalten.)

Ich möchte Ihnen aber eine noch viel wichtigere Frage stellen. Verhalten Sie sich auch in Ihrem geistlichen Leben so?

Gab es eine Zeit in Ihrem Leben, wo Sie Christus eifrig nachfolgen und Gottes Willen tun wollten — und dann aufgegeben
haben? Oder haben Sie sich nie der Tatsache gestellt, daß Sie
Christus Ihr Leben anvertrauen müssen? Bitten Sie ihn wieder
neu, in Ihr Leben zu kommen und dann »laßt uns laufen mit
Geduld in den Kampf, der uns bestimmt ist, und aufsehen zu
Jesus ... damit ihr nicht matt werdet und den Mut nicht sinken laßt« (Hebräer 12,1-3).

*Mein Bruder und meine Schwester sind sehr begabt. Ich bin bloß
Durchschnitt. Sie haben oft Gelegenheit, etwas in unserer Gemeinde
zu tun, bei mir kommt das selten vor. Das entmutigt mich, denn ich
habe das Gefühl, daß Gott mich nicht so gebrauchen kann wie meine
Geschwister. Wie kann ich vermeiden, so entmutigt zu sein?*

In der Bibel wird von vielen »durchschnittlichen« Menschen berichtet. Tatsächlich gebraucht Gott die »Durch-
schnittsmenschen« viel öfter als die Reichen, die Mächtigen,
die Berühmten oder Einflußreichen. Jesus hat sich ganz einfache Menschen als Jünger ausgesucht. Selbst Mose hatte große
Zweifel an seinen Fähigkeiten.

Gott gebraucht die Demütigen, um seine Ziele zu erreichen,
nicht die Stolzen. Sie schreiben, daß Ihr Bruder und Ihre
Schwester sehr begabt sind. Sie sind aber doch sicher auch begabt. Gott hat uns die verschiedensten Gaben gegeben, jede
von ihnen ist wertvoll. Das größtes Geschenk Gottes an die
Menschen ist die Rettung in Jesus Christus, und das sollen wir
an andere weitergeben.

In der Bibel heißt es, daß Gott die Toren (oder nicht so klu-
gen Menschen) gebraucht, um die Weisen in Erstaunen zu
versetzen. Sie sind in Gottes Augen wertvoll, weil er Sie so geschaffen hat, wie Sie sind. Bitten Sie Gott, Ihnen zu zeigen,
was er mit Ihrem Leben vorhat. Handeln Sie nach seinem
Plan, und Sie werden erkennen, daß Sie in Gottes Augen ein

außergewöhnlicher Mensch sind, den Gott liebt und den er gebrauchen möchte.

Ich war drei Jahre im Gefängnis. Als ich nach Hause kam, mußte ich feststellen, daß ich in der Gesellschaft nicht mehr akzeptiert werde. Ich habe keine Arbeitsstelle und fast keine Freunde. Sind Sie der Meinung, daß ich falsch liege, wenn ich Groll gegenüber Menschen empfinde, die nichts mit mir zu tun haben wollen? Ich möchte den geraden Weg gehen, doch ich habe fast den Eindruck, daß die Menschen mich wieder dahin zurückdrängen wollen, wo ich hergekommen bin.

Sie haben mit denselben Problemen zu kämpfen wie viele andere, die gegen das Gesetz verstoßen haben und im Gefängnis gewesen sind. Sie müssen nur erkennen, daß Sie den Menschen Grund gegeben haben, Ihnen zu mißtrauen. Es liegt nun an Ihrem Verhalten, ob die Gesellschaft Sie wieder akzeptiert. Das wird sicher nicht einfach werden. Ich möchte Ihnen zwei Dinge vorschlagen.

Als erstes müssen Sie die Menschen davon überzeugen, daß Sie den geraden Weg gehen wollen. Das wird Zeit brauchen und gewiß nicht einfach sein, doch es lohnt sich.

Dann müssen Sie erkennen, daß Sie jemanden brauchen, der Ihnen hilft, diesen Vorsatz zu verwirklichen. Sie können Ihren Weg nicht allein gehen, denn Gott hat uns so angelegt, daß wir die Gemeinschaft brauchen. Wenn auch die Gesellschaft Ihr Verbrechen nicht so schnell vergessen wird; Gott vergibt Ihnen Ihre Schuld in dem Moment, wo Sie Jesus Christus als Ihren Herrn annehmen.

Sie haben den halben Weg hin zu Christus schon zurückgelegt, als Sie Ihre Sünden bereut haben. Warum machen Sie nicht ganze Sache und wenden sich Gott zu? Suchen Sie sich eine Gemeinschaft von Christen, wo Sie akzeptiert werden. Das gibt es noch, auch wenn Sie es im Moment nicht glauben. Gott wird Ihnen durch die schwere Zeit der Wiedereingliederung in die Gesellschaft helfen und bis ans Ende Ihres Lebens bei Ihnen sein.

Ich glaube fast, daß ich süchtig bin nach Seifenopern (amerikanischen Fernsehserien). Ich weiß, daß ich viel zu viel Zeit vor dem Fernsehapparat zubringe, doch ich komme einfach nicht dagegen an. Denken Sie, daß das schädlich ist?

Vermutlich können Sie sich Ihre Frage selbst beantworten, denn ich meine, ein gewisses Schuldgefühl aus Ihrem Brief herauslesen zu können. Im Grunde wissen Sie genau, daß Sie Ihre Zeit für etwas Sinnvolleres nutzen sollten. Ich denke, Sie sollten die Art, wie Sie Ihre Zeit verbringen, ganz neu überdenken.

Ich habe mindestens zwei Gründe, warum ich das sage. Es ist sehr wahrscheinlich, daß Sie in der Zeit, die Sie vor dem Fernsehgerät verbringen, andere Dinge vernachlässigen. Die Zeit ist etwas sehr Wertvolles — wenn eine Minute vergangen ist, dann ist sie unwiderruflich vorbei. Die Bibel spricht davon, daß wir die Zeit »auskaufen« sollen (Kolosser 4,5). Natürlich sollen wir uns entspannen und erholen. Doch wir haben auch Gott gegenüber eine Verantwortung, sei es in der Familie, am Arbeitsplatz usw.

Außerdem sollten Sie sich fragen, ob Sie Ihre Zeit nicht besser nutzen können, um so mehr, als Ihre Art der Freizeitgestaltung schädlich sein kann. (Wir sollten uns diese Frage bei allem stellen, das uns in seinen Bann zieht, nicht nur beim Fernsehen.) Die Bibel gibt uns Richtlinien, die unser Denken und unsere Aktivitäten bestimmen sollten: »Was wahrhaftig ist, was ehrbar, was gerecht, was rein, was liebenswert, was einen guten Ruf hat, sei es eine Tugend, sei es ein Lob — darauf seid bedacht« (Philipper 4,8). Ich fürchte, viele unserer Aktivitäten (und vieles, was heutzutage in den Medien gebracht wird) können damit nicht Schritt halten.

Ich habe Sie gebeten, sich nicht Ihrer Verantwortung in den verschiedenen Lebensbereichen zu entziehen, und ich möchte Sie ganz besonders auch auf Ihre geistliche Verantwortung hinweisen. Haben Sie jemals ernsthaft über Ihre Beziehung zu Gott nachgedacht? Lesen Sie jeden Tag die Bibel und beten Sie? Fragen Sie nach Gottes Willen für Ihr Leben?

Mein Mann ist in vieler Hinsicht ein feiner Mensch, doch unser Familienleben ist zerrüttet, weil er vom Spieltrieb besessen ist. Immer hofft er, daß er doch noch einmal eine Glückssträhne hat. Seiner Meinung nach ist das vom moralischen Standpunkt aus nichts Falsches. Was meinen Sie?

Ihr Mann handelt aus verschiedenen Gründen falsch, und ich kann nur hoffen, daß er den Mut hat, sich dem zu stellen und sich helfen zu lassen. Das wird sicherlich nicht einfach werden; manche Leute sind so von der Spielleidenschaft besessen, daß es fast wie eine Droge wirkt. Doch es gibt Stellen, die hier helfen können. Vor allem aber will Gott Ihnen und Ihrem Mann helfen, damit umzugehen und Ihr Heim wieder auf eine solide Grundlage zu stellen.

Die Spielbesessenheit Ihres Mannes ist aus zwei Gründen falsch. Der erste ist das Motiv, das hinter seinem Spielen steckt. Jemand, der spielt, wird leicht von der Gier nach mehr ergriffen und selbst wenn er gewinnt, macht er weiter, weil er noch mehr bekommen möchte — was meistens nicht zutrifft. Schon in der Bibel heißt es: »Wer Geld liebt, wird vom Geld niemals satt, und wer Reichtum liebt, wird keinen Nutzen davon haben« (Prediger 5,9). Eins der zehn Gebotet lautet: »Du sollst nicht begehren« (2.Mose 20,17). Warum warnt uns die Bibel vor Begehren und Gier? Gott weiß, daß wir, wenn uns die Gier überwältigt, andere Dinge aus unserem Leben verdrängen, die unbedingt hineingehören, und uns dazu treibt, uns falsch zu verhalten.

Zweitens ist sie falsch wegen der verheerenden Folgen. In Ihrem Brief deuten Sie an, daß Ihr Mann durch sein Spielen schon einen enormen Schuldenberg aufgehäuft hat. Außerdem investiert er viel Zeit und Energie in seine Sucht und vernachlässigt deshalb seine Verpflichtungen als Ehemann und Vater. In der Bibel heißt es: »Wer unrechtem Gewinn nachgeht, zerstört sein Haus« (Sprüche 15,27).

Beten Sie für Ihren Mann und versuchen Sie, offen, aber nicht ärgerlich, mit ihm zu sprechen. Wenn er ehrlich mit sich selbst ist, dann wird er erkennen, daß er sich von seiner Leidenschaft abwenden und Gottes Hilfe und Stärke suchen muß.

Denken Sie, daß es Gott interessiert, wie wir mit unserem Körper umgehen? Ich habe mich nie besonders in acht genommen und deshalb ziemliches Übergewicht, obwohl ich erst Mitte zwanzig bin.

Auf jeden Fall ist Gott um unseren Körper besorgt; er hat ihn uns schließlich gegeben. Es ist nicht richtig, wenn wir ihn mißbrauchen. Wenn Sie Jesus als Ihren Herrn angenommen haben, dann lebt der heilige Geist in Ihnen. Das ist ein weiterer Grund, warum Sie, mit Ihrem Körper sorgsam umgehen sollten.

In der Bibel heißt es: »Oder wißt ihr nicht, daß euer Leib ein Tempel des heiligen Geistes ist, der in euch ist und den ihr von Gott habt, und daß ihr nicht euch selbst gehört? Denn ihr seid teuer erkauft, darum preist Gott mit eurem Leibe« (1.Korinther 6,19-20). Machen Sie sich klar, daß Jesus am Kreuz für Sie gestorben ist, um Sie, samt Ihrem Körper zu seinem Eigentum zu machen. Sie »gehören« also nicht mehr sich selbst, sondern Gott. Darum passen Sie gut auf Ihren Körper auf, und mißbrauchen Sie ihn nicht für Dinge, die Gott Unehre machen. Wir können unseren Körper auf mancherlei Weise mißbrauchen — zu viel Essen, Drogen, Alkohol, zu wenig Bewegung usw. Natürlich können wir auch zu viel Wert auf unser Äußeres legen und all unsere Zeit und unser Geld darauf verwenden, andere mit unserer Schönheit oder unseren Muskeln zu beeindrucken. Jedes Extrem, sei es nun Vernachlässigung oder zu große Aufmerksamkeit, ist falsch.

Haben Sie jemals ernsthaft in Betracht gezogen, Ihr ganzes Leben, nicht nur Ihren Körper, Jesus Christus anzuvertrauen? Gott ist besorgt um Sie. Er möchte der Herr in Ihrem Leben sein, weil er Sie liebt und und jeden Tag bei Ihnen sein will.

Es kann mehrere Gründe geben, warum Sie sich so vernachlässigt haben. Vielleicht sehen Sie sich selbst als nicht wertvoll an. Doch in Gottes Augen sind Sie wertvoll! Er möchte in Ihr Leben kommen und Sie in den Menschen verwandeln, der Sie nach seinem Willen sein sollten.

Ich bin mit einer lieben Frau verheiratet und wir haben sieben gesunde, glückliche Kinder. Ich arbeite hart, doch das Geld reicht hinten und vorne nicht. Meine Nachbarn haben keine Kinder. Sie kaufen sich jedes Jahr ein neues Auto, machen viele Reisen und essen auch viel besser als wir. Ich muß gestehen, daß ich manchmal etwas neidisch auf sie bin. Wie kann ich das verhindern?

Es würde mich nicht überraschen, wenn Ihre Nachbarn Sie viel mehr beneideten. In jeder Hinsicht sind Sie ein reicher Mann. Glücklich verheiratet mit einer guten Frau, Sie haben sieben gesunde Kinder und können arbeiten.

In der Bibel heißt es: »Besser ein Gericht Kraut mit Liebe als ein gemästeter Ochse mit Haß« (Sprüche 15,17). Wenn Sie ehrlich sind, dann müssen Sie zugeben, daß Sie viel Grund haben, dankbar und glücklich zu sein.

Vielleicht fehlt Ihnen nur etwas in geistlicher Hinsicht. In den Sprüchen steht: »Besser wenig mit der Furcht des Herrn als ein großer Schatz, bei dem Unruhe ist« (Sprüche 15,16). Gehen Sie noch heute abend auf die Knie und beten Sie: »Lieber Gott, vergib mir, daß ich auf meinen Nachbarn neidisch gewesen bin. In Wirklichkeit hat er ja viel weniger als ich. Hilf mir, dich zu ehren und für dich zu leben.« Sie werden merken, daß Ihnen das helfen wird.

Alle meine Freunde glauben, daß ich glücklich bin, nur ich selbst weiß, daß es nicht so ist. Ich fühle mich so leer und ich weiß nicht, was ich dagegen tun soll. Wissen Sie es?

Woher kommt denn Ihrer Meinung nach diese Leere? Wenn man die Bibel fragt, kommt sie von Gott. Gott hat Sie dazu erschaffen, daß Sie Gemeinschaft mit ihm haben sollten. Er selbst wollte der Mittelpunkt Ihres Lebens sein. Das gilt für alle Menschen. Doch wenn wir in unserem Leben Gott keinen Platz einräumen, dann bleibt ein Vakuum, das nichts wirklich ausfüllen kann. Wie sehr oder womit wir es auch versuchen, Besitz, Geld, Vergnügen, Drogen oder was auch immer, die Leere bleibt.

Für dieses Problem gibt es nur eine einzige dauerhafte Lösung, nämlich Gott seinen ursprünglich bestimmten Platz in unserem Leben einzuräumen.

Ich habe beobachtet, wie das bei unzähligen Menschen geschehen ist, und ich habe es in meinem eigenen Leben erfahren. In der Gottesferne sind wir »verschmachtet und zerstreut wie die Schafe, die keinen Hirten haben« (Matthäus 9,36). Doch Gott liebt uns, und er möchte, daß Sie ihn suchen. Er möchte die innere Leere in Ihren Leben ausfüllen. Er will in Ihr Leben eintreten und in Ihnen Wohnung nehmen. Heute ruft Jesus Ihnen zu: »Siehe, ich stehe vor der Tür und klopfe an. Wenn jemand meine Stimme hören wird und die Tür auftun, zu dem werde ich hineingehen und das Abendmahl mit ihm halten und er mit mir« (Offenbarung 3,20). Christus steht an der Tür zu Ihrem Herzen und bittet darum, eingelassen zu werden. Er möchte Gemeinschaft mit Ihnen haben.

Wie das vor sich geht? Stellen Sie sich vor, jemand macht Ihnen ein Geschenk. Sie brauchen es nur anzunehmen. Christus hat den Preis für Ihre Rettung schon bezahlt – er hat am Kreuz sein Blut für Sie vergossen. Wenn Sie das Geschenk im Glauben annehmen, werden Sie erfahren, wie der Friede Gottes bei Ihnen einkehrt und Sie zu einem erfüllten Leben finden.

Ich verstehe einfach nicht, was mit mir los ist. Ich habe keine Eheprobleme, meine Kinder sind erwachsen und erfolgreich. Ich habe viele Freunde und genügend Geld. Und doch fühle ich mich innerlich so leer. Was stimmt nicht mit mir?

Ich glaube, viele Menschen in unserer Gesellschaft könnten diese Frage stellen. Unsere Gesellschaft ist die wohlhabendste, die es je gegeben hat. Und doch haben wir erkannt, daß Geld, Freizeit oder Vergnügen allein die tiefsten Bedürfnisse des Menschen nicht befriedigen können.

Warum? Der Grund dafür ist, daß Gott uns für sich selbst geschaffen hat. Aber so lange wir ihm den Rücken zukehren und unser Leben lieber ohne ihn führen, wird es immer unerfüllt bleiben. Vor vielen Jahrhunderten hat es der König Salomo in Israel zu großem Reichtum gebracht – er war sogar der reichste Mann seiner Zeit. Doch sein Herz blieb leer. Er begann nach Wegen zu suchen, diese Leere auszufüllen und hat alles ausprobiert – von noch größerem Reichtum bis hin zum Alkohol. Schließlich mußte er erkennen, daß nur Gott die Leere in seinem Leben ausfüllen konnte. (Sie können das im Alten Testament, im Buch der Prediger, nachlesen.)

Bitten Sie Christus, Ihr Leben auszufüllen und ihm ein Ziel und einen Sinn zu geben. Lassen Sie ihn zum Mittelpunkt Ihres Lebens werden. Sie brauchen Christus, und Sie dürfen die wunderbare Tatsache entdecken, daß Gott Sie liebt. Jesus hat gesagt: »Ich bin gekommen, damit sie das Leben und volle Genüge haben sollen« (Johannes 10,10). Zögern Sie nicht, Jesus heute Ihr Leben anzuvertrauen.

Lernen Sie, jeden Tag mit ihm zu leben, indem Sie in der Bibel lesen und beten. Durch das Bibellesen wird Ihnen Tag für Tag klarer werden, was Gott für Sie getan hat und was er von Ihnen erwartet. »Warum zählt ihr Geld dar für das, was kein Brot ist, und sauren Verdienst für das, was nicht satt macht? ... Neigt eure Ohren her und kommt her zu mir! Höret, so werdet ihr leben« (Jesaja 41,10). Wie reich hat Gott Sie beschenkt, danken Sie ihm, daß es Ihnen so gut geht.

Ich bin schon immer sehr nervös und reizbar gewesen, doch in letzter Zeit hat sich das noch verschlimmert, und ich mache mir fortwährend Sorgen und habe Angst vor der Zukunft. Muß ich mich mit meiner Art abfinden, oder kann ich irgendetwas dagegen tun?

Die Menschen haben unterschiedliche Temperamente und Persönlichkeitsstrukturen. Manche machen sich zweifellos übermäßige Sorgen. Gott will uns genau da helfen, wo wir eine Schwäche haben, und er möchte auch Ihnen helfen, mit Ihrem Problem fertigzuwerden.

Wir müssen uns im klaren darüber sein, daß nichts, aber auch gar nichts Gott überraschen kann, weil er die Zukunft ja kennt. Deshalb brauchen wir uns auch keine Sorgen zu machen, wenn wir darauf vertrauen, daß er bei uns ist. »Fürchte dich nicht, ich bin mit dir; weiche nicht, denn ich bin dein Gott. Ich stärke dich, ich helfe dir auch, ich halte dich durch die rechte Hand meiner Gerechtigkeit« (Jesaja 41,10).

Vertrauen Sie Ihr Leben Jesus Christus an, und bitten Sie ihn, in Ihr Herz zu kommen als Ihr persönlicher Herr und Heiland. Legen Sie jeden Tag im Gebet Ihre Sorgen und Nöte in seine Hand. Lassen Sie sein Wort, die Bibel, jeden Tag Teil Ihres Lebens werden, und lernen Sie, den Verheißungen und Zusagen zu vertrauen, die Gott uns in seinem Wort gegeben hat. Gott kennt Ihre Schwachheit und Ihre Ängste, doch wenn Sie ihm vertrauen, dann wird er Ihnen Kraft geben. »Freuet euch in dem Herrn allewege … Sorgt euch um nichts, sondern in allen Dingen laßt eure Bitten in Gebet und Flehen mit Danksagung vor Gott kundwerden! Und der Friede Gottes, der höher ist als alle Vernunft, bewahre eure Herzen und Sinne in Christus Jesus« (Philipper 4,6-7). Dies kann Ihre Erfahrung werden, wenn Sie Ihre Zukunft in Gottes treu sorgende Hände legen.

16. Ich habe Angst vor der Zukunft

Ich bin pensioniert und habe große Angst vor dem, was noch auf uns zukommt. Immer, wenn ich die Zeitung aufschlage, finde ich beängstigende Nachrichten über unsere Zukunft, und ich frage mich, ob ich später noch genug zum Leben haben werde. Ich weiß, daß ich mir nicht so viel Sorgen machen sollte, doch ich kann mich nicht dagegen wehren.

So lange Sie auf die heutige Weltlage sehen, wird es Ihnen schwerfallen, Ihre Furcht zu überwinden. Es stimmt, es gibt viele Probleme, und was die Zukunft bringen wird, ist ungewiß. Auch ich finde vieles, was in der Welt vor sich geht, sehr erschreckend.

Doch ich möchte Ihnen raten, nicht auf die Welt zu sehen, sondern statt dessen auf Gott zu blicken und zu lernen, ihm zu vertrauen. Wir wissen einfach nicht, was in der Zukunft sein wird. Vielleicht bringt sie Probleme, vielleicht aber auch nicht. (Mit Ihren Sorgen können Sie das weder in die eine noch in die andere Richtung beeinflussen.) Jesus hat einmal gesagt: »Wer ist unter euch, der seines Lebens Länge eine Spanne zusetzen könnte, wie sehr er sich auch darum sorgt« (Matthäus 6,27). Sie kennen die Zukunft nicht, aber Gott weiß, was sie bringen wird. Und, was noch wichtiger ist, Gott hat sie in der Hand. Sie dürfen ihm vertrauen, daß er für Sie sorgen wird und über Ihnen wacht.

Wenn Sie über die Zukunft nachdenken, dann sollten Sie sich immer wieder sagen: »Danke Gott« und: »Vertraue Gott«. Lernen Sie zuerst, Gott zu danken für das, was Sie haben, und daß er Sie bisher so gesegnet hat. Auch wenn wir im Leben auf Schwierigkeiten stoßen, sollten wir lernen, Gott für das zu danken, was er für uns tut — mehr als wir verdienen. »Sagt Dank Gott, dem Vater, allezeit für alles, im Namen unseres Herrn Jesus Christus« (Epheser 5,20). Vor allem aber sollten wir Gott danken für das, was er durch Jesus Christus für uns getan hat. Haben Sie das schon getan? Haben Sie Jesus Christus im Glauben in Ihr Leben aufgenommen? Wissen Sie, daß Sie einmal bei ihm im Himmel sein werden? Ihre Beziehung zu Christus ist das Wichtigste, über das Sie nachdenken sollten, und Sie können sie jetzt in Ordnung bringen, wenn Sie ihn in Ihr Leben aufnehmen.

Sie werden dann erkennen, daß Sie Gott Ihre Zukunft anvertrauen können — jetzt und für die Ewigkeit. Lesen Sie, was Jesus über das Sorgen in Matthäus 6,25-34 gesagt hat. Schauen Sie auf ihn, er wird für Sie sorgen.

Ich bin zweiundsiebzig Jahre alt und sehr deprimiert und ohne Hoffnung. Ich habe keine lebenden Verwandten mehr. Gibt es noch irgend etwas im Leben, für das es sich zu leben lohnt?

Ein sehr alter Mann, viel älter als Sie, sagte, als er im Sterben lag: »Ich habe den ganzen Zucker auf dem Boden der Tasse gefunden.« Wenn wir Christus haben, dann kann das Leben auch im Alter schön und lebenswert sein. Auch die Sonne zeigt sich beim Sonnenuntergang am schönsten. Christus allein kann in den Lebensabend eines Menschen Farbe und Schönheit bringen. Versuchen Sie, jeden Tag wenigstens einen Menschen zu finden, dem Sie von der Freude in Christus erzählen können.

Ich bin schon sehr alt. Mein ganzes Leben lang bin ich ein schlechter Mensch gewesen. Vor einiger Zeit habe ich durch eine Ihrer Radiosendungen zu Jesus gefunden. Kann ich die verlorenen Jahre irgendwie wieder gut machen?

Die Sünde hinterläßt in unserem Leben eine unauslöschliche Spur. Sie werden wahrscheinlich immer bereuen, so viele Jahre Ihres Lebens vergeudet zu haben. Doch Gott kann das Unmögliche möglich machen. Mit ein paar Tagen, die wir ihm ganz widmen, kann er mehr anfangen, als wenn wir ihm ein ganzes Leben lang halbherzig dienen. Wenn Sie Ihr bisheriges Leben in Sünde verbracht haben, dann wird Ihr Zeugnis bei denen, die Sie früher gekannt haben, einen bleibenden Eindruck hinterlassen. Sie werden durch die Veränderung bei Ihnen die Macht Gottes erkennen. Nehmen Sie jede Gelegenheit wahr, den Menschen von Ihrem Glauben an Jesus Christus zu erzählen. Gott kann in kurzer Zeit viel vollbringen. Sie dürfen jetzt nicht entmutigt sein, sondern sollten viel lieber ein Lied des Sieges und Triumphes anstimmen.

Ich bin pensioniert und komme mir ziemlich nutzlos vor. Dabei fühle ich mich gut und würde gern etwas tun, doch niemand braucht meine Hilfe.

Vor Ihnen können noch wundervolle und nützliche Jahre liegen. Da Sie keine Arbeitsverpflichtungen mehr haben, sind Sie in der Lage, Ihre ganze Zeit, Kraft und Erfahrung für nützliche Projekte in Ihrer Gemeinde oder Ihrer Stadt einzusetzen. Ihr Pastor hat bestimmt viele wichtige Aufgaben, die er Ihnen übertragen kann. Da sind Krankenbesuche zu machen, Sie können Witwen mit Rat und Tat zur Seite stehen oder Entmutigte aufheitern und jungen Männern Ratschläge geben. Mit einem alten Kopf und einem jungen Herzen können Sie für viele eine Kraftquelle sein, die Aufheiterung und Ermutigung brauchen.

Ich bin sicher, es werden sich Aufgaben finden lassen, die von den jüngeren Leuten oft übersehen oder vernachlässigt werden, die Sie aber gut noch erledigen können. Seien Sie offen für Ihre Nachbarn und Freunde, die Sie vielleicht um Hilfe bitten möchten. Sitzen Sie nicht einfach in der Ecke herum, sondern stellen Sie sich der Herausforderung. Vor allem aber treffen Sie Vorbereitungen für das Unvermeidliche, indem Sie Jesus Christus als Ihren persönlichen Herrn und Heiland annehmen. Das Leben beginnt nicht mit vierzig, sondern mit Gott.

17. Brauche ich einen Psychiater?

Ich habe seelische Probleme, und mein Hausarzt rät mir, einen Psychiater aufzusuchen. Einer meiner Freunde meint jedoch, daß sich, da ich an Gott glaube, die Probleme auch so lösen würden. Was denken Sie?

Der Glaube an Christus ist natürlich sehr, sehr wichtig. Er ist die Basis für unsere Errettung und unerläßlich für unseren Alltag. Doch ich bin nicht der Meinung Ihres Freundes; vielleicht will Gott Ihnen durch einen fähigen Psychiater helfen, mit Ihren Problemen fertigzuwerden.

Sehen Sie, wenn Sie an Gott glauben, dann vertrauen Sie ihm Ihre Probleme an. Sie sagen vielleicht: »Lieber Gott, ich weiß jetzt nicht, wie ich mit dieser Situation umgehen soll, doch ich glaube, daß du das weißt. Ich vertraue dir, daß du mir das Richtige in dieser Situation zeigen wirst.« Glaube bedeutet aber nicht, daß man sich zurücklehnt, die Hände in den Schoß legt und erwartet, daß Gott für einen handelt.

Erinnern Sie sich an die Begebenheit, als Jesus einen Mann heilte, der von Geburt an blind war? (Sie können das im Johannesevangelium Kapitel 9 nachlesen.) Jesus hätte den Mann leicht durch sein Wort heilen können. Doch statt dessen legte er feuchte Erde auf seine Augen und sagte ihm, er solle das in einem bestimmten Teich abwaschen. Ich glaube, er wollte dadurch auch zeigen, daß er manchmal irdische Hilfsmittel gebraucht, um uns Heilung zu bringen.

Darum sollten Sie unbedingt die Hilfe eines erfahrenen Psychiaters oder Psychologen suchen, um mit Ihren seelischen Problemen fertigzuwerden. Vielleicht kann Ihnen Ihr Pastor jemanden vorschlagen, der Ihnen helfen kann, ohne Sie in Ihrem Glauben an Gott zu entmutigen. Bitten Sie Gott um Hilfe, daß Sie in Ihrem Glauben an ihn wachsen. Ich bin davon überzeugt, daß viele seelische Probleme geistliche Ursachen haben. Manche Menschen haben z.B. tiefsitzende Schuldgefühle, die sie nicht verarbeitet haben und mit denen sie allein nicht fertigwerden. Hier können oft erfahrene Psychiater oder Psychologen helfen, Erfahrungen aus der Vergangenheit aufzuarbeiten. Wir sollten dabei nicht vergessen, und insofern hat Ihr Freund recht, daß nur Christus allein die letztgültige Antwort auf Schuld geben kann, denn nur er kann volle Vergebung anbieten. Gott segne Sie in Ihrem Versuch, Ihre Probleme zu überwinden.

Ich bin homosexuell. Immer wieder habe ich versucht, das zu überwinden, doch es hat sich nichts geändert. Ich weiß nicht mehr, was ich noch tun soll. Bitte helfen Sie mir.

Gott möchte Ihnen in Ihrer Situation helfen und ich bin dankbar, daß Sie sich Ihrem Problem stellen und nicht versuchen, es zu entschuldigen (wie es heutzutage üblich ist). Homosexualität ist in Gottes Augen Sünde. Trotzdem liebt Gott Sie und kann Sie führen, wenn Sie sich ernsthaft bemühen, mit Ihrer Situation fertigzuwerden.

Es gibt bestimmte Schritte, die Sie unbedingt unternehmen sollten, wenn Sie Ihr Problem jemals in den Griff bekommen wollen. Als erstes sollten Sie Christus bitten, in Ihr Leben zu kommen, falls Sie das noch nicht getan haben. Christus hat alle Ihre Schuld auf sich genommen, als er am Kreuz für Sie gestorben ist. Sie brauchen Vergebung Ihrer Schuld, die nur in Christus möglich ist. Wenn Sie sich an ihn wenden, wird er Ihnen durch seine Gnade alle Schuld vergeben.

Suchen Sie Hilfe bei anderen. Scheuen Sie nicht davor zurück, mit jemandem, dem Sie vertrauen können und der Ihnen helfen kann, über Ihr Problem zu sprechen. Ihre Homosexualität kann viele verschiedene Ursachen haben. Vielleicht kann Ihnen Ihr Pastor einen Psychiater oder Psychologen nennen, der Erfahrung mit Menschen in Ihrer Situation hat. Er kann Ihnen helfen, sich selbst zu verstehen und Ihre alte Lebensweise abzulegen.

Schließlich ist es wichtig, jeglicher Versuchung auszuweichen. Ihr Umfeld hält Sie gefangen, und der Druck wird sich noch verstärken, wenn Sie sich nicht vollkommen von Ihren alten Freunden trennen. Gott segne Sie, wenn Sie Ihr Leben Christus übergeben und praktische Schritte unternehmen, Ihre Vergangenheit abzulegen.

Warum behaupten Sie so oft, die Religion sei ein Allheilmittel, wo die moderne Psychologie so viel für die Menschen getan hat?

Die Religion ist keineswegs ein Allheilmittel, aber das Evangelium von Jesus Christus ist ganz bestimmt die einzig wirksame Antwort auf das Problem der Sünde. Wenn jemand ein Problem hat, das eng mit der Sünde und ihren Auswirkungen zu tun hat, dann ist sicherlich nur Christus die letzte Antwort und nicht der Psychiater. Wenn die Störung eine geistige Ursache hat, dann kann gewiß der Psychiater die richtige Hilfe geben. Nur ein Psychiater mit geistlichem Einblick ist in der Lage, den Unterschied zwischen einem rein geistigen und einem auch geistlichen Problem herauszufinden. Das Christentum steht nicht im Gegensatz zu den modernen Erkenntnissen der Psychologie und Psychiatrie, sondern nur zu dem, was den Ansprüchen des Evangeliums nicht gerecht wird. Ich wünschte, jeder geistig verwirrte Mensch würde von einem Psychiater behandelt, der gleichzeitig die Botschaft der Befreiung durch Jesus Christus weitergeben kann.

Ich kann nicht mehr ohne Schlaftabletten schlafen. Ist es falsch, zu solchen Hilfsmitteln zu greifen?

Die Ärzte sagen, daß viele Millionen Amerikaner nur noch mit Schlafmitteln richtig schlafen können. Ich habe von einem Mann gehört, der seinen Wecker auf 2 Uhr gestellt hat, damit er dann wieder eine Tablette nehmen konnte.

Schlaflosigkeit kann durch viele verschiedene Faktoren hervorgerufen werden: Streß, Sorgen oder Arbeitslosigkeit. Die Bibel nennt noch eine weitere: »Aber die Gottlosen sind wie das ungestüme Meer, das nicht still sein kann und dessen Wellen Schlamm und Unrat auswerfen« (Jesaja 57,20). Zwar würde ich nicht behaupten wollen, daß Christen nicht unter Schlaflosigkeit leiden, doch ich glaube, daß eine häufige Ursache für diese Krankheit ein schlechtes Gewissen ist. Ich habe schon schlaflose Nächte verbracht, wenn ich kritische Gedanken nicht loswerden konnte. Dann bin ich auf die Knie gegangen und habe Gott gebeten, mein Herz mit seiner Liebe zu erfüllen. Danach wurde ich wieder ruhig - und konnte schlafen.

Versuchen Sie, wenn Sie nicht schlafen können, sich immer wieder den Vers aus Jesaja vorzusagen: »Wer festen Herzens ist, dem bewahrst du Frieden, denn er verläßt sich auf dich« (Jesaja 26,3). Denken Sie an Gottes Liebe, seine Heiligkeit und Majestät, dann bin ich sicher, daß Sie Schlaf und Entspannung finden werden.

Vor einiger Zeit hat meine Mutter Selbstmord begangen. Seither bin ich von der Furcht besessen, daß ich eines Tages dasselbe tun könnte. Können Sie mir sagen, wie ich diese Furcht überwinden kann?

Ich glaube, daß Sie sich sehr stark mit Ihrer Mutter identifizieren. Das kommt häufig vor. Zweifellos haben Sie sehr an Ihrer Mutter gehangen und glauben nun, daß Sie imstande sind, eines Tages dasselbe zu tun wie sie. Sie müssen sich aber klarmachen, daß Sie keinen Grund dafür haben. Konzentrieren Sie sich also nicht zu stark darauf. Sie müssen sich ablenken und Ihren Gedanken eine andere Richtung geben.

Ihr Problem hat neben den psychischen auch geistliche Ursachen. Wenn Sie Ihr Leben vollkommem in Gottes Hand legen und von ihm bestimmen lassen, dann haben Sie überhaupt keinen Grund, an Selbstmord zu denken. Der Apostel Paulus hat einmal gesagt: »Sorgt euch um nichts, sondern in allen Dingen laßt eure Bitten in Gebet und Flehen mit Danksagung vor Gott kundwerden! Und der Friede Gottes, der höher ist als alle Vernunft, bewahre eure Herzen und Sinne in Christus Jesus« (Philipper 4,6-7) und: »Was wahrhaftig ist, was ehrbar, was gerecht … darauf seid bedacht« (Philipper 4,8). Christus kann Sie so vollkommen verändern und Ihre Gedanken beherrschen, daß Sie Erleichterung und Freude im Dienst für ihn finden. Reden Sie einmal mit Ihrem Pastor ganz offen über Ihr Problem.

Ich habe vor einiger Zeit eine Abtreibung vornehmen lassen. Der Ge-

danke daran verfolgt mich und läßt mich nicht zur Ruhe kommen.
Können Sie mir helfen, Frieden zu finden?

Sie haben mir keine Einzelheiten geschrieben, deshalb unterstelle ich einmal, daß Sie die Abtreibung nicht aus medizinischen Gründen zur Rettung Ihres eigenen Lebens haben vornehmen lassen. Dann ist klar, daß Sie gesündigt haben, genauso wie diejenigen, die daran mitbeteiligt waren. Gott schenkt das Leben und wir haben nicht das Recht, es zu töten. Doch auch diese Sünde kann vergeben werden. Selbst Mose hat einmal einen Mann getötet und Vergebung gefunden. Er wurde sogar einer der größten Befreier der Geschichte. Saulus von Tarsus nahm an der Steinigung des Stephanus teil. Er hatte eine Begegnung mit Jesus auf der Straße nach Damaskus und wurde der erste und wahrscheinlich auch der größte christliche Missionar aller Zeiten. Das rechtfertigt natürlich keine Abtreibung. Auch sollten Frauen nicht leichtfertig eine Abtreibung vornehmen lassen und darauf bauen, daß Gott Sünden vergibt. Aber dennoch dürfen Sie in Ihrer Verzweiflung über Ihre Schuld zu dem kommen, der gesagt hat: »Kommt her zu mir alle, die ihr mühselig und beladen seid; ich will euch erquicken« (Matthäus 11,28). Egal, wieviel Schuld wir auch auf uns geladen haben, Gott will uns vergeben und Ruhe schenken. Zögern Sie nicht länger. Gott ist bereit und fähig, Ihnen zu vergeben und Frieden zu schenken.

Ich mache mir unablässig große Sorgen. Im Moment stehe ich kurz vor einem Zusammenbruch. Ich weiß, daß das bei einem Christen anders sein sollte. Alle, mit denen ich gesprochen habe, haben versucht, mich zu beruhigen. Doch ich glaube, daß meine Sorgen schon berechtigt sind. Mein Mann ist krank, mein Sohn in der Armee, der Arbeitsplatz meines Mannes gefährdet und es gibt noch einige andere Dinge. Haben Sie einen Vorschlag, wie ich mit all diesen Problemen leben kann?

Sie scheinen wirklich viel Grund zur Sorge zu haben. Ihre Probleme sind groß, und ohne Gottes Hilfe können Sie sie nicht überwinden. Glaube und ein Sorgengeist schließen sich nach der Bibel gegenseitig aus. Ich kann nicht sagen, daß es nichts gibt, um das man sich Sorgen machen muß. Doch es gibt jemanden, der Sie liebt und sich um Sie kümmert. Er kennt Ihre Probleme und kann sich ihrer annehmen. Petrus schreibt: »Alle eure Sorge werft auf ihn; denn er sorgt für euch« (1.Petrus 5,7). Vertrauen Sie Jesus Ihre Sorgen an. Wenn er die Last Ihrer Sünden und die der ganzen Welt tragen konnte, dann kann er auch Ihre gegenwärtige Bürde tragen. Er möchte Ihnen die Last abnehmen und Ihnen Kraft schenken, Ihre Probleme zu überwinden.

Obwohl ich Christ bin und dem Herrn Jesus vertraue, bin ich immer sehr nervös, oft wegen Nichtigkeiten. Ich habe das Gefühl, daß ich die Grenze meiner Belastbarkeit erreicht habe. Was, denken Sie, ist bei mir nicht in Ordnung?

Ihr Zustand kann mehrere Ursachen haben, doch es hat den Anschein, als seien Sie körperlich ausgelaugt und befänden sich im Zustand nervlicher Erschöpfung. In diesem Fall wäre es nötig, sich etwas mehr Zeit für Entspannung und Erholung zu gönnen; vielleicht sollten Sie für ein paar Tage wegfahren.

Denken Sie daran, daß Sie als Christ die Pflicht haben, sich fit zu halten, und zwar geistlich und körperlich. Gott kann Sie nicht gebrauchen, wenn Sie nicht auch körperlich gesund sind.

Als die Jünger von ihrem ersten Predigtdienst zurückkamen, sagte der Herr Jesus zu ihnen: »Geht ihr allein an eine einsame Stätte und ruht ein wenig« (Markus 6,31). Er wußte, daß auch die körperlichen Bedürfnisse befriedigt werden mußten. Die Jünger brauchten Ruhe, wenn sie weiterhin für Jesus da sein wollten.

Ich möchte Ihnen auch noch etwas anderes ins Gedächtnis rufen. Als Jesus die Jünger aufforderte, sich ein wenig auszuruhen, lud er sie gleichzeitig ein, Zeit in Gemeinschaft mit ihm zu verbringen. Ich frage mich, ob Sie das so halten? Finden Sie jeden Tag die Zeit, Gemeinschaft mit Gott zu haben?

Nichts ist so gut für das seelische Gleichgewicht wie regelmäßiges, tägliches Gebet. Denken Sie immer daran, was Paulus gesagt hat: »Sorgt euch um nichts, sondern in allen Dingen laßt eure Bitten in Gebet und Flehen mit Danksagung vor Gott kundwerden! Und der Friede Gottes ... bewahre eure Herzen in Christus Jesus« (Philipper 4,6-7).

Ich habe ein chronisches Darmleiden. Der Arzt meint, es sei psychisch bedingt. Er rät mir, mich zu entspannen, doch wie kann ich das, wenn der Erfolg meines Geschäftes und die Arbeitsplätze von vielen tausend Menschen von mir abhängen?

Anscheinend sind Sie der Meinung, Ihre Arbeit sei wichtig. Gott hat Ihnen die Arbeit gegeben, und er wird Ihnen auch helfen, sie zu bewältigen, wenn Sie ihn darum bitten.

Beginnen Sie jeden Tag mit dem Vaterunser. Wenn Sie zu den Worten kommen: »Unser tägliches Brot gib uns heute«, dann erinnern Sie sich daran, daß Jesus uns gesagt hat, wir sollten nur um die Bedürfnisse für einen Tag bitten. Die meisten Sorgen entstehen, wenn wir uns zu viele Gedanken um die Zukunft machen. Als Christus in Galiläa war, hat er sich nur um die Arbeit dort gekümmert. Er hat sich nicht mit den Gedanken gequält, was wohl in Jerusalem auf ihn zukommt. Er hat darauf vertraut, daß Gott, wenn die Versuchungen kommen würden, ihm auch die Kraft geben würde, sie zu überwinden.

Das Leben Christi sollte unser Vorbild sein. Vertrauen Sie Gott. Bitten Sie ihn jeden Tag, Sie in Ihren Entscheidungen zu leiten. Nehmen Sie sich jede Stunde Zeit für ein kurzes Gebet. Vielleicht fühlen Sie sich wie ein Tiefseetaucher, der dringend Luft braucht. Das Gebet ist der Schnorchel, der neuen Sauerstoff in Ihre Lungen bringt.

Wenn Sie abends nach Hause gehen, dann schieben Sie den Gedanken an Ihre Arbeit beiseite. Freuen Sie sich an Ihrer Familie und Ihren Freunden. Nehmen Sie sich die Zeit, jeden Tag in der Bibel zu lesen. Entspannen Sie sich am Wochenende.

Jesus hat gesagt: »Darum sorgt nicht für morgen, denn der morgige Tag wird für das Seine sorgen« (Matthäus 6,34). Leben Sie danach. Erleben Sie einen Tag nach dem anderen, vertrauen Sie Gott, und Sie werden sich nicht sorgen müssen.

18. Gibt es ein Leben nach dem Tod ?

Ich würde alles darum geben zu wissen, wirklich zu wissen, daß es einen Gott und ein Leben nach dem Tod gibt. Doch ich habe es schon fast aufgegeben; es gibt so unterschiedliche Meinungen zu diesem Thema.

Wie könnten wir Ihrer Meinung nach erfahren, daß es Gott und ein Leben nach dem Tod gibt? Wenn Sie über diese beiden Fragen nachdenken, werden Sie sicher mit mir übereinstimmen, daß wir ihn nur erfahren können, wenn er sich uns offenbaren würde. Und wir könnten nur mit Sicherheit wissen, daß es ein Leben nach dem Tode gibt, wenn jemand von den Toten zurückkäme.

Und genau das ist passiert! Wir sind nicht uns selbst überlassen und brauchen nicht an der Wahrheit herumrätseln, denn

Gott hat uns die Wahrheit gezeigt. Die Bibel berichtet uns von etwas für uns fast Unbegreiflichem: Gott selbst kam vom Himmel auf diese Erde. Er wurde Mensch, damit wir Gemeinschaft mit ihm haben können. Sie können Gott erfahren, wenn Sie Ihr Leben Jesus Christus anvertrauen. Gott liebt Sie und so sicher, wie Sie vor fast zweitausend Jahren Jesus Christus hätten kennenlernen können. Sie können jetzt in eine persönliche Beziehung zu ihm treten, denn er lebt im Himmel und möchte in Ihr Herz kommen.

Wir wissen auch, daß es ein Leben nach dem Tode gibt, weil Jesus Christus gestorben und wieder auferstanden ist. Er ist am Kreuz für uns gestorben als Opfer für unsere Sünden, und er ist wieder auferstanden, um uns zu zeigen, daß wir Vergebung unserer Sünden und ewiges Leben im Himmel haben können. Eines Tages werden alle, die Christus kennen, auferstehen und einen neuen Körper bekommen. Dann werden wir für immer bei Christus sein.

Sie können Gott kennenlernen — richtig kennenlernen — und Sie können die Freude des ewigen Lebens erfahren, wenn Sie das Geschenk des Sohnes Gottes ganz persönlich annehmen und sich ihm anvertrauen. »Denn also hat Gott die Welt geliebt, daß er seinen eingeborenen Sohn gab, damit alle, die an ihn glauben, nicht verloren werden, sondern das ewige Leben haben. Denn Gott hat seinen Sohn nicht in die Welt gesandt, daß er die Welt richte, sondern daß die Welt durch ihn gerettet werde. Wer an ihn glaubt, der wird nicht gerichtet« (Johannes 3,16-18).

Was halten Sie davon, wenn Leute, die gestorben sind und auf dem Operationstisch wiederbelebt wurden, erzählen, sie seien von einem göttlichen Wesen in hellen Kleidern willkommen geheißen worden? Halten Sie das für einen Beweis, daß es ein Leben nach dem Tode gibt?

Vor einiger Zeit schrieb ich ein Buch über das Thema Tod und Leben nach dem Tode. Im Laufe meiner Nachforschungen habe ich einige dieser Erlebnisse (die übrigens sehr selten sind) untersucht. Es wurden dafür die verschiedensten Erklärungen gegeben, von dem Einfluß bestimmter Chemikalien auf das Gehirn bis hin zu dämonischen Wahnvorstellungen. Was immer auch die Ursache gewesen sein mag, sie sind keinesfalls ein überzeugender Beweis für ein Leben nach dem Tod. Es gibt sicherlich andere Fälle (einschließlich dem meiner Mutter), wo Sterbenden ein flüchtiger Blick von der Herrlichkeit des Himmels gewährt wird und diese noch Gelegenheit haben, das an die Anwesenden weiterzugeben.

Aber wir brauchen solche Beweise für die Existenz eines Lebens nach dem Tode nicht. Die Auferstehung von Jesus Christus ist für Christen Beweis genug, daß es das ewige Leben wirklich gibt. Christus ist am Kreuz für unsere Errettung gestorben, und Gott hat ihn von den Toten auferweckt, um zweifelsfrei zu beweisen, daß es eine Hoffnung über das Grab hinaus gibt. »Gelobt sei Gott, der Vater unseres Herrn Jesus Christus, der uns nach seiner großen Barmherzigkeit wiedergeboren hat zu einer lebendigen Hoffnung durch die Auferstehung Jesu Christi von den Toten, zu einem unvergänglichen und unbefleckten und unverwelklichen Erbe, das aufbewahrt wird im Himmel für euch« (1.Petrus 1,3-4).

Haben Sie diese Hoffnung? Wenn Sie heute nacht sterben würden, wüßten Sie dann zweifelsfrei, daß Sie für immer bei Gott im Himmel sein würden? Diese Sicherheit können Sie bekommen, wenn Sie Gott Ihre Sünden bekennen und ihn um Vergebung bitten. Legen Sie Ihr Leben in seine Hand, heute noch.

Ich habe vor anderen nie zugegeben, daß ich viel über den Tod nachdenke. Ich mache mir Sorgen, weil ich nicht weiß, was passieren wird, wenn ich sterbe. Im Moment ist für mich der Tod das Ende

einer Straße. Ich würde aber alles dafür geben zu wissen, ob es die
Hoffnung auf ein Leben nach dem Tode gibt.

Eine der größten Tragödien des heutigen Lebens ist, daß die Menschen sich weigern, über den Tod nachzudenken, obwohl nichts so sicher ist wie die Tatsache, daß das Leben eines jeden Menschen eines Tages zu Ende ist.

Der Tod ist nicht das Ende der Straße — im Gegenteil, er ist das Tor zum ewigen Leben. Die Bibel lehrt uns, daß jeder von uns nach dem Tode weiterlebt — entweder im Himmel oder in der Hölle. Die wichtigste Entscheidung, die Sie überhaupt treffen können, ist die Entscheidung, wo Sie Ihre Ewigkeit zubringen wollen.

Sie fragen vielleicht, woher ich weiß, daß mit dem Tod nicht alles aus ist. Ich weiß das so genau, weil Jesus Christus von den Toten auferstanden ist. Seine Auferstehung beweist ein für alle Mal, daß es wirklich ein Leben nach dem Tode gibt, und sie zeigt auch, daß nur er allein uns retten und in den Himmel bringen kann. Unsere Sünde trennt uns vom Himmel. Doch Gott liebt uns, und Jesus Christus ist gekommen, die Strafe für unsere Sünden auf sich zu nehmen. Christus ist stellvertretend für uns gestorben. Durch den Glauben an ihn wird unsere Schuld vergeben, und wir werden dann für immer bei ihm im Himmel leben.

Übergeben Sie Ihr Leben Christus und vertrauen Sie darauf, daß er Sie gerettet hat. Er lebt und Sie können ihn persönlich kennenlernen, wenn Sie sich im Glauben an ihn wenden. Setzen Sie Ihre Hoffnung und Ihr Vertrauen auf ihn, denn in der Bibel heißt es, daß Christus erschienen ist, um ein für allemal durch sein eigenes Opfer die Sünde aufzuheben (Hebräer 9,26).

Lassen Sie sich von Christus führen. Er möchte Ihnen Hoffnung geben und Ihnen helfen, so zu werden, wie Gott Sie haben möchte. Wenn Sie zu Christus kommen, dann gibt Gott Ihnen ewiges Leben.

Mein Arzt hat mir gesagt, daß eine dritte Bypass-Operation an meinem Herzen vorgenommen werden muß. Offen gesagt, ich habe große Angst davor. Ich weiß nicht, ob ich den Mut finden werde, die Operation zu wagen. Aber ohne sie muß ich sterben. Über den Tod habe ich nie besonders viel nachgedacht. Können Sie mir helfen, mit meiner Angst fertigzuwerden?

Sie haben nicht nur Angst vor der Operation, sondern auch vor dem Tod. Wir brauchen aber den Tod nicht zu fürchten, wenn wir Christus in unser Leben aufgenommen haben. Natürlich ist der Tod eine Realität, und Sie fürchten ihn mit Recht. Denn ohne Christus haben Sie keine Hoffnung auf ein ewiges Leben im Himmel. Sie würden die Ewigkeit getrennt von Gott in der Hölle zubringen. Doch Jesus Christus ist gekommen und hat uns das ewige Leben geschenkt. Wenn Sie ihm Ihr Leben übergeben, dann können auch Sie diese Hoffnung bekommen.

Sehen Sie, das Problem aller Menschen ist die Sünde. Wir haben gegen Gott gesündigt und in der Bibel steht: »Der Sünde Sold ist der Tod« (Römer 6,23). Wir brauchen die Vergebung, die Gott durch seinen Sohn Jesus Christus möglich gemacht hat; er ist am Kreuz für unsere Sünden gestorben. Wenn wir Christus annehmen, dann ist der Tod nur ein Übergang von dieser Welt in die kommende, so, als ob man durch eine Tür von einem Zimmer in das nächste geht.

Darum ist Ihre Entscheidung so wichtig. Eines Tages werden Sie sterben, ob Sie nun gern darüber nachdenken oder nicht. Dann wird es zu spät sein. Nehmen Sie Gottes Angebot noch heute an, indem Sie Jesus Christus bitten, in Ihr Herz zu kommen; vertrauen Sie ihm Ihr Leben an. Dann werden Sie erfahren, daß »weder Tod noch Leben ... weder Gegenwärtiges noch Zukünftiges ... noch eine andere Kreatur uns scheiden kann von der Liebe Gottes, die in Christus Jesus ist, unserm Herrn« (Römer 8,38- 39).

Eine Freundin von mir verlor vor kurzem ihren Mann. Obwohl sie überzeugter Christ ist, scheint sie allen Lebensmut verloren zu haben. Wie kann ich ihr helfen?

Die Beziehung zwischen Mann und Frau ist die engste überhaupt, und daher ist es nicht verwunderlich, daß der Tod des Partners den anderen zutiefst erschüttert. (Das bedeutet aber nicht, daß der übrigbleibende Partner seinen Glauben verliert.) Schon in der Bibel ist vom »Trauern« die Rede (1. Thessalonicher 4,13). Abraham, der als Vorbild im Glauben genannt wird, weinte und trauerte über den Tod seiner Frau Sara (2. Mose 23,2). Doch der Christ sollte nicht so trauern, als gäbe es keine Hoffnung. Er freut sich auf die Zeit der Auferstehung und Wiedervereinigung. Erinnern Sie Ihre Freundin immer wieder an dieses wundervolle Ereignis und beten Sie für sie, daß der Herr sie durch sein Wort trösten möge in dieser für sie so schweren Zeit. Sagen Sie ihr, daß ihr Verlust für ihren Partner der Anfang des ewigen Lebens und die Trennung nur zeitlich ist.

Ich habe Angst zu sterben. Trotz aller Versuche schaffe ich es nicht, diese Angst zu überwinden. Kann ich irgend etwas tun, um diese Furcht loszuwerden?

Alle Menschen haben zu irgend einer Zeit Angst vor dem Tod. Bei vielen ist diese Angst sehr stark ausgeprägt. Sie haben mir nicht geschrieben, ob Sie an Christus glauben oder nicht, genau da liegt aber der Unterschied. Christus hat nämlich denjenigen, die an ihn glauben, die Angst vor dem Tod für immer genommen. Er hat uns Leben und Unsterblichkeit gebracht. Der Mensch fürchtet den Tod, weil damit Gedanken an das Gericht und die Ungewißheit, was wohl danach kommt, ganz eng verbunden sind. Doch Christus hat uns durch seinen eigenen Tod den Weg bereitet. Er schenkt uns ewiges Leben und hat versprochen, immer bei uns zu sein, auch im Tod. »Und ob ich schon wanderte im finstern Tal, fürchte ich kein Unglück; denn du bist bei mir«, heißt es im Psalm 23. Auch Sie können Ihre Angst verlieren, wenn Sie Ihr Leben Jesus Christus anvertrauen. Er will Sie erretten und den Stachel des Todes, die Sünde, wegnehmen.

Letzte Nacht habe ich geträumt, ich würde sterben. Von Panik getrieben wachte ich auf. Heute weiß ich, daß ich noch nicht bereit bin zu sterben. Was kann ich tun?

Gott hat Ihnen diesen Traum geschenkt, damit Sie erkennen, daß Sie das Wichtigste in diesem Leben vernachlässigt haben. Sie können Frieden bekommen und die Gewißheit, daß Sie gerettet sind, wenn Sie Gott bekennen, daß Sie ein Sünder sind und ihn um Vergebung und Reinigung bitten. Vertrauen Sie auf Jesus Christus, der am Kreuz für Ihre Sünden gestorben ist. Besorgen Sie sich eine Bibel und lesen Sie darin oder bitten Sie jemanden, Ihnen zu helfen, die folgenden Verse zu verstehen: Römer 3,12; Römer 3,23; 2.Timotheus 3,5; Römer 3,19; Epheser 2,8; Lukas 19,10; Römer 5,8; Hebräer 7,25; Römer 10,13 und Römer 10,9.10.

Das sind keine Zauberformeln. Sie sprechen nur von unseren Bedürfnissen und davon, daß Jesus Christus diese Bedürfnisse stillt. Um gerettet zu werden, brauchen Sie nur das Geschenk anzunehmen, das Jesus Christus Ihnen macht. Wenn Sie selbst diese Gewißheit haben, dann erzählen Sie auch anderen davon. Zeigen Sie durch Ihr tägliches Leben, daß Christus Ihr Leben verändert hat.

Vor einiger Zeit habe ich mich mit ein paar Freunden darüber unterhalten, ob wir sofort in den Himmel kommen werden, wenn wir sterben. Können Sie diese Frage beantworten?

In der Bibel steht ganz eindeutig, daß der Gläubige, wenn er stirbt, bei dem Herrn sein wird. »Wir sind aber getrost und haben vielmehr Lust, den Leib zu verlassen und daheim zu sein bei dem Herrn« (2.Korinther 5,8), schreibt Paulus. In einem seiner Gleichnisse erzählt Jesus von dem reichen Mann und armen Lazarus, die schon im Himmel bzw. in der Hölle waren. Doch die Bibel sagt auch, daß es in der Zukunft einen Tag der Auferstehung und des Gerichtes geben wird (2.Timotheus 2,18). Die Auslegung dieser Bibelstelle als eine Auferstehung, die in der Vergangenheit liegt, ist hier falsch und irreführend. Gemeint ist das kommende Ereignis, wenn Jesus wiederkommt. In der Bibel steht: »Denn wenn wir glauben, daß Jesus gestorben und auferstanden ist, so wird Gott auch die, die entschlafen sind, durch Jesus mit ihm einherführen. Denn das sagen wir euch mit einem Wort des Herrn, daß wir, die wir leben und übrigbleiben bis zur Ankunft des Herrn, denen nicht zuvorkommen werden, die entschlafen sind. Denn er selbst, der Herr, wird ... herabkommen vom Himmel, und zuerst werden die Toten, die in Christus gestorben sind, auferstehen« (1.Thessalonicher 4,14-17). Es scheint also eine Zwischenstation zu geben, wo wir zwar beim Herrn sind, aber unseren Auferstehungsleib noch nicht haben.

Mein Mann ist vor einiger Zeit gestorben. Ich weiß einfach nicht, wie ich das durchstehen soll. Vielleicht würde es mir leichter fallen, wenn ich wüßte, daß mein Mann und ich uns im Himmel wiedererkennen werden. Steht davon irgend etwas in der Bibel?

Jawohl, wir werden unsere Lieben im Himmel wiedererkennen, und sie werden uns erkennen. Außerdem spricht die Bibel davon, daß wir uns viel näher sein werden, als das auf der Erde möglich sein kann — und ohne die Unvollkommenheit der Sünde, die eine Beziehung auf der Erde so schwierig macht. »Wir sehen jetzt durch einen Spiegel ein dunkles Bild;

dann aber von Angesicht zu Angesicht. Jetzt erkenne ich stückweise; dann aber werde ich erkennen, wie ich erkannt bin« (1.Korinther 13,12).

Einige Stellen in der Bibel sprechen davon, daß wir unsere Lieben, die vor uns gestorben und in den Himmel gekommen sind, wiedererkennen werden. In 1.Thessalonicher 4 sagt Paulus zum Beispiel, daß wir nicht trauern sollen »wie die andern, die keine Hoffnung haben« (Vers 13). Er schreibt weiter, daß die, die in Christus entschlafen sind, eines Tages mit ihm zurückkommen werden, wenn er wiederkommt. »Danach werden wir, die wir leben und übrigbleiben, zugleich mit ihnen entrückt werden auf den Wolken in die Luft, dem Herrn entgegen; und so werden wir bei dem Herrn sein allezeit« (1.Thessalonicher 4,17). Diese Stelle sagt ganz klar, daß wir mit denen vereint sein werden, die schon gestorben und im Himmel sind — auch mit unseren Lieben.

Ich weiß, daß Sie im Augenblick eine schwierige Zeit durchleben, und ich werde für Sie beten, daß Sie aus dem Wort Gottes Kraft schöpfen können. Freuen Sie sich darüber, daß Ihr Mann Christus gekannt hat und nun keinen Schmerz und kein Leid mehr ertragen muß.

Beten Sie, daß Gott Ihnen hilft, Ihre Trauer zu überwinden und Sie Gott näherkommen und ihm jeden Tag dienen können. Gott hat noch einen Plan für Ihr Leben — ehren Sie ihn in allem, was Sie tun. Suchen Sie, nach seinem Willen zu leben.

Sind Sie der Meinung, daß irgend etwas in der Bibel mir verbietet, nach meinem Tod meine Organe (z.B. meine Augen oder Nieren) zu spenden?

Nein, ich finde nichts in der Bibel, das so etwas verbieten würde. Ganz im Gegenteil, ich finde, daß Sie damit sogar noch ein gutes Werk tun, weil Sie jemandem, der es dringend braucht, das Augenlicht oder sogar das Leben wieder neu schenken. Eines Tages in der Ewigkeit, so lehrt uns die Bibel, werden die, die in Christus sind, einen neuen, vollkommenen Körper bekommen. Dazu wird der alte Körper nicht mehr gebraucht.

Ich bin dankbar, daß Sie über Wege nachdenken, wie Sie anderen helfen können - doch ich möchte Ihre Frage als Herausforderung zurückgeben. Es ist gut, daß Sie den Menschen auf diese Art und Weise helfen möchten (so lange Ihre Familie keine Einwände erhebt). Doch haben Sie auch schon einmal darüber nachgedacht, wie Sie anderen schon zu Ihren Lebzeiten helfen können? Wenn Sie Jesus Christus als Ihren persönlichen Herrn und Heiland angenommen haben, dann ist das größte Geschenk, das Sie Ihren Mitmenschen machen können, sie auf Christus hinzuweisen. Natürlich ist es wichtig, Menschen zu helfen, die krank sind — doch es ist noch viel wichtiger, denen zu helfen, die geistliche Befürfnisse haben. Beten Sie darum, daß Gott Sie für andere Menschen gebraucht, um ihnen klarzumachen, wie wichtig es ist, Christus sein Leben anzuvertrauen.

Ihre Frage erinnert mich auch an das, was Christus durch seinen Tod am Kreuz für uns getan hat. Sie möchten anderen durch Ihren Tod das Leben ermöglichen — in viel größerem Umfang hat Jesus das für uns durch seinen Tod am Kreuz getan. Er hat unsere Schuld und Sünde auf sich genommen und bietet uns statt dessen Vergebung und ein neues Leben an. »Gott aber erweist seine Liebe zu uns darin, daß Christus für uns gestorben ist, als wir noch Sünder waren« (Römer 5,8).

Unser Leben ist kurz und wird bald vorüber sein. Wenn wir Christus vertrauen und mit ihm leben wollen, dann sollten wir damit nicht zögern, sondern sofort die Entscheidung für ihn treffen. Gott möge Sie ermutigen, ihm Ihr Leben zu weihen und mit ihm zu leben.

Sind Sie wirklich der Meinung, daß es einen Beweis für ein Leben
nach dem Tod gibt? Wenn ja, halten Sie es für möglich, daß jemand
wissen kann, wie das Leben nach dem Tod aussehen wird?

Jawohl, es gibt ein Leben nach dem Tod; der Tod ist im
Grunde nur eine Tür zu einer Ewigkeit bewußten Lebens
nach dem Tod.

Ich möchte, daß Sie einen Moment darüber nachdenken,
wie es kommt, daß wir das so sicher wissen können. Ich denke,
Sie werden mir zustimmen, daß den letztgültigen Beweis nur
jemand erbringen kann, der stirbt und wieder lebendig wird
und uns dann von dem Leben nach dem Tod berichtet. Diese
Person müßte wirklich sterben, nicht nur für ein paar Minuten am Rande des Todes schweben und dann wieder zum Leben erweckt werden. Das müßte dann von einigen Menschen
bezeugt werden.

Aber genau das ist geschehen, als Jesus gestorben ist. Er hat
einige Tage im Grab gelegen und ist danach ins Leben zurück-
gekommen. Die Bibel berichtet, daß mehr als fünfhundert
Menschen Zeugen seiner Auferstehung gewesen sind (1.Ko-
rinther 15,6). Die Auferstehung Jesu ist eine sicher bewiesene
Tatsache der Geschichte und zeigt, daß der Tod nicht das
Ende ist.

Doch die Auferstehung hat noch für viele andere Bereiche
Bedeutung, die auch alle mit Ihrer Frage zusammenhängen.
Die Auferstehung beweist zum Beispiel, daß Jesus tatsächlich,
wie er von sich behauptet hat, der ewige Sohn Gottes war, der
vom Himmel auf diese Erde gekommen ist, um als Opfer für
unsere Sünden zu sterben. Die Auferstehung zeigt auch, daß
er den Sieg über die Sünde und den Tod davongetragen hat,
und daß wir den Tod nicht zu fürchten brauchen, wenn wir zu
ihm gehören.

Ich sagte, daß es ein Leben nach dem Tod gibt, doch ich
muß Sie in diesem Zusammenhang noch auf etwas anderes
aufmerksam machen. Die Bibel lehrt, daß für einige dieses

Leben voller Freude sein wird, weil sie bei Gott im Himmel sein werden. Für andere wird dieses Leben Finsternis sein, in der »Heulen und Zähneklappern« sein wird (Matthäus 25,30). Darum ist es so wichtig, daß Sie sich jetzt Christus zuwenden und ihn als Herrn und Heiland Ihres Lebens annehmen. Dann wissen Sie zweifelsfrei, daß Christus Ihr Retter ist und eine wunderbare Zukunft vor Ihnen liegt.

Mein Mann leidet an Lungenkrebs. Er hat nur noch wenige Monate zu leben. Mehr als fünfzig Jahre lang hat er stark geraucht. Sind Sie nicht auch der Meinung, die Kirche sollte mehr zum Thema Rauchen sagen?

Gott ist besorgt um unseren Körper und Sie haben recht, die Kirche sollte sich um alles kümmern (einschließlich Rauchen, übermäßiges Essen, Alkohol- und Drogenmißbrauch und anderes), was unsere Sinne betäubt und unserem Körper schadet. In der Bibel steht: »Oder wißt ihr nicht, daß euer Leib ein Tempel des heiligen Geistes ist, der in euch ist und den ihr von Gott habt, und daß ihr nicht euch selbst gehört? Denn ihr seid teuer erkauft; darum preist Gott mit eurem Leibe« (1.Korinther 6,19-20).

In unserer Gesellschaft herrscht ein großes Interesse an körperlicher Fitness, und im großen und ganzen ist das auch gut so. Die Menschen müssen auf die Gefahren hingewiesen werden, die ein Mißbrauch des Körpers mit sich bringt. Aber wir dürfen dabei auch nicht vergessen, daß die Bibel auch großen Wert auf die geistliche Fitness legt. In der Bibel heißt es: »Denn die leibliche Übung ist wenig nütze; aber die Frömmigkeit ist zu allen Dingen nütze und hat die Verheißung dieses und des zukünftigen Lebens« (1.Timotheus 4,8).

Ich bete dafür, daß Sie und Ihr Mann in den nächsten Monaten ganz besonders die Gegenwart Gottes erfahren können. Haben Sie Ihr Leben Jesus Christus anvertraut und wissen Sie zweifelsfrei, daß Sie, egal, was die Zukunft auch bringt, eines Tages mit Christus im Himmel sein werden? Sie können diese Sicherheit bekommen, wenn Sie sich Gott anvertrauen und Ihr Leben ohne Vorbehalte in seine Hände legen.

Menschlich gesehen ist es für niemanden von uns leicht, mit dem Tod konfrontiert zu werden, weder mit dem eigenen, noch mit dem Tod eines geliebten Menschen. Doch Christus hat den Stachel des Todes weggenommen. Mögen Sie beide dies in den kommenden Monaten erfahren.

Vielleicht mag es Ihnen lächerlich erscheinen, doch vor einiger Zeit mußte mein Hund eingeschläfert werden. Das hat mich furchtbar traurig gemacht. Sind Sie der Meinung, daß ich meinen Liebling im Himmel wiedersehen werde?

Ich glaube nicht, daß die Bibel uns in dieser Beziehung irgend etwas sagt, obwohl Bibelforscher glauben, Beweise zu haben, daß es auch im Himmel Tiere geben wird, die sich dort dann nicht mehr bekämpfen und gegenseitig töten werden. Im Himmel wird vollkommener Friede herrschen. »Da werden die Wölfe bei den Lämmern wohnen und die Panther bei den Böcken lagern ... Man wird nirgends Sünde tun noch freveln auf meinem ganzen heiligen Berge« (Jesaja 11,6.9).

Gott liebt Sie und kennt Ihre Bedürfnisse. Dieser Tatsache dürfen Sie sich ganz sicher sein. Er möchte, daß wir im Himmel vollkommen glücklich sind. Deshalb wird Gott das tun, was für uns am besten ist, und wenn wir im Himmel mit Tieren glücklicher sein werden, dann wird es sicherlich dort welche geben. Doch unsere Freude im Himmel wird vor allem darauf beruhen, daß wir dort bei Christus sein und ihn anbeten und ihm dienen werden. »Und es wird nichts Verfluchtes mehr sein. Und der Thron Gottes und des Lammes wird in der Stadt sein, und seine Knechte werden ihm dienen« (Offenbarung 22,3).

Sie sind sehr traurig über den Verlust Ihres Lieblings, doch ich möchte Sie auffordern, diese Zeit zu nutzen, um in besonderer Weise darüber nachzudenken, wie Sie in der Zukunft Gott noch mehr dienen können. Es gibt sicher viele Menschen um Sie herum, die noch nicht viel über den Himmel oder ihre Beziehung zu Christus nachgedacht haben. Es gibt bestimmt auch viele Menschen, die große Probleme und Nöte haben. Beten Sie für sie und suchen Sie die Gelegenheit, ihnen von Gottes Liebe zu ihnen zu erzählen? Wachsen Sie selbst im Glauben und lesen Sie jeden Tag in der Bibel? Das Wichtigste im Leben ist Ihre Beziehung zu Christus, und ich bete dafür, daß er die erste Stelle in Ihrem Leben einnimmt.

Sind Sie der Meinung, daß Gott den Menschen nach ihrem Tod noch eine Chance gibt, an ihn zu glauben und in den Himmel zu kommen?

Davon steht nichts in der Bibel, ganz im Gegenteil. Es wird immer wieder betont, daß wir uns jetzt für Christus entscheiden müssen, weil es zu spät sein wird, wenn wir gestorben sind. Im Hebräerbrief heißt es: »Und wie dem Menschen bestimmt ist, einmal zu sterben, danach aber das Gericht« (Hebräer 9,27). Dieser Vers belegt im übrigen, daß es so etwas wie Reinkarnation (die Vorstellung, daß unsere Seelen immer wieder auf die Erde kommen) nicht gibt.

Für jeden von uns ist es wichtig zu erkennen, daß Gott alles in seiner Macht stehende getan hat, um uns die Errettung zu ermöglichen. Wir sollten dieses große Geschenk so schnell wie möglich annehmen. Gott hat seinen einzigen Sohn, Jesus Christus, in diese Welt gesandt, damit er für unsere Sünden am Kreuz stürbe. Das war etwas, das nur er vollbringen konnte, denn nur Christus war ohne Sünde und deshalb das vollkommene Opfer für unsere Sünden. Wir brauchen unsere Sünden nur bei Christus abzugeben und ihn um Vergebung zu bitten. Gottes Erlösung hätten wir uns selbst niemals verdienen können. Wir dürfen sie als wunderbares Geschenk dankbar annehmen. Ist das nicht großartig?

Ich wurde oft gefragt, warum so viele Menschen, die wissen, was Christus für sie getan hat, so lange zögern, ihn um Vergebung zu bitten. Ich vermute, daß sie hoffen, nach dem Tod noch eine andere Chance zu bekommen. Viele Menschen zögern auch, weil sie glauben, es sei langweilig, Christus nachzufolgen, oder weil sie so lange wie möglich weitersündigen wollen.

Gott wird darauf keine Rücksicht nehmen. Deshalb möchte ich Sie ermutigen, Christus in Ihr Leben einzuladen, wenn Sie das noch nicht getan haben. »Siehe, jetzt ist die Zeit der Gnade, siehe, jetzt ist der Tag des Heils« (2.Korinther 6,2).

Ich weiß, Sie glauben, wie ich auch, an ein Leben nach dem Tod. Doch ich glaube nicht, daß ein liebender Gott jemanden in die Hölle schicken kann. Meiner Meinung nach gibt es keine Hölle; ich glaube, daß jeder in den Himmel kommen wird, wenn er gestorben ist. Das bringt mir großen Trost, denn ich bin nicht vollkommen.

Es ist sicherlich ernüchternd für Sie zu erfahren, daß die Hölle doch existiert und nicht jeder Mensch in den Himmel kommen wird. In der Bibel steht ganz klar, daß die Hölle genauso real ist wie der Himmel.

Ich möchte Sie auf zwei Dinge aufmerksam machen, die Sie vielleicht noch nicht bedacht haben. Erstens, wenn es keine Hölle gäbe, dann gäbe es auch keine Strafe für das Böse — und das wäre sicher sehr ungerecht. Sind Sie wirklich der Meinung, die Hitler dieser Welt würden für ihre Verbrechen nicht bestraft werden, sondern statt dessen in der Ewigkeit mit Gott leben, obwohl sie gegen Gott gekämpft und gegen jedes moralische Gesetz verstoßen haben, das er uns gegeben hat?

Zweitens, wenn es keine Hölle gäbe, dann wäre Christus ein Lügner, denn er hat uns wiederholt davor gewarnt. »Der Menschensohn wird seine Engel senden, und sie werden sammeln aus seinem Reich alles, was zum Abfall verführt, und die da Unrecht tun, und werden sie in den Feuerofen werfen; da wird Heulen und Zähneklappern sein« (Matthäus 13,41-42). Wenn nun Christus in diesem Punkt nicht die Wahrheit gesagt hat, wie können Sie ihm alles andere glauben — einschließlich seines Todes für unsere ewige Rettung? Doch wir dürfen Christus glauben, weil er Gott ist, und Gott lügt nicht.

Die gute Nachricht ist jedoch, daß wir nicht in die Hölle zu kommen brauchen, weil Jesus Christus die Strafe, die Sie und ich verdient hätten, auf sich genommen hat, als er am Kreuz gestorben ist. Geben Sie sich keiner Selbsttäuschung hin; wenden Sie sich Christus zu, und vertrauen Sie ihm.

Was geschieht Ihrer Meinung nach mit der Seele nach dem Tod? Bleibt sie im Grab bis zur Auferstehung oder geht sie geradewegs zu Gott?

Man sollte nicht spekulieren über Dinge, die nicht ganz klar in der Bibel stehen. Zu dem Schächer am Kreuz sagte Jesus: »Heute noch wirst du mit mir im Paradies sein«. Das würde darauf hindeuten, daß die Seele eines Christen unmittelbar nach dem Tod zu Gott geht. Das ist dann aber noch nicht der endgültige Status eines Gläubigen, denn bei der Auferstehung werden Körper und Seele der Gläubigen wiedervereint und sie erhalten einen neuen Körper, mit dem sie für immer in der Nähe Gottes leben. Im ersten Thessalonicherbrief steht: »Danach werden wir, die wir leben und übrigbleiben, zugleich mit ihnen entrückt werden auf den Wolken in die Luft, dem Herrn entgegen; und so werden wir bei dem Herrn sein allezeit« (1.Thessalonicher 4,19). Es gibt noch vieles, was sich unserer Kenntnis entzieht. Doch das Eine wissen wir ganz sicher: derjenige, der sein Vertrauen in Jesus Christus setzt und annimmt, was er für uns getan hat, wird vom Tode unmittelbar zum Leben übergehen; der physische Tod kann ihn nicht von Gott trennen. Wenn Sie an Jesus Christus glauben, dann haben Sie das ewige Leben, und der Tod ist nur eine Tür zu seiner Gegenwart.

Werden ein Mann und eine Frau auch in der Ewigkeit verheiratet sein? Wenn jemand stirbt, wird er dann in der Ewigkeit dasselbe Alter haben?

Eine Ehe endet mit dem Tod. »Bis daß der Tod uns scheide« lautet die Formel, die wir bei unserer Eheschließung sprechen. Rechtlich gesehen und in den Augen Gottes endet die Ehe, wenn der eine oder andere Partner stirbt.

Die Sadduzäer haben Jesus dieselbe Frage gestellt und er hat geantwortet: »Die Kinder dieser Welt heiraten und lassen sich heiraten; welche aber gewürdigt werden, jene Welt zu erlangen und die Auferstehung der Toten, die werden weder heiraten noch sich heiraten lassen« (Lukas 20,34-35).

Und doch bin ich sicher, daß wir im Himmel alles haben werden, was wir brauchen, um glücklich zu sein. Ich bin auch sicher, daß Ehepaare sich in der Ewigkeit kennen und lieben, aber es wird keine körperliche Beziehung mehr sein.

Was das Alter in der Ewigkeit anbetrifft, so denke ich, daß es im Himmel keine Uhren und keinen Kalender gibt. Wir sollten unserer Vorbereitung auf die Ewigkeit die oberste Priorität einräumen, denn welchen Gewinn haben wir, wenn wir alle Geheimnisse lösen und es versäumen, uns auf die Begegnung mit dem lebendigen Gott vorzubereiten? Wir würden es später bitter bereuen.

Wird ein Mensch, wenn er gestorben und in die Ewigkeit eingegangen ist, noch wissen, was er auf dieser Erde getan hat?

Wenn wir auch nicht alle Einzelheiten über das Leben nach dem Tode kennen, so wissen wir darüber doch ein wenig.

Im Gleichnis vom reichen Mann und dem armen Lazarus deutet Jesus an, daß der reiche Mann sich an seine Zeit auf der Erde erinnert, vor allem an seine Unterlassungssünden. Er erinnert sich aber auch an seine fünf Brüder und befürchtet, daß auch sie in der Hölle enden. Darum bittet er, daß Gott einen Boten zu ihnen schicken möge, um sie zu warnen.

Es gibt in der Bibel viele Andeutungen, daß wir uns im Himmel an die Ereignisse unseres irdischen Lebens erinnern. Im Lichte der Ewigkeit werden wir erkennen, daß die Dinge, die uns hier oft so wichtig gewesen sind, in Wirklichkeit unwichtig waren. Dann werden wir bedauern, daß wir uns nicht mehr um Dinge gekümmert haben, die in der Ewigkeit Bestand haben. Erinnerung und Bedauern werden die Menschen in der Hölle unablässig quälen.

Für die Geretteten jedoch wird es nur Freude geben, weil sie treu gewesen sind. In der Bibel heißt es: »Wir sehen jetzt durch einen Spiegel ein dunkles Bild; dann aber von Angesicht zu Angesicht. Jetzt erkenne ich nur stückweise; dann aber werde ich erkennen, wie ich erkannt bin« (1.Korinther 13,12).

TEIL IV

ETHISCHE FRAGEN

19. Warum tut Gott nichts gegen das Böse in dieser Welt?

Warum tut Gott nichts gegen das Böse in dieser Welt? Die heutige Zeitung zum Beispiel berichtet von der Hungerkatastrophe in Äthiopien, bei der viele hunderttausend Menschen umkommen werden. Wenn Gott wirklich etwas an uns liegt, warum beseitigt er dann nicht all das Böse?

Wir wissen nicht, aus welchen Gründen Gott das Unrecht in dieser Welt zuläßt. Doch wir müssen bedenken, daß das Unrecht nicht durch Gott in diese Welt gekommen ist, und wir ihn deshalb auch nicht dafür verantwortlich machen können. Gott hat das Böse nicht geschaffen, wie manche glauben. Ursprünglich war die Welt vollkommen; aber der Mensch lehnte sich gegen Gott auf und beschloß, eigene Wege zu gehen. So kam das Böse in die Welt. Gott aber hat den Sieg des Guten über das Böse in Jesus Christus möglich gemacht, der am Kreuz den Satan besiegt hat. Christus wird wiederkommen; dann wird es keine Ungerechtigkeit mehr geben.

Haben Sie schon einmal darüber nachgedacht, wie es wäre, wenn Gott auf einen Schlag alles Böse in der Welt beseitigen würde? Nicht ein einziger Mensch würde übrigbleiben, denn wir alle haben gesündigt. »Wenn du, Herr, Sünden anrechnen willst — Herr, wer wird bestehen« (Psalm 130,3). In der Bibel heißt es auch: »Die Güte des Herrn ist's, daß wir nicht gar aus sind, seine Barmherzigkeit hat noch kein Ende« (Klagelieder 3,22). Und haben Sie auf der anderen Seite einmal bedacht, wieviel Böses durch die menschliche Gier entsteht? Ist es nicht zum Beispiel widersinnig (und tragisch), daß so viele Bücher übers Abnehmen auf den Bestsellerlisten stehen, während Millionen von Menschen in anderen Ländern hungern? Der Mensch, und nicht Gott, trägt dafür die Verantwortung.

Das Böse ist eine Realität — doch Gott möchte es auslöschen; darum kam Christus in diese Welt und starb am Kreuz für unsere Sünden. »Dazu ist erschienen der Sohn Gottes, daß er die Werke des Teufels zerstöre« (1.Johannes 3,8). Haben Sie Christus schon gebeten, die Sünde in Ihrem Leben wegzunehmen, und Sie als sein Werkzeug zu gebrauchen, um das Böse in dieser Welt zu bekämpfen?

Wahrscheinlich halten mich viele für altmodisch, doch ich bin einfach entsetzt über vieles, was heutzutage im Fernsehen gebracht wird — Sex, Gewalt, Alkohol, Drogenmißbrauch. Glauben Sie, daß man etwas dagegen unternehmen kann?

Ich vermute, viele Menschen denken wie Sie, denn in der Tat werden moralische Werte in den Medien heutzutage nahezu gänzlich ignoriert oder gar verspottet. Dies spiegelt teilweise den Zustand unserer heutigen Gesellschaft wider. Dadurch wird um so mehr die Unmoral gefördert. Das wird noch tragische Auswirkungen haben, wenn hier nicht bald gegengesteuert wird.

Sie müssen bedenken, daß in unserer Nation Fernsehen, Radio und Zeitungen zu einem erheblichen Teil von der Werbung leben. Die Firmen kaufen Werbezeiten bei einem Sender, weil sie glauben, daß die Menschen empfänglich sind für ihre Botschaft und dadurch angeregt werden, ihre Produkte zu kaufen. Wenn die Werbefachleute merken würden, daß viele Menschen empört sind über das Fernsehprogramm, das von ihnen gesponsert wird, und aus Protest ihre Produkte eben nicht kaufen, dann würden sie vielleicht mehr Druck auf die Sender ausüben, bessere Programme zu senden.

Sie haben also schon eine Möglichkeit, Ihre Meinung zu Gehör zu bringen. Wenn Sie eine Sendung nicht gut finden, sei es wegen der Sprache oder des Themas, dann notieren Sie sich doch einfach die Namen der Sponsoren. Schreiben Sie ihnen, daß sie eine solche Sendung nicht sponsern sollten. Wenden Sie sich auch an den Sender. Viele Leute aus dieser Branche haben mir erzählt, daß negative Reaktionen, auch wenn es nur wenige sind, nicht ohne Auswirkungen bleiben. Schreiben Sie sachlich, und belegen Sie Ihre Argumente.

Ob Sie damit nun Erfolg haben oder nicht, spielt eine untergeordnete Rolle. Wichtig ist, daß wir, die wir zu Christus gehören, dem Druck unserer Gesellschaft nicht nachgeben, wenn sie die Wertmaßstäbe Gottes mißachtet. »Wenn nun das alles so zergehen wird, wie müßt ihr dann dastehen in heiligem Wandel und frommem Wesen, die ihr das Kommen des Tages Gottes erwartet« (2.Petrus 3,11-12).

Warum benehmen sich die Menschen heutzutage oft so unmöglich? Ich wuchs in einer kleinen Stadt auf, wo man umeinander besorgt war und einander höflich begegnete. Jetzt bin ich in eine größere Stadt gezogen. Hier habe ich den Eindruck, daß niemand auch nur ein bißchen Höflichkeit zeigt. Ich merke sogar bei mir, daß ich anfange, anderen gegenüber gleichgültig zu werden. Steht in der Bibel irgend etwas über gute Manieren?

Natürlich unterscheiden sich die Höflichkeitsregeln der verschiedenen Kulturen voneinander. Doch die Bibel sagt ganz deutlich, daß Höflichkeit und Rücksichtnahme unbedingt zu unserem Leben dazugehören sollten, egal, wo wir leben. Wahrscheinlich wird das am besten in den Worten Jesu zusammengefaßt (die im Laufe der Zeit die »goldene Regel« genannt wurde): »Alles nun, was ihr wollt, das euch die Leute tun sollen, das tut ihnen auch! Das ist das Gesetz und die Propheten« (Matthäus 7,12). Dies ist ein positives Gebot; das heißt, wir sollen nicht nur anderen nichts Böses tun, sondern tun, was gut ist. Freundlichkeit und Höflichkeit gehören unbedingt dazu.

Die Maßstäbe der Bibel für unser Leben und das Verhalten unseren Mitmenschen gegenüber, geraten immer mehr aus dem Blickfeld unserer Gesellschaft. Ja, sie fördert gerade die entgegengesetzte Denkrichtung, den Egoismus. »Ich zuerst« lautet die Devise. Höflichkeit und Rücksichtnahme auf andere bleiben dabei völlig auf der Strecke.

Auch ich wünschte mir, daß die Menschen wieder freundlicher miteinander umgingen. Sie werden es nicht tun, weil sie Gott aus ihrem Leben verbannt haben.

Sind Sie der Meinung, daß es sich lohnt, in der heutigen Welt noch anständig zu leben? Ich habe den Eindruck, daß man nur weiterkommt, wenn man egoistisch ist und sich die Gesetze so zurechtbiegt, wie man sie braucht.

Mir ist klar, daß das häufig der Fall ist, doch ich möchte Ihnen einiges zu bedenken geben.

Es trifft nicht immer zu, daß man nur weiterkommt, wenn man seine Ellenbogen gebraucht. Ich kenne einige sehr erfolgreiche Menschen, die strenge moralische Grundsätze haben und nicht von ihnen abgewichen sind, egal, in welcher Lage sie waren. Sie gewannen dadurch den Respekt der anderen. Viele wollten nur mit ihnen verhandeln, weil sie als ehrliche Partner bekannt waren und man ihnen vertrauen konnte. Die Bibel ermahnt uns sehr oft, ehrlich zu sein, weil das auch für Gott wichtig ist und wir ihm ja verantwortlich sind.

Sie müssen bedenken, daß diejenigen, die sich die Gesetze zurechtrücken, oft in große Schwierigkeiten kommen. Es kann passieren, daß sie schließlich etwas Illegales tun und sich dann dafür verantworten müssen. Damit bereiten sie ihren Familien und am Ende auch sich selbst großen Kummer. Die Bibel sagt ganz klar, daß unsere bösen Werke unser Leben zerstören. »Irret euch nicht! Gott läßt sich nicht spotten. Denn was der Mensch sät, das wird er ernten. Wer auf sein Fleisch sät, der wird vom Fleisch das Verderben ernten« (Galater 5,7-8).

Darum möchte ich Sie ermutigen, sorgfältig in Betracht zu ziehen, was Jesus Christus von Ihnen erwartet. Er möchte, daß Sie ihm nachfolgen. Das ist nicht immer einfach, und viele sind der Meinung, es lohne sich nicht. Es gibt jedoch nichts Wichtigeres im Leben, als den Willen Gottes zu tun — und auch nichts Lohnenderes.

Im Libanon oder in Nordirland werden bewaffnete Auseinandersetzungen geführt von Menschen, die sich auch als Christen verstehen. Was halten Sie davon?

In der Geschichte hat es viele Kriege gegeben, wo Menschen im Namen Christi aufgetreten sind, aber den Geboten Jesu zuwidergehandelt haben.

Auch heute verstehen die meisten Menschen unter einem Christen jemanden, der den Anspruch erhebt, Christ zu sein oder einen christlichen Hintergrund hat. Merkmal ist heute oft nicht die Wiedergeburt eines Menschen und ein Leben in der Nachfolge Jesu, sondern in der Regel die Herkunft. Wir sollten uns hier die Worte Jesu ins Gedächtnis rufen: »Ein guter Baum kann nicht schlechte Früchte bringen, und ein fauler Baum kann nicht gute Früchte bringen. ... Es werden nicht alle, die zu mir sagen: Herr, Herr!, in das Himmelreich kommen, sondern die den Willen tun meines Vaters im Himmel« (Matthäus 7,18.21).

Was ist nun ein Christ? Das Wort wird zum ersten Mal in Apostelgeschichte 11,26 gebraucht: »In Antiochien wurden die Jünger zuerst Christen genannt«. Das Wort bedeutet, »jemand, der Christus nachfolgt«, und die Bibel bezeichnet mit diesem Ausdruck die Jünger oder diejenigen, die Christus aktiv nachfolgten. Jesus sagt: »Wenn ihr bleiben werdet an meinem Wort, so seid ihr wahrhaftig meine Jünger« (Johannes 8,31). Ein Christ ist also mit anderen Worten jemand, der Christus als seinen persönlichen Herrn und Heiland in sein Leben aufgenommen hat und bemüht ist, ihm nachzufolgen und Christi Gebote in seinem Leben zu befolgen.

Lassen Sie sich nicht durch Menschen verwirren, die behaupten, Christen zu sein, sich jedoch nicht so verhalten. Halten Sie fest an dem Ziel, Christus nachzufolgen und jeden Tag mit ihm zu erleben. Er wird Ihr Vertrauen nicht enttäuschen.

Steht in der Bibel irgend etwas über das Rauchen von Marihuana? Mein Freund behauptet, man würde nichts darüber finden, und darum raucht er es immer weiter. Ich bin mir da aber nicht so sicher.

Die Bibel gebietet uns, nichts zu tun, das unsere Sinne betäubt oder uns die Kontrolle über unsere moralische Urteilsfähigkeit verlieren läßt. Wir finden einiges darüber in den Aussagen der Bibel in bezug auf das Trinken. »Und sauft euch nicht voll Wein, woraus ein unordentliches Wesen folgt, sondern laßt euch vom Geist erfüllen« (Epheser 5,8).

Obwohl die Bibel Marihuana nicht ausdrücklich erwähnt (wahrscheinlich war es damals noch nicht bekannt), sagt sie doch ganz klar, daß es falsch ist, irgend eine Droge zu nehmen, die unser Bewußtsein trübt. (Bedenken Sie, daß auch der Alkohol eine Droge ist.) Die medizinischen Auswirkungen von Marihuana werden noch erforscht, doch es kann gar kein Zweifel bestehen, daß es Auswirkungen auf das Gehirn hat, wie andere Drogen auch. Es gibt Leute, die ein erfülltes Leben statt bei Gott in den Drogen suchen. Das ist tragisch, denn sie erleben dadurch nicht die Freude und den Frieden und die Vergebung, die nur Gott allein ihnen geben kann.

Ich hoffe, Ihr Freund wird ernsthaft über seinen Drogenkonsum nachdenken. Ich werde dafür beten, daß Sie beide Ihr Verhältnis zu Gott neu überdenken. Gott hat Sie erschaffen, und er hat einen Plan für Ihr Leben. Gott will, daß Sie ihn kennenlernen und ihm nachfolgen. Er möchte Ihnen zeigen, was es bedeutet, ihn zu lieben und um seinetwillen andere zu lieben.

Es gibt keine größere Freude, als jeden Tag mit Jesus Christus zu erleben. Er allein gibt Ihnen Hoffnung für die Zukunft. Keine Droge oder irgend etwas anderes kann Ihnen diese Freude schenken. Öffnen Sie Jesus Christus Ihr Herz, und übergeben Sie ihm Ihr Leben.

Warum sind Sie der Meinung, daß wir uns Gedanken um den Hunger in der Welt machen sollten? Ich habe den Eindruck, daß es auch hier genügend Menschen gibt, die unsere Hilfe nötig haben.

Selbstverständlich sollten wir uns um notleidende Menschen in unserem Land kümmern. Doch wir dürfen auch die Bedürfnisse der Menschen in anderen Teilen der Welt nicht außer acht lassen. Viele Millionen werden in der Dritten Welt an Unterernährung und Hunger sterben.

Gott liegt die ganze Welt am Herzen, und er möchte, daß auch wir uns Gedanken um die Welt machen. Jesus sagt zu seinen Jüngern: »Darum gehet hin und machet zu Jüngern alle Völker« (Matthäus 28,19). Neben den geistlichen sind damit auch die körperlichen Bedürfnisse der Menschen angesprochen, denn Gott kümmert sich immer um den ganzen Menschen – Körper, Seele und Geist.

Jesus predigte nicht nur, als er hier auf der Erde war, sondern er heilte die Kranken und gab den Hungrigen zu essen. Jesus warnte seine Jünger sogar, daß sie gerichtet würden, wenn sie den Bedürftigen nicht helfen. »Geht weg von mir, ihr Verfluchten, in das ewige Feuer, das bereitet ist dem Teufel und seinen Engeln! Denn ich bin hungrig gewesen, und ihr habt mir nicht zu essen gegeben. Ich bin durstig gewesen, und ihr habt mir nicht zu trinken gegeben. ... Was ihr nicht getan habt einem von diesen Geringsten, das habt ihr mir auch nicht getan« (Matthäus 25,41-42.45).

Bitten Sie Gott, Ihnen die Liebe zu Ihren Mitmenschen zu schenken, auch wenn sie so anders sind als Sie. Lassen Sie sich von Gott helfen, Wege zu finden, den Menschen zu helfen.

Steht in der Bibel irgend etwas darüber, daß die Welt durch einen Atomkrieg zugrunde geht? Wenn ja, bedeutet das nicht, daß wir der Endzeit sehr nahe sind?

In der Bibel gibt es einige recht lebhafte Darstellungen der letzten Tage, und manche Bibelforscher sind der Meinung, die Auswirkungen eines Atomkrieges könnten darin beschrieben sein. Niemand kann jedoch genau sagen, was damit gemeint ist.

Für uns ist es nicht so wichtig, genau zu wissen, was am Ende der Zeit passieren wird, wenn Christus wiederkommt, um sein Königreich aufzubauen. Viel wichtiger ist die Tatsache, daß Gott eines Tages eingreifen und die Welt untergehen wird. Die Bibel betont: »Von dem Tage aber und von der Stunde weiß niemand, auch die Engel im Himmel nicht, auch der Sohn nicht, sondern allein der Vater« (Matthäus 24,36). Eines Tages werden die Sünde und das Böse vollkommen von der Erde verschwunden sein, und Christus wird in Gerechtigkeit regieren. »Wir warten aber auf einen neuen Himmel und eine neue Erde nach seiner Verheißung, in denen Gerechtigkeit wohnt« (2.Petrus 3,13).

Christus kann heute wiederkommen oder erst in tausend Jahren. Sicher gibt es viele Anzeichen, daß sein Kommen kurz bevorstehen könnte, und wir sollten sie ernst nehmen. Doch die wichtigste Frage ist, ob wir auf sein Kommen vorbereitet sind. »Darum wachet; denn ihr wißt nicht, an welchem Tag der Herr kommt« (Matthäus 24,42). Das Ende der Welt und das Aufrichten des Königreiches Christi sollten uns nicht dazu veranlassen, selbstzufrieden und träge zu werden - ganz im Gegenteil. Wir sollten statt dessen eifrig bemüht sein, Gottes Willen zu tun, für ihn zu leben und anderen von Christus zu erzählen, denn »es kommt die Nacht, da niemand wirken kann« (Johannes 9,4).

Leben Sie darum für Christus, was die Zukunft auch bringen wird. Gottes Handeln mit dieser Welt ist noch nicht zu Ende, darum sollten wir Tag für Tag nach seinem Willen fragen.

Sollte ein Christ sich aktiv an einem Krieg beteiligen, dessen Absicht doch ist, andere Gotteskinder zu töten.

Es ist nicht die Absicht eines Krieges, andere Gotteskinder zu töten. Wenn sie getötet werden, dann deshalb, weil sie als Christen zufällig Teil einer kriegführenden Gesellschaft sind. Wir leben in einer gefallenen Welt, wo die Menschen nicht fähig sind, ihre Differenzen auf friedliche Weise zu regeln. Der Krieg ist nur eine der Auswirkungen dieser Tatsache.

Ich bin der Meinung, daß es auch gerechtfertigte Kriege gibt, der zweite Weltkrieg zum Beispiel, gegen einen Diktator, der versucht hat, die Welt unter seine Herrschaft zu bekommen und gleichzeitig ein ganzes Volk auszulöschen. Nur der Krieg konnte diesem Blutvergießen und der Versklavung anderer ein Ende setzen. Doch ein Krieg kann selbstverständlich nicht der Weg der Christen sein, individuelle oder auch weltweite Probleme zu lösen.

Wir müssen unsere Verantwortung als Bürger wahrnehmen. Man kann gegen einen Krieg protestieren oder seine Regierung dafür kritisieren, daß sie sich in einen Krieg verwickeln ließ. Doch ein Bürger, der die Privilegien und Vorteile des eigenen Landes genießt, muß auch seine Pflichten der Regierung gegenüber erfüllen. Wenn wir uns absolut nicht mit unserer Regierung einverstanden erklären können, dann steht uns immer noch frei, eine andere Staatsbürgerschaft anzunehmen. Johannes, der Täufer, ermahnte die Soldaten in Bezug auf ihre Pflicht: »Tut niemandem Gewalt oder Unrecht und laßt euch genügen an eurem Sold« (Lukas 3,14). Er sagte ihnen aber nicht, daß sie keine Soldaten mehr sein dürften.

Es ist für einen Christen schwierig, loyaler Bürger eines Landes zu sein, das einen Krieg vorantreibt. Wir können Gott danken, zu einer Nation zu gehören, die versucht, alle Probleme friedlich zu lösen.

Ich habe in den Zeitungen viel über nukleare Waffen und die enorme Aufrüstung gelesen. Sie sagten einmal, man sollte versuchen, die Aufrüstung zu stoppen. Denken Sie wirklich, daß Hoffnung besteht, den Krieg abzuschaffen?

Nein, ich glaube nicht, daß der Krieg vollkommen von der Erde verbannt werden kann. Erst wenn Jesus Christus wiedergekommen ist und sein Königreich errichtet hat, wird vollkommener Friede herrschen. Dann wird er in Gerechtigkeit regieren, und die Prophezeiung Jesajas wird sich erfüllen: »Und er wird richten unter den Heiden und zurechtweisen viele Völker. Da werden sie ihre Schwerter zu Pflugscharen und ihre Spieße zu Sicheln machen. Denn es wird kein Volk wider das andere das Schwert erheben, und sie werden hinfort nicht mehr lernen, Krieg zu führen« (Jesaja 2,4).

Wir sollten deshalb alle Friedensbemühungen ernst nehmen. Die Nationen können dadurch wenigstens zeitweise zu einem friedlichen Zusammenleben kommen. Die katastrophalen Auswirkungen eines möglichen nuklearen Krieges müssen uns alarmieren. In einem Atomkrieg würden viele hundert Millionen Menschen sterben. Wenn wir erführen, daß so viele Menschen in einem anderen Land in der Gefahr stünden zu verhungern, würden wir doch auch alles in unserer Macht stehende tun, um ihnen zu helfen. Ich bin kein Pazifist und bin auch nicht für einseitige Abrüstung, doch wir sollten die Politiker an der Spitze der großen Nationen ermutigen, für den Frieden zu arbeiten und sich darum zu bemühen, eine Katastrophe zu verhindern.

Die Kriegsidee entsteht im menschlichen Herzen; nur Gott kann den Menschen verändern. So lange sündige Menschen auf dieser Erde leben, wird es auch Kriege geben. Aber Gott kann das Unheil zurückhalten, und wir sollten inständig dafür beten, daß er unseren Politikern die nötige Weisheit schenkt. In der Bibel heißt es: »So ermahne ich nun, daß man vor allen Dingen tue Bitte, Gebet, Fürbitte und Danksagung für alle Menschen, für die Könige und für alle Obrigkeit, damit wir ein ruhiges und stilles Leben führen können in aller Frömmigkeit und Ehrbarkeit. Dies ist gut und wohlgefällig vor Gott, unserm Heiland« (1. Timotheus 2,1-3). Dies sind klare Anweisungen, nach denen wir unser tägliches Leben ausrichten sollten. Wir werden da leicht mutlos und denken, daß wir nur sehr wenig tun können, um die Weltereignisse zu beeinflussen. Doch Gott ist am Werk, und er hat uns die wichtige Aufgabe gegeben, für die Welt und die Politiker zu beten.

Warum schreiben Sie nie etwas über Trunkenheit am Steuer? Wir haben kürzlich unsere einzige Tochter bei einem Autounfall verloren, den ein betrunkener Fahrer verursacht hat. Der Schuldige kam vor Gericht mit einer nur geringen Strafe davon.

Ich habe mich schon häufig gegen den Alkohol am Steuer ausgesprochen, doch anscheinend noch nicht oft genug. Der Alkohol ist sicherlich eines der vordringlichen Probleme unserer Gesellschaft. Wahrscheinlich ist bei mehr als der Hälfte aller schweren Autounfälle Alkohol im Spiel — eine schreckliche Bilanz, die schon vielen Menschen das Leben gekostet hat.

Sie haben in Ihrem Brief eines der Hauptprobleme angesprochen. Unser Rechtssystem verharmlost Straftaten, die durch Trunkenheit am Steuer verursacht werden. Wenn jemand mit gezogenem Revolver eine Einkaufsstraße entlang gehen und drohen würde, jeden zu erschießen, der sich ihm in den Weg stellt, dann nähmen Polizei und Gerichte das wahrscheinlich sehr ernst. Auch eine Flugzeugentführung wird als schweres Vergehen gehandhabt. Ein betrunkener Autofahrer auf der Straße ist jedoch genauso gefährlich, und wir müssen erreichen, daß dieses Verbrechen viel stärker bestraft wird. (Einige Länder in Europa haben das bereits mit nachweisbarem Erfolg eingeführt.)

Trunkenheit am Steuer ist aber nur ein Teil des viel größeren generellen Problems des Alkoholismus in unserer Zeit. Es wird sicher viele geben, die diesen Artikel lesen und wissen, daß sie selbst vom Alkohol (oder irgend einer anderen Droge) abhängig sind oder sich als Alkoholiker dieser Tatsache nicht stellen. Wenn Sie, lieber Leser, sich in einer solchen Situation befinden, dann bete ich dafür, daß Sie Ihr Problem erkennen und auf keinen Fall in betrunkenem Zustand Auto fahren. Wenn Sie gegen Ihre Abhängigkeit ankämpfen wollen, dann sollten Sie als erstes Jesus in Ihr Leben aufnehmen. Bitten Sie ihn, Sie frei zu machen von Ihrer Sucht. Das wird sicher auch mit Gottes Hilfe kein einfacher Weg sein. Doch setzen Sie Ihr Vertrauen auf den lebendigen Gott; er will Ihnen ein erfülltes Leben geben.

Es sieht heute so aus, als könnte Rußland uns eines Tages beherrschen. Sollten wir uns angesichts dieser realen Bedrohung darauf verlassen, daß Gott einer so schlechten Nation nicht erlauben wird, ein gutes Volk zu besiegen?

Ich wünschte, man könnte das so sehen, doch leider finden wir in Gottes Wort diese Einstellung nicht belegt. Viele »gute« Nationen sind von »bösen« überrannt worden. Wir sehen nur die Äußerlichkeiten. Sie sagen, wir seien ein gutes Volk. Stimmt das denn? Unsere Kriminalitätsrate ist die höchste der Welt und wir lassen uns vom Lustprinzip regieren. Nein, wir sind kein gutes Volk. Es mangelt uns an Rechtschaffenheit und Moral.

Auch wenn wir tatsächlich besser wären als andere Völker, könnte Gott es zulassen, daß wir unter die Herrschaft eines anderen Volkes kommen, damit wir wieder neu lernen, ihn zu fürchten und zu lieben.

Einer der Propheten beklagte sich: »Denn der Gottlose übervorteilt den Gerechten; darum ergehen verkehrte Urteile« (Habakuk 1,4). Gott antwortete darauf: »Denn ich will etwas tun zu euren Zeiten, was ihr nicht glauben werdet, wenn man euch davon sagen wird« (Habakuk 1,5). Das Volk Gottes wird ermahnt, aus dem Glauben zu leben und nicht aufgrund des äußerlichen Anscheins zu urteilen. Diese Ermahnung gilt auch uns heute in unseren aktuellen zwischenmenschlichen und zwischenstaatlichen Beziehungen.

An der Universität habe ich einen Kurs in Ethik belegt. Ich mußte feststellen, daß die ethischen Grundsätze der weltlichen Denker viel höher sind als die der religiösen Führer. Gibt es dafür eine Erklärung?

Es gibt tatsächlich eine Erklärung dafür. Sie müssen sich darüber im klaren sein, daß die Kultur und die Ausbildung einen großen Einfluß auf das Verhalten ausüben. Wenn Sie Ethik studieren, dann beschäftigen Sie sich mit den Idealvorstellungen von menschlichem Verhalten. Aber das ist reine Theorie, und die Bibel sagt ganz deutlich: »Denn wenn Heiden, die das Gesetz nicht haben, doch von Natur tun, was das

Gesetz fordert, so sind sie, obwohl sie das Gesetz nicht haben, sich selbst Gesetz. Sie beweisen damit, daß in ihr Herz geschrieben ist, was das Gesetz fordert ...« (Römer 2,14.15). Die meisten Leute wissen zumindest in der Theorie, was richtig ist. Aber die säkulare Ethik kann nicht die Motivation vermitteln, das Richtige zu tun. Es besteht eine große Diskrepanz zwischen der Theorie über das Verhalten und der Praxis.

Sie müssen sich auch im klaren darüber sein, daß der Christ vielen Versuchungen ausgesetzt ist, die den Nichtchristen erspart bleiben. Aber im allgemeinen werden Sie feststellen, daß die ethischen und moralischen Grundsätze eines wirklichen Christen schon immer die höchsten gewesen sind. Nur das Christentum bietet neben den ethischen Grundsätzen auch die richtige Motivation, danach zu leben.

Mein Mann und ich würden gern Kinder haben, doch die Welt ist in einem so furchtbaren Zustand, daß wir Angst davor haben, was die Zukunft unseren Kindern bringen wird. Halten Sie diese Denkweise für richtig?

Wenn Sie sich ein Geschichtsbuch zur Hand nehmen würden, bezweifle ich, daß Sie eine Zeit finden würden, wo die Bedingungen ideal waren. Es hat immer Kriegsdrohungen gegeben, und die Zukunft war immer unsicher. Und wenn die sozialen und politischen Bedingungen einigermaßen gut waren, dann wurde die Welt durch Naturkatastrophen oder Plagen erschüttert.

Aber Sie haben natürlich recht, die Welt befindet sich gerade jetzt in einem besorgniserregenden Zustand. Wir leben in einer Zeit großer Unsicherheit. Wenn auch die Medizin viele Krankheiten beseitigt hat, die die Menschheit noch vor ein oder zwei Generationen bedroht haben, so hat die moderne Technologie Waffen zur Massenvernichtung entwickelt, die ein ganzes Volk innerhalb von wenigen Stunden auslöschen können. Und es gibt neue Krankheiten, wie z.B. AIDS, die die Menschen bedrohen.

Doch Gott hält die Zukunft in seiner Hand. »Der Herr ist König; des freue sich das Erdreich« (Psalm 97,1). Ich muß an den Propheten Jeremia im Alten Testament denken. Es war damals eine schreckliche Zeit; das jüdische Volk wurde in die Gefangenschaft nach Babylon geführt und stand vor einer sehr unsicheren Zukunft. Sicher haben sich zu diesem Zeitpunkt viele dieselbe Frage gestellt; und Jeremia hat ihnen darauf geantwortet: »Nehmt euch Frauen und zeugt Söhne und Töchter ... Denn ich weiß wohl, was ich für Gedanken über euch habe, spricht der Herr: Gedanken des Friedens und nicht des Leides« (Jeremia 29,6.11).

Jeremia konnte das sagen, weil er wußte, daß Gott der Herr sowohl über die Vergangenheit und Gegenwart als auch über die Zukunft ist. Unsere Kinder werden es vielleicht nicht leicht haben. Wir stehen als Eltern in der Verantwortung, unsere Kinder geistlich vorzubereiten, damit auch sie der Zukunft im Vertrauen auf Gott entgegensehen können.

20. WIE KÖNNEN WIR UNTERSCHEIDEN, WAS FALSCH IST UND WAS RICHTIG?

Wie können wir unterscheiden, was falsch ist und was richtig? Es gibt so viele sich widersprechende Meinungen, daß man ganz verwirrt ist. Gibt es wirklich eine Regel, an die man sich halten kann?

»Wenn jemand dessen Willen tun will, wird er innewerden, ob diese Lehre von Gott ist« (Johannes 7,17). Ich denke, bevor man wissen kann, was richtig und was falsch ist, muß man sich von Gott verändern lassen. Erst dann ist man in der Lage, das Richtige zu tun.

J. Wilbur Chapman hat einmal gesagt: »Meine Lebensregel lautet: Alles, was meine Sicht von Christus trübt oder mich vom Bibellesen abhält oder mein Gebetsleben oder meine Arbeit für Christus beeinträchtigt ist falsch, und als Christ muß ich mich davon abwenden«.

Wenn ich nicht genau weiß, was richtig ist und was falsch, dann überprüfe ich es anhand von drei Gesichtspunkten. Zuerst frage ich mich, ob es vernünftig ist, dann frage ich Gott, ob es gut und erbauend ist. Schließlich versuche ich herauszufinden, ob die Bibel etwas dagegen sagt. Als letztes kann man noch sein Gewissen fragen. Doch das Wichtigste ist, den Vorschlag Jesu zu befolgen: »Wenn jemand dessen Willen tun will, wird er innewerden . . .« (Johannes 7,17).

Ich habe gehört, daß Sie gegen Abtreibung sind. Ich bin jedoch der Meinung, daß einer Frau erlaubt sein muß, mit ihrem Körper tun und lassen zu können, was sie möchte.

Mir ist klar, daß dies ein sehr sensibles Thema ist — ich bekomme jedesmal eine Menge Briefe, wenn ich darüber schreibe. Heutzutage ist es zum politischen Thema geworden. Meine Bedenken sind nicht politischer, sondern moralischer und geistlicher Natur.

Jawohl, ich bin (mit wenigen Ausnahmen, z.B. wenn das Leben der Mutter eindeutig in Gefahr ist und die Abtreibung das kleinere von zwei Übeln ist) gegen die Abtreibung. Die zentrale Frage lautet: Ist das kleine Wesen nur ein Zellklumpen oder vielleicht doch ein kleiner Mensch — selbst wenn er noch sehr klein und außerhalb der Gebärmutter nicht lebensfähig ist? An diesem Punkt stehen die Menschen in der Gefahr, sich von ihren Gefühlen leiten zu lassen und die Frage so zu beantworten, daß die Antwort mit ihren eigenen Wünschen übereinstimmt. Doch wir müssen uns so vernünftig wie möglich damit auseinandersetzen.

Als Christ orientiere ich mich an der Bibel, weil ich der Überzeugung bin, daß sie Gottes Wort ist und uns seinen Willen übermittelt. Ich kann mir meine eigene Meinung zu verschiedenen Themen bilden, doch wenn Gott zu einem Thema eine bestimmte Aussage gemacht hat, dann muß ich meine Meinung den Maßstäben der Bibel unterwerfen.

Es gibt tatsächlich verschiedene Bibelstellen, die zeigen, daß auch ein Fötus in Gottes Augen ein Mensch ist. Gott sagt zum Beispiel zu Jeremia: »Ich kannte dich, ehe ich dich im Mutterleib bereitete und sonderte dich aus, ehe du von der Mutter geboren wurdest und bestellte dich zum Propheten für die Völker« (Jeremia 1,5). Oder nehmen wir Johannes den Täufer. Johannes' Mutter erklärte: »Denn siehe, als ich die Stimme deines Grußes hörte, hüpfte das Kind vor Freude in meinem Leibe« (Lukas 1,44). Das bedeutet doch, daß das ungeborene Wesen schon ein vollwertiger Mensch war.

Ich hoffe, daß Sie Ihren Standpunkt noch einmal überdenken — und ich hoffe auch, daß Sie anfangen werden, selbst in der Bibel zu lesen, nicht nur zu diesem Thema, und dadurch die Notwendigkeit erkennen, Jesus Christus als Ihren Herrn anzunehmen.

Ich möchte noch zwei Dinge ansprechen. Erstens, die weitverbreitete Akzeptanz der Abtreibung ist kennzeichnend für unserere Gesellschaft, die moralische Themen und Fragen nur noch auf der Basis entscheiden will, ob sie uns gelegen sind und uns Spaß machen. Viele Menschen haben zum Beispiel die klaren Aussagen der Bibel über außereheliche sexuelle Beziehungen beiseite getan, weil sie von ihrer Vergnügungssucht und ihrer Begierde besessen sind. Die Tragik dabei ist aber, daß wir Gottes Gebote nicht ungestraft brechen können. In der Bibel heißt es: »Irret euch nicht! Gott läßt sich nicht spotten. Denn was der Mensch sät, das wird er auch ernten. Wer auf sein Fleisch sät, der wird von dem Fleisch das Verderben ernten« (Galater 5,7-8). Das kann auch für ganze Völker gelten. »Schrecklich ist's, in die Hände des lebendigen Gottes zu fallen« (Hebräer 10,31).

Doch ich möchte Ihnen auch sagen, daß Gott uns liebt und uns unsere Sünden vergeben möchte. Er hat die Vergebung möglich gemacht, indem er seinen Sohn, Jesus Christus, in die Welt gesandt hat. Er ist am Kreuz für unsere Sünden gestorben. Auch wenn Sie, oder jemand aus Ihrem Bekanntenkreis, sich dieser schwerwiegenden Sünde schuldig gemacht haben, dürfen Sie wissen, daß Gott Sie immer noch liebt und Ihnen alles vergeben möchte, wenn Sie zu ihm kommen und ihn um Vergebung bitten.

Bevor ich heiratete hatte ich vier Abtreibungen. Jetzt muß ich erkennen, daß ich keine Kinder mehr bekommen kann. Glauben Sie, daß Gott mich für das, was ich in der Vergangenheit getan habe, bestrafen will?

Mehrere Ärzte haben mir schon gesagt, daß eine Abtreibung ein schwieriger (und auch gefährlicher) medizinischer Eingriff ist, der bleibende Schäden bei einer Frau hinterlassen kann. Eine Abtreibung kann also nicht gänzlich ohne Konsequenzen vorgenommen werden — ganz zu schweigen von den moralischen Einwänden.

Ich kann nicht beurteilen, ob Gott Sie strafen möchte. Doch die Bibel sagt ganz klar, daß wir die Konsequenzen zu tragen haben, wenn wir Gott den Rücken zuwenden und seine Gebote mißachten. Wir sollten dann auch nicht Gott verantwortlich machen. Verantwortung trägt allein derjenige, der Gottes Gebote mißachtet hat. Ich möchte Ihnen das mit einem Bild veranschaulichen. Nehmen wir an, Sie würden aus einem Fenster im zweiten Stock springen. Sie können es sich nach dem Absprung noch so sehr wünschen, das Gesetz der Schwerkraft wird für Sie nicht aufgehoben werden. In gewisser Weise ist die Schwerkraft dafür verantwortlich, daß Sie sich vermutlich die Knochen brechen werden, doch Sie kannten die Folgen, und es war Ihre Entscheidung. So, wie es physikalische Gesetze gibt, die wir nicht unbeschadet brechen können, so gibt es auch geistliche Gesetze.

Wichtig ist nun allein, wie Sie reagieren werden. Gott liebt Sie und Sie brauchen ihn. Sie brauchen seine Vergebung und seine Führung und Hilfe für Ihren Alltag. Bisher haben Sie Gott in Ihrem Leben vernachlässigt. Das hat Ihnen nur Kummer und Schmerz eingebracht. Ich bete dafür, daß Sie die Notwendigkeit erkennen, Jesus Christus in Ihr Leben aufzunehmen.

Fragen Sie nach Gottes Willen für die Zukunft. Er möchte, daß Sie Ihrem Mann eine gute Frau sind. Gott hat einen Plan für Ihr Leben. Wenden Sie sich ihm zu, und übergeben Sie Ihr Leben Jesus Christus.

Ich kenne Menschen, die, wie Sie, permanent gegen die Abtreibung reden. Ich habe da eine andere Einstellung. Als Frau habe ich Rechte, auch das Recht, mit meinem Körper zu tun, was ich möchte. Niemand hat mir in dieser Beziehung etwas vorzuschreiben.

Sicher könnte ich Ihnen zu diesem Thema ausführlich darlegen, warum ich aufgrund der biblischen Lehre nicht mit Ihrer Position übereinstimme. Doch ich vermute, daß Sie alle diese Argumente schon gehört haben und (wie ich aus Ihren Zeilen entnehmen kann) dafür nicht offen sind. Darum möchte ich etwas ansprechen, das Ihnen vielleicht noch gar nicht klargeworden ist.

Das eigentliche Problem ist nicht die Abtreibung oder ob Sie das Recht haben, das Leben eines Kindes, das in Ihnen wächst, zu beenden. Viel wichtiger ist die Frage, ob Sie Ihr Leben auch weiterhin nur nach Ihren eigenen Maßstäben leben, oder sich statt dessen von Gott führen lassen wollen. Sie haben sich selbst von der Meinung anderer unabhängig erklärt. Sie haben sich aber vor allem auch von Gott losgesagt. Sie sind demnach der Meinung, daß Sie besser als Gott wissen, was gut für Sie ist.

Das stimmt aber nicht. Gott hat Sie erschaffen, und er liebt Sie. Weil er Sie liebt, weiß er auch, was gut für Sie ist. Im Augenblick sind Sie ein Sklave Ihrer selbst und Ihrer eigenen Begrenztheit. Doch Christus möchte Sie befreien. Er möchte, daß Sie erfahren, warum Sie leben und wohin Sie später einmal gehen werden.

Haben Sie keine Angst vor Gott. Öffnen Sie sich seinem Sohn, Jesus Christus, als Ihrem persönlichen Herrn und Heiland. Sie brauchen Christus. Ohne ihn werden Sie niemals echte Freude und wirklichen inneren Frieden finden. Er war bereit, am Kreuz für Sie zu sterben, weil er Sie liebt. Im Augenblick befinden Sie sich in einer Einbahnstraße, doch Christus will Ihnen den Weg zeigen, »der zum Leben führt« (Matthäus 7,14).

Eine Zeitlang habe ich in meiner Firma kleinere Geldbeträge gestohlen. Jetzt bin ich Christ geworden und habe den Eindruck, daß ich das wieder gut machen muß. Ich habe Angst, meinem Chef alles zu gestehen, weil ich dann vielleicht entlassen werden könnte, und doch kann es so nicht weitergehen; ich habe zu große Gewissensbisse. Was würden Sie vorschlagen?

Ich denke, Ihr Chef wird Ihr ehrliches Bekenntnis zu schätzen wissen. Ihr Leben war zwar bisher unehrlich, doch das Eingeständnis Ihrer Schuld wird Ihren Chef davon überzeugen, daß sich in Ihrem Leben etwas Entscheidendes ereignet hat. Vielleicht kommt er am Ende sogar zu der Überzeugung, daß Sie der verläßlichste Arbeiter in Ihrer Firma sind. Wenn Sie Ihre Schuld eingestehen, erleichtern Sie nicht nur Ihr Gewissen, Sie haben dadurch auch eine gute Gelegenheit, anderen zu erzählen, was Gott in Ihrem Leben getan hat. Sie haben dann getan, was Gott von Ihnen erwartet und können das übrige ihm überlassen. Wir werden dafür beten, daß Sie den Mut finden, das Richtige zu tun.

Ich war immer sehr stolz, doch vor einiger Zeit hatte ich einige finanzielle Rückschläge. Jetzt bin ich auch noch arbeitslos geworden, und es sieht so aus, als müßte ich auf die Sozialhilfe zurückgreifen, um überleben zu können. Sind Sie der Meinung, es sei moralisch falsch, dieses Geld in Anspruch zu nehmen?

In unserer Gesellschaft gibt es einen Hilfsfond für Menschen, die in Not sind. Sicherlich gibt es viele, die das mißbrauchen, um nicht arbeiten zu müssen. Doch deshalb ist nicht das ganze System falsch. Wenn Sie wirklich Sozialhilfe brauchen, dann dürfen Sie nicht zu stolz sein, sie auch in Anspruch zu nehmen. Schon zur Zeit des Volkes Israel gab es bestimmte Gesetze, durch die den Armen geholfen werden sollte. In der Bibel heißt es: »Der Gerechte weiß um die Sache der Armen; der Gottlose aber weiß gar nichts« (Sprüche 29,7).

Ich möchte noch zwei andere Dinge ansprechen. Obwohl die wirtschaftliche Lage schwierig ist, hoffe ich, daß Sie weiterhin nach Arbeit suchen. In den vergangenen Jahren hat sich der Arbeitsmarkt kontinuierlich verbessert.

Das zweite betrifft das, was Sie über Ihren Stolz sagten. In Ihrem Brief deuteten Sie an, daß Sie sich niemals richtig mit Gott oder der Kirche beschäftigt haben. Vielleicht war Ihnen da auch Ihr Stolz im Wege. Sie waren der Ansicht, daß Sie Gott nicht brauchen, weil Sie Ihr Leben durchaus alleine führen konnten.

Doch Sie brauchen Gott. Gerade jetzt, inmitten Ihrer Probleme, und besonders auch für die Zukunft; für den Rest Ihres Lebens und für die Ewigkeit. Vielen fällt es sehr schwer zuzugeben, daß sie ohne Gott nicht zurechtkommen. Manchmal läßt Gott zu, daß bestimmte Dinge geschehen, die uns zeigen sollen, daß wir eben doch nicht allein zurechtkommen.

Darum kann diese schwierige Zeit für Sie zum Segen werden, wenn Sie nämlich erkennen, daß Sie Christus brauchen und sich reuevoll an ihn wenden. Lassen Sie es nicht zu, daß Ihr Stolz Sie davon abhält, das größte Geschenk der Welt anzunehmen, das Geschenk der Erlösung, das Gott Ihnen in Jesus Christus anbietet.

Ich habe Rockmusik immer sehr geliebt. Vor einiger Zeit begann ich, etwas intensiver auf den Text einiger Lieder zu hören. Sind Sie der Meinung, daß es falsch ist, sich diese Musik anzuhören?

Sie müssen sich klarmachen, daß unser Denken auf verschiedene Weise geformt wird, oft auch, ohne daß es uns bewußt wird. Ich bin davon überzeugt, daß vieles, z.B. die Filme, die wir sehen, die Musik, die wir hören, die Bücher, die wir lesen, einen großen Einfluß auf uns ausüben.

Außerdem müssen Sie erkennen, daß Sie zu einem Leben in Reinheit und Heiligkeit berufen sind, wenn Sie zu Jesus Christus gehören. Gott möchte Ihr Denken gestalten; Christus soll in Ihren Gedanken und Zielen zu erkennen sein. Die Bibel legt großen Wert auf alles, was unser Denken beeinflußt. Wir werden aufgefordert, nicht zu leben wie die Ungläubigen, »in der Nichtigkeit ihres Sinnes … Legt von euch ab den alten Menschen mit seinem früheren Wandel, der sich durch trügerische Begierden zugrunde richtet. Erneuert euch aber in eurem Geist und Sinn« (Epheser 4,17.22-23).

Darum ist es wichtig, daß Sie bei der von Ihnen erwähnten Musik auf die Worte achten. In den Texten der modernen Musik (manche Leute glauben, auch in ihrem Rhythmus) gibt es oft starke sexuelle Andeutungen. Eine große Rolle spielen auch Drogenerfahrungen, oder die Texte glorifizieren eine bestimmte Lebensweise, die ein Christ, der Gott gefallen möchte, nicht bejahen kann. Wenn Sie das bei Ihrer Musik auch feststellen, dann sollten Sie sie nicht mehr hören.

Doch eine Frage ist noch viel wichtiger — die Frage nach Ihrem Lebensziel. Versuchen Sie, für Christus zu leben und ihm in allem, was Sie tun, zu gefallen? Ich bete für Sie, daß Sie Ihr Leben ihm anvertrauen und ihn zum Mittelpunkt Ihres Lebens machen.

Wie definieren Sie Habgier? Ich gebe zu, daß ich schöne Dinge und ein bequemes Leben liebe. Ich denke auch viel über Geld nach, denn ich trage die Verantwortung für meine Familie. Das ist doch nicht notwendigerweise falsch, oder?

Habgier ist eine unvernünftige oder allesbestimmende Sehnsucht nach materiellen Werten. Sie kann die verschiedensten Formen haben. Es gibt die Gier nach Geld, Besitz, Luxus, Essen, Macht oder vielen anderen Dingen.

Ein habgieriger Mensch ist niemals zufrieden. Der Prophet Jesaja sagt von den Habgierigen seiner Zeit: »Aber es sind gierige Hunde, die nie satt werden können« (Jesaja 56,11). Ein habgieriger Mensch hat keinen Blick für die Bedürfnisse anderer und nutzt andere aus, um selbst mehr zu bekommen. Sein Leben ist vom Egoismus bestimmt.

Die Habgier wird in der Bibel an verschiedenen Stellen angesprochen. In einem der zehn Gebote heißt es: »Du sollst nicht begehren deines Nächsten Haus ... noch alles, was dein Nächster hat« (2.Mose 20,17.18). Warum sollen wir nicht habgierig sein? Ein Grund ist sicher, daß habgierige Menschen sich nur um sich selbst drehen und deshalb nicht nach Gott und seinem Willen fragen. Einer der Schreiber der Sprüche betet: »Armut und Reichtum gib mir nicht; laß mich aber mein Teil Speise dahinnehmen, das du mir beschieden hast. Ich könnte sonst, wenn ich zu satt würde, verleugnen und sagen: Wer ist der Herr« (Sprüche 30,8-9).

Es ist nicht falsch, wenn Sie arbeiten und Ihre Familie unterhalten wollen; Gott hat uns ja die Arbeit gegeben. Doch daraus kann heute sehr leicht Habgier entstehen — vor allem in unserer materialistischen Gesellschaft. Wir müssen darum vor der Habgier auf der Hut sein. Der beste Weg ist, Jesus und nicht materielle Dinge in den Mittelpunkt zu stellen. Haben Sie ihm Ihr Leben schon übergeben?

Ich bin Bankangestellter in einer Kleinstadt. Ich habe guten Grund zu der Annahme, daß der Kassierer unehrlich ist, doch ich habe Angst, meine Stellung zu verlieren, wenn ich das melde. Andererseits bin ich aber der Meinung, daß die Angelegenheit überprüft werden sollte. Wie muß ich mich in einem solchen Fall verhalten?

Ihr Bericht müßte ja nicht bekannt werden. Die Bankprüfer würden Ihren Hinweis sicher zu schätzen wissen und vertraulich behandeln. Sie sind nicht nur dem unehrlichen Bankangestellten gegenüber verantwortlich, sondern Sie stehen im Dienst einer Gemeinschaft und sind ihr verpflichtet. Stillschweigen zu bewahren, würde bedeuten, sich mitschuldig zu machen. Als Christ haben wir die große Verpflichtung, in allem ehrlich zu sein, auch wenn es uns persönliche Nachteile bringt. Erst in schwierigen Situationen zeigt sich, was unser Christsein wert ist.

Ich arbeite in einem Büro, das so groß ist und wo es wegen der fehlenden Aufsicht gar nicht auffällt, daß einige der Frauen den ganzen Tag lang praktisch gar nichts tun. Sie werden böse, wenn ich sage, daß sie stehlen. Was ist denn nun richtig?

Sich für etwas bezahlen zu lassen, ohne die geforderte Gegenleistung zu bringen, ist unehrlich. Nach dem, was Sie schreiben, habe auch ich den Eindruck, daß diese Frauen stehlen.

Doch ich bin mir nicht sicher, ob Sie das Problem richtig angegangen sind. Wenn Sie Christ sind, dann sollten Sie vor allem sehen, daß Sie selbst die Arbeit verrichten, die für Ihren Lohn erwartet wird. Wenn sich dann einmal die Gelegenheit ergibt, können Sie vorsichtig darauf hinweisen, was falsch und was richtig ist. Eine solche Unterhaltung muß in einer entspannten Atmosphäre geführt werden, vielleicht ändert sich dann doch noch die Arbeitseinstellung von einigen der Frauen.

Wenn alle taktvollen Hinweise zu nichts führen, dann fände ich es vollkommen in Ordnung, wenn Sie dem Chef des Büros irgend ein Überwachungssystem empfehlen, damit von allen effektive Arbeit geleistet wird. In den zehn Geboten heißt es: Du sollst nicht stehlen. Es gibt viele Arten, etwas zu nehmen, das einem nicht gehört. Machen Sie Ihre Bürosituation zu Ihrem Gebetsanliegen. Suchen Sie nach anderen gläubigen Frauen in Ihrer Firma, und fragen Sie sie, ob Sie mit Ihnen beten wollen. Erwecken Sie aber auf keinen Fall den Eindruck, als fühlten Sie sich besser als die anderen. Leben Sie in jedem Bereich Ihres Lebens als Christ.

Ich bin Teilhaber in einem kleinen handwerklichen Betrieb. Bedingt durch finanzielle Rückschläge mußten wir Konkurs anmelden. Als die Mitglieder meiner Gemeinde erfuhren, daß ich in Konkurs gegangen bin, bestanden sie darauf, daß ich aus der Gemeinde austrete. Kann ich wegen des Konkurses tatsächlich nicht länger mit anderen Christen Gemeinschaft haben?

Das hängt von den Ursachen ab, die zu dem Konkurs geführt haben. Konkurs anmelden, um die Schulden nicht zurückzahlen zu müssen, ist sicher nicht ehrlich und schon gar nicht christlich. Aber selbst führende Geschäftsleute räumen ein, daß es legitime Gründe für einen Konkurs gibt, wenn damit z.B. ein Rechtsstreit über zweifelhafte Forderungen vermieden werden kann. Der Schuldner bekommt durch den

Konkurs die Gelegenheit, aufgelaufene Schulden, die unstreitig sind, geordnet zurückzuzahlen. Menschen, die von Geschäften wenig verstehen, sind nicht in der Lage, Ihre Motive einzuschätzen. Sie werden jedoch vor dem Herrn Rechenschaft ablegen müssen. Wir werden dafür beten, daß Sie Ihre Schulden in der kürzestmöglichen Zeit zurückzahlen können. Verurteilen Sie in der Zwischenzeit nicht die Mitglieder Ihrer Gemeinde. Sie haben Ihre Motive einfach nicht verstanden und sicher nach bestem Wissen und Gewissen gehandelt.

Ist es immer richtig, die Wahrheit zu sagen, auch, wenn es einen anderen verletzt? Wenn ich offen über meine Geschäfte sprechen würde, dann könnte meine Familie sicher nicht mehr ruhig schlafen.

Ich möchte es andersherum sagen: Es war schon immer falsch, unehrlich zu sein. Unehrlichkeit kann nie gerechtfertigt sein. Gott kann das nicht billigen, und auch Ihr eigenes Gewissen wird sich früher oder später dagegen auflehnen. Ich kenne nicht einen einzigen Fall, in dem sich ein Mann wegen seiner Ehrlichkeit ruiniert hat. Vielleicht ist es nicht immer klug, seine persönlichen Angelegenheiten in der Öffentlichkeit auszuwalzen, doch die Wahrheit vor den Menschen, die es angeht, zu verheimlichen, kann auf keinen Fall richtig sein.

Wenn Sie sich Ihrer Sache sicher gewesen wären, dann hätten Sie diese Frage nicht gestellt. In Römer 14,23 heißt es: »Wer aber dabei zweifelt und dennoch ißt, der ist gerichtet, denn es kommt nicht aus dem Glauben«. Handeln Sie erst, wenn alle Ihre Zweifel ausgeräumt sind. Das ist in allen Dingen die richtige Vorgehensweise.

Mein Geschäftspartner ist sonntags in der Kirche aktiv, aber während der Woche betrügt er seine Kunden. Das stößt mich am Christentum ab, ja, es ekelt mich an.

Nehmen wir einmal an, einer Ihrer Kunden gibt Ihnen eine Zehndollarnote. Hinterher stellt sich heraus, daß es eine Fälschung ist. Nehmen Sie deshalb überhaupt keine Zehndollarnoten mehr an? Wenn Ihr Geschäftspartner ein Heuchler ist, dann handelt er falsch; das ist aber kein Grund, das Christentum pauschal abzulehnen. Bleibt zu klären, wie Sie mit den betrügerischen Geschäften Ihres Partners umgehen. Wenn Sie selbst davon profitieren, dann sind Sie genauso schuldig wie er. Um ganz offen zu sein, ich frage mich ernsthaft, ob Ihr sogenannter Ekel vor dem Christentum nicht in Wirklichkeit nur eine Entschuldigung dafür ist, daß Sie selbst kein Christ sind. Sie wissen, daß jeder von uns Christus braucht. Nur er kann unser Leben verändern und uns die Kraft geben, unserer ursprünglichen Bestimmung gemäß zu leben. Offensichtlich haben Sie hohe Ideale in Ihrem Leben. Sicher finden Sie zu recht das Verhalten Ihres Geschäftspartners abstoßend. Ich möchte Sie ermutigen, selbst zu Christus zu kommen, damit Sie ihm ein Vorbild sein können.

Seit ich Christ geworden bin, ist es für mich schwierig, mit meinem ungläubigen Geschäftspartner zusammenzuarbeiten. Er handelt nicht nach christlichen Maßstäben. Ich habe mein gesamtes Vermögen in die Firma gesteckt und kann nicht ohne große Verluste ausscheiden. Was soll ich tun, um ihn zu verändern?

Ihr Problem ist nicht einfach zu lösen. Auf der einen Seite möchten Sie Ihre Geschäfte nach christlichen Maßstäben führen, was mit dem ungläubigen Partner schwierig ist. Auf der anderen Seite verstehen Sie sich im biblischen Sinne als Verwalter und wollen Ihr in die Firma investiertes Vermögen nicht gefährden, was bei einer Trennung von Ihrem Partner der Fall wäre. Achten Sie darauf, daß Sie nicht den Fehler machen, den viele wohlhabende Männer gemacht haben und vor dem die Schrift warnt: »Meine Kräfte und meiner Hände

Stärke haben mir diesen Reichtum gewonnen«. Es ist aber der Herr, der »dir Kräfte gibt, Reichtum zu gewinnen« (5.Mose 8,17.18).

Vielleicht sollten Sie mit Ihrem Partner noch ein wenig Geduld haben und für ihn beten. Wenn er auch noch nicht Christ ist, hat er doch ein Gewissen. Er wird akzeptieren, daß Sie Ihre Geschäfte korrekt führen möchten. Veranlassen Sie ihn, versuchsweise nach christlichen Prinzipien zu handeln und vertrauen Sie auf Gott, daß er sein Herz verändern wird.

Ich studiere Religionspsychologie. Mein Professor behauptet, die Bekehrung sei nur ein psychologisches Phänomen, das bei den meisten Religionen zu beobachten sei. Ich mache mir jetzt sehr viele Gedanken um die Dinge, die ich in meiner Gemeinde gelernt habe; sie scheinen mir zu entgleiten. Glauben Sie, daß meine Bekehrung echt war?

Ihre Bekehrung war sicherlich echt, wenn Sie durch die Bekehrung von der Dunkelheit ins Licht des Evangeliums gekommen sind. Wenn Sie Jesus als Ihren Herrn und Heiland angenommen haben, dann sind Sie ein neuer Mensch geworden. Ihr Professor hat recht, wenn er sagt, daß die Bekehrung in den meisten Religionen dazugehört. Doch lassen Sie sich dadurch nicht aus dem Konzept bringen. Fast alle Menschen machen irgendeine Art religiöser Erfahrung, aber nur diejenigen, die Jesus Christus im Glauben annehmen, sind wiedergeboren.

Die Tatsache, daß auch andere ähnliche religiöse Gefühle und Bekehrungen erleben, beweist nur, daß Gott den Menschen so geschaffen hat, daß er sich bekehren kann. Wie tragisch ist es, wenn sich ein Mensch in der falschen Weise bekehrt. Ich würde Ihnen raten, so viel Zeit wie eben möglich mit dem Lesen des Wortes Gottes zu verbringen, damit Sie Ihre Zweifel überwinden können. Streiten Sie nicht mit Ihrem Professor, aber überprüfen Sie seine Aussagen anhand des Wortes Gottes. Sie brauchen dann keine Befürchtungen mehr haben, denn die Bibel widersteht jedem Angriff des Feindes.

Ich bin Studienanfänger an der Universität und ziemlich verwirrt. Man hat uns erzählt, daß die Wissenschaft viele Aussagen der Bibel widerlegt hätte und ich meinen Glauben neu »überdenken« müßte, falls ich überhaupt einen Glauben hätte.

Wenn man Ihnen gesagt hat, die Wissenschaft habe die Bibel widerlegt, dann fragen Sie genau nach, wo das der Fall sein soll. Keine ernstzunehmende Wissenschaft steht im Widerspruch zum richtigen Verständnis der Bibel. Alle Punkte, in denen die Wissenschaft glaubte, die Bibel widerlegen zu können, sind mittlerweile hinfällig geworden. Wenn natürlich jemand dem christlichen Glauben und der Bibel gegenüber feindlich eingestellt ist, dann neigt er dazu, seine Position durch vermeintliche Widersprüchlichkeiten der Bibel zu stärken. Man begegnet diesen Leuten am besten, indem man sich genau sagen läßt, welche Widersprüche sie meinen. In vielen Fällen halten sie sich dann ziemlich bedeckt. Wenn Beispiele gebracht werden und Sie selbst die Antwort nicht wissen, dann fragen Sie Ihren Pastor oder jemanden, der Ihnen weiterhelfen kann. In wissenschaftlichen Kreisen gibt es heutzutage viel weniger Opposition gegen den christlichen Glauben und die Bibel als noch vor einigen Jahren. Das kommt daher, daß die wissenschaftlichen Entdeckungen (nicht Theorien) mehr und mehr in den Bericht passen, den Gott uns in seinem Wort gegeben hat. Bevor Sie Ihren Glauben »überdenken«, ist es wichtig, die Kritik an der Bibel genauer zu untersuchen. Dadurch wird Ihr Glaube sicher sogar noch gefestigt werden.

In meinem Astronomieseminar für Fortgeschrittene wurde die Frage aufgeworfen, ob die Theorie vom Urknall des Universums die Möglichkeit der göttlichen Schöpfung zuläßt.

Ich fühle mich nicht kompetent, etwas zu den verschiedenen Theorien der Wissenschaftler über die Entstehung des Universums zu sagen. Doch in einem bin ich ganz sicher. Jede Theorie, die Gott beiseite schiebt, steht auf wackeligen Füßen. Eine Kreatur, die den Schöpfer mißachtet, ist sehr dumm. Die Vorstellung, daß dieses Universum, das so riesig ist, daß selbst heute seine Ausmaße noch nicht bekannt sind, aus sich selbst heraus entstanden wäre, ist absurd.

In unserer Natur gibt es so viele Beweise dafür, daß eine führende und kontrollierende Macht alles in Händen halten muß, die zweifellos unendlich und göttlich sein muß. Wenn wir noch nie von einer Uhr gehört hätten und plötzlich eine auf der Straße finden würden, dann müßten wir doch annehmen, daß sich ein fähiger Kopf diese Uhr ausgedacht und geschaffen hat. Wieviel mehr Beweise haben wir für Gott und seine kreative Macht und Weisheit! In Psalm 19 lesen wir, daß die Erde und der Himmel die Ehre Gottes erzählen sollen. Im ersten Kapitel des Römerbriefes lesen wir: »Denn Gottes unsichtbares Wesen, das ist seine ewige Kraft und Gottheit, wird seit der Schöpfung der Welt ersehen aus seinen Werken, wenn man sie wahrnimmt, so daß sie keine Entschuldigung haben« (V.20). Jede Theorie über die Schöpfung des Universums, die Gott als den Schöpfer ausschließt, ist es nicht wert, daß man ernsthaft darüber nachdenkt.

Seit ich an der Universität bin, habe ich festgestellt, daß ich vom sozialen Leben dort ausgeschlossen werde, wenn ich nicht Mitglied einer Verbindung werde. Ich kann aber dem Programm der mir bekannten Verbindungen nicht zustimmen. Ist ein Kompromiß die einzige Antwort, oder bin ich dazu verurteilt, draußen zu stehen?

Ein Christ fühlt sich sehr häufig uneins mit der Welt, und wenn wir den Worten des Herrn Jesus Glauben schenken, wird das auch weiterhin so sein. Jesus hat einmal gesagt: »Siehe, ich sende euch wie Schafe mitten unter die Wölfe« (Matthäus 10,16). Obwohl Nichtchristen nicht unbedingt einer solchen Beschreibung entsprechen, zeigen diese Worte doch, daß wir nur im Einklang mit ihnen leben können, wenn sie zuvor mit Gott ins reine kommen. Wenn Sie Kompromisse schließen, dann werden Sie der Verlierer sein. Denn diejenigen, die Druck auf Sie ausüben, werden Sie verachten, wenn Sie wirklich Zugeständnisse machen. Wahrscheinlich respektieren Sie Ihre Ansichten, und vielleicht wünschen sich sogar einige von ihnen, so viel moralisches Durchhaltevermögen zu haben. Gott möge Ihnen die Kraft geben, da, wo Sie stehen, ein Zeugnis für ihn zu sein.

Seien Sie nicht prüde oder snobistisch, sondern lassen Sie Ihr Licht leuchten in der Dunkelheit. Seien Sie nett und freundlich, aber geben Sie Ihre Überzeugungen nicht auf, um beliebt zu sein.

21. Christen in der Politik

Glauben Sie, daß die Kirche sich mehr mit politischen Themen befassen sollte? Unser Prediger spricht über nichts anderes mehr.

Die Gemeinde Jesus Christi hat eine einzigartige und klar umrissene Aufgabe in dieser Welt, und zwar, das Evangelium von Jesus Christus zu verkündigen. Wenn wir das nicht tun, erfüllen wir den Auftrag Gottes nicht: »Darum gehet hin und machet zu Jüngern alle Völker: Taufet sie auf den Namen des

Vaters, des Sohnes und des heiligen Geistes und lehret sie halten alles, was ich euch befohlen habe« (Matthäus 28,19-20). Dieser Auftrag hat sich bis jetzt nicht geändert.

Darum bin ich grundsätzlich der Meinung, daß sich die Kirche nicht in politische Diskussionen einmischen sollte. Natürlich kommt es vor, daß politische Themen eine moralische und geistliche Dimension haben, ich denke zum Beispiel an die Abtreibungsfrage. Hier haben wir die Pflicht, einen Standpunkt zu beziehen. Dies ist aber nicht unsere vordringlichste Aufgabe. An erster Stelle sollte für die Christen und die Gemeinden der Auftrag stehen, das Evangelium von Jesus Christus weiterzugeben. Nur Christus kann das menschliche Herz verändern; dort liegt die Ursache für die Probleme unserer Zeit. Auf der anderen Seite sollte ein Christ nicht davor zurückscheuen, sich in der Politik zu engagieren, wenn er sich dazu berufen fühlt.

Beten Sie für Ihren Prediger und teilen Sie ihm ruhig Ihre Bedenken mit. Seien Sie dankbar, daß er die moralischen und geistlichen Probleme erkennt, unter denen unsere Welt leidet — doch ermutigen Sie ihn auch, die ganze Botschaft der Bibel zu predigen. Nach einem mehrjährigen Dienst in Ephesus konnte der Apostel Paulus sagen: »Und habe Juden und Griechen bezeugt die Umkehr zu Gott und den Glauben an unseren Herrn Jesus ... denn ich habe nicht unterlassen, euch den ganzen Ratschluß Gottes zu verkündigen« (Apostelgeschichte 20,21.27). Das Ziel eines jeden Predigers und jeder Gemeinde sollte sein, »den ganzen Ratschluß Gottes« zu verkündigen.

Sind Sie nicht der Meinung, daß Christen sich aus der Politik heraushalten sollten? Warnt uns nicht die Bibel davor, uns »das Joch der Knechtschaft« aufzuerlegen?

Ganz sicher bin ich nicht der Meinung, daß ein Christ sich nicht für die Belange seiner Regierung interessieren sollte.

Christus hat gesagt: »So gebt dem Kaiser, was des Kaisers ist, und Gott, was Gottes ist« (Markus 12,17).

Nichts würde den dunklen Geschäftemachern, den Verbrechern und der Unterwelt mehr gefallen, als wenn die Christen nicht zur Wahl gehen und sich nicht über das informieren würden, was in Washington und ihrem eigenen Staat vor sich geht.

Ich möchte jeden Christen dringend bitten, sich an den Wahlen zu beteiligen und für die Politik seiner Kommune zu interessieren. Auch möchte ich jeden ermutigen, der in die Politik gehen möchte, das zu tun. Er kann dann die Politik seiner Kommune aktiv mitbestimmen und dafür sorgen, daß die Angelegenheiten der Kommune sauber, ehrlich und aufrichtig abgewickelt werden.

Das Klischee »Politik ist schmutzig« ist falsch. Ich kenne Männer und Frauen in der Regierung, die feste Prinzipien, gute Motive und eine unantastbare Integrität besitzen. Sie haben sich in den Dienst der Öffentlichkeit gestellt, weil sie ihren Mitmenschen helfen wollen. Sicher stimmt es, daß auch Menschen mit fragwürdigen Motiven von der Politik angezogen werden, doch das sollte uns um so mehr ermutigen, unsere Stimme für die besten Kandidaten abzugeben.

Vor einiger Zeit hörte ich, wie ein Prediger während einer Predigt sagte, daß ihn die Korruption in der Politik veranlaßt habe, sich nicht registrieren zu lassen und nicht zur Wahl zu gehen. Sollte ein Christ Ihrer Meinung nach wählen?

Ich persönlich vertrete die Ansicht, daß Leute, die sich nicht so viel für die Vorgänge in unserem Land interessieren, daß sie sich noch nicht einmal registrieren lassen oder an Wahlen teilnehmen, auch nicht berechtigt sind, sich ein Urteil über die Regierung zu erlauben. Ich kenne viele feine, aufrechte gläubige Staatsmänner. Vielleicht gibt es einige, die zwielichtige Motive haben, doch das sollte einen Christen um so mehr anspornen zu wählen. Der Stimmzettel ist ein wichtiger Teil unserer großartigen amerikanischen Vergangenheit. Er ist unsere einzige Möglichkeit, die Regierung sauber zu halten. Zu wählen ist auf jeden Fall die Pflicht eines jeden Amerikaners.

Ich habe den Eindruck, daß es immer noch viele Rassenvorurteile in unserem Land gibt. Was können wir Christen dagegen tun?

Ich denke, Christus hat den Standpunkt, den jeder Christ in dieser Frage einnehmen sollte, ganz klar definiert. »Du sollst deinen Nächsten lieben wie dich selbst«. Wir müssen unsere Rassenprobleme mit Liebe, Toleranz und dem Geist des Gebens und Nehmens angehen, wie auch immer die Bedingungen sein mögen. Es gibt für einen Christen keine Entschuldigung, wenn er an Gewalttätigkeiten gegenüber einem Menschen mit einer anderen Hautfarbe teilnimmt. In Sprüche 10,12 heißt es: »Haß erregt Hader; aber die Liebe deckt alle Übertretungen zu«. Und der Apostel Johannes schreibt in 1.Johannes 2,9: »Wer sagt, er sei im Licht, und haßt seinen Bruder, der ist noch in der Dunkelheit«. Ein wirklicher Christ zeigt Liebe, Einfühlsamkeit, Mitleid und Verständnis, wenn er dieses Problem angeht, das unser Land zu spalten droht.

In Apostelgeschichte 4 verkaufen die Jünger alles, was sie haben und legen ihr Geld in einer gemeinsamen Kasse zusammen. Es war für alle da. Wo liegt der Unterschied zwischen dem, was dort vor sich ging, und der kommunistischen Idee?

Da gibt es einen großen Unterschied. Dieses »alles gemeinsam haben« der frühen Christen basierte auf gegenseitiger Liebe. Es wurde nicht erzwungen. Anders als bei den kommunistischen Systemen, gab es bei den ersten Christen keine Polizei, die den Menschen den Willen der Obrigkeit aufzwang.

Zu jener Zeit herrschte in Jerusalem große Armut. Die Jünger waren gerade mit dem heiligen Geist erfüllt worden. Sie fühlten sich innerlich getrieben, mit den anderen zu teilen. Sie waren erfüllt von der neuen Botschaft: »Liebe deinen Nächsten wie dich selbst«. Das hatte Auswirkungen auf ihr soziales Verhalten.

Wenn wir mehr Zeit mit Gott verbringen würden und mit dem heiligen Geist erfüllt wären, dann würden auch wir angetrieben, unsere Güter und unseren Glauben mit anderen zu teilen. Wir sollten nicht nur von unserem Geld, sondern auch von unserer Zeit, unserem Besitz und unserem Wissen abgeben, damit auch andere die Freude entdecken, die wir kennen.

TEIL V

BIBLISCHE FRAGEN

22. BEWEISEN SIE DIE EXISTENZ GOTTES

Ich fordere Sie heraus, die Existenz Gottes zu beweisen. Später möchte ich einmal zur Universität gehen und Wissenschaftler werden. Ich werde nur glauben, was auch bewiesen werden kann. Welchen Stellenwert sollte der Glaube an Gott in unserem wissenschaftlichen Zeitalter noch einnehmen? Die Religion ist für mich nur ein überholter Aberglaube.

Erst vor einigen Tagen fiel mir ein Artikel in die Hände, der sich ausführlich mit den religiösen Ansichten von verschiedenen Wissenschaftlern beschäftigte. Sie kamen von führenden Universitäten (auch Princeton und Stanford) und arbeiteten zum Teil in den Grenzbereichen wissenschaftlicher Forschung, wie z.B. der Physik und Genetik.

Das waren also hervorragende Wissenschaftler. Ausnahmslos gaben Sie Zeugnis von ihrem persönlichen Glauben an Gott und an Jesus Christus. Dieser Glaube ist für sie die Grundlage ihres Lebens und ihrer wissenschaftlichen Grundhaltung. Ihre Forschungen haben ihnen den Weg zu Gott gewiesen. Sie stellten fest, daß die komplexe Welt nur von Gott geschaffen sein kann. Eine andere logische Erklärung gibt es nicht. Sie mußten auch erkennen, daß die Wissenschaft ihre Grenzen hat. Sie kann zum Beispiel die Welt beschreiben, aber nichts darüber sagen, wo sie herkam oder warum wir hier leben.

Ich möchte Ihnen daher nahelegen, sich dem Glauben nicht zu verschließen. Haben Sie schon einmal das Neue Testament gelesen und versucht herauszufinden, was es wirklich sagen will? In der Bibel steht nämlich, daß wir Gott erfahren können, weil er sich uns bekannt gemacht hat. »Niemand hat Gott je gesehen; der Eingeborene, der Gott ist und in des Vaters Schoß ist, der hat ihn uns verkündigt« (Johannes 1,18). Gott liebt Sie; Sie können ihn persönlich kennenlernen, indem Sie Ihr Leben Jesus Christus anvertrauen. Wenn Sie dazu bereit sind, werden Sie feststellen, daß Sie die wichtigste Erkenntnis und Erfahrung Ihres Lebens gewonnen haben.

Hat Jesus je den Anspruch erhoben, Gott zu sein? Ich habe gehört, daß die Jünger die Behauptung aufgestellt haben, er sei göttlichen Ursprungs. Mich interessiert sehr, was Sie darauf antworten.

Wenn Sie das Neue Testament lesen, werden Sie feststellen, daß Jesus oft und sehr deutlich den Anspruch erhoben hat, der Sohn Gottes zu sein, der vom Himmel auf diese Erde gekommen ist, um uns von unseren Sünden zu erretten. In den Evangelien erfahren wir auch, daß seine Jünger das zuerst nicht glaubten, sondern erst nach und nach die Richtigkeit der Aussagen Jesu erkannten und annahmen (besonders nach der Auferstehung, die zweifelsfrei bewiesen hat, daß er der Sohn Gottes ist).

In vielen Passagen der Bibel erhebt er diesen Anspruch. Seinen Jüngern sagte er: »Ich und der Vater sind eins. ... Wer mich sieht, der sieht den Vater« (Johannes 10,30; 14,9). Als Thomas (ein Jünger, der an der Auferstehung zweifelte) Christus dann begegnete, rief er: »Mein Herr und mein Gott« (Johannes 20,28). Auch die Feinde kannten seinen Anspruch auf göttlichen Ursprung. Einmal wollten sie ihn steinigen, »um der Gotteslästerung willen, denn du bist ein Mensch und machst dich selbst zu Gott« (Johannes 10,33).

Natürlich könnte jeder von sich behaupten, er sei Gott. Aber Jesus hat viele Wunder getan, um seinen Anspruch glaubwürdig zu machen. Viele waren Zeugen dieser Wunder, die sein einzigartiges Wesen beweisen. Die Auferstehung war der letzte und stichhaltigste Beweis. Das ist wichtig für uns, weil nur ein wirklich göttlicher Retter uns von unseren Sünden erlösen konnte. Wenn Jesus nur irgend ein religiöser Lehrer gewesen wäre, dann hätte er nicht die Macht gehabt, uns die Vergebung unserer Schuld zu ermöglichen. Doch weil er Gottes einziger Sohn war, konnte er als das vollkommene Opfer für unsere Sünden sterben. Haben Sie schon das Geschenk der Vergebung angenommen, das er Ihnen ganz persönlich anbietet?

Wie können Sie sagen, daß es so etwas wie die Hölle gibt, wenn Gott wirklich ein Gott der Liebe ist?

Gott möchte nicht, daß wir in die Hölle kommen. Das muß ich ausdrücklich betonen. Sein Wille für uns ist, daß wir bei ihm im Himmel sind. »Er hat Geduld mit euch und will nicht, daß jemand verloren werde, sondern jedermann zur Buße finde« (2.Petrus 3,9). Gleichzeitig stellt die Bibel aber auch klar heraus, daß die Hölle eine Realität ist, und es wäre töricht von Ihnen, wenn Sie sich vor dieser Tatsache verschließen wollten.

Wie kann Gott, der uns liebt, zulassen, daß es so etwas wie die Hölle gibt? Diese Frage ist nicht leicht zu beantworten, doch vielleicht sollten wir uns zuerst einmal klarmachen, daß Gott nicht nur ein Gott der Liebe, sondern auch ein Gott der Gerechtigkeit ist. Er ist heilig und vollkommen, und er ist gerecht in allem, was er tut. In der Bibel heißt es: »Der Herr ist gerecht in allen seinen Wegen und gnädig in allen seinen Werken« (Psalm 145,17). Ich möchte es so ausdrücken: Gott hat diese Welt so geschaffen, daß es Richtiges und Falsches gibt. Es ist immer falsch, einen Menschen zu töten oder jemandem etwas wegzunehmen.

Stellen Sie sich nur vor, wie diese Welt aussehen würde, wenn Gott das Böse nicht richten würde. Denken Sie an die Hitler dieser Welt, die rücksichtslos andere unterdrücken und töten und niemals Rechenschaft für ihre Sünden ablegen müßten oder dafür gerichtet würden. Deshalb ist es aus gutem Grunde nicht so! »Denn Gott wird alle Werke vor Gericht bringen, alles, was verborgen ist, es sei gut oder böse« (Prediger 12,14).

Wir haben also zwei große Wahrheiten: Gott richtet die Sünde, weil er gerecht ist; aber Gott liebt uns auch. Wenn wir ehrlich sind, müssen wir zugeben, daß wir gegen Gott gesündigt und das Gericht verdient haben. Wir haben seinen Willen nicht getan und uns von ihm abgewandt. Ich möchte, daß Sie einen wichtigen Punkt erkennen: In seiner Liebe hat Gott es uns ermöglicht, seinem Gericht zu entgehen. Er hat Christus in diese Welt gesandt, damit er die Strafe, die wir verdient hätten, auf sich nimmt. Gott liebt Sie, darum hat er seinen eingeborenen Sohn gegeben, »damit alle, die an ihn glauben, nicht verloren werden, sondern das ewige Leben haben« (Johannes 3,16).

Sind Sie der Meinung, daß das Evangelium des ersten Jahrhunderts auch in unserer Zeit noch relevant ist?

In der Bibel heißt es, daß das Gras und die Blumen verwelken werden, das Wort Gottes aber für immer besteht. Dort steht auch, daß Jesus Christus derselbe ist, gestern, heute und in alle Ewigkeit. Neue Ideen, Bücher und Menschen kommen und gehen, doch die Bibel und die Wahrheit, die in ihr enthalten ist, bleibt für immer. Die Bibel ist ein allezeit aktuelles Buch, und wir können ihren Aussagen vertrauen. Auch am Ende des zwanzigsten Jahrhunderts dürfen wir ihr noch genauso glauben wie die Christen des ersten Jahrhunderts das getan haben. Gottes Botschaft an uns wird für alle Zeiten gelten.

Ich weiß, daß Sie sehr großen Wert auf die Bibel legen. Hat sie wirklich etwas zu unseren alltäglichen, praktischen Problemen zu sagen, wo sie doch schon vor so langer Zeit geschrieben wurde?

Jawohl, ich lege großen Wert auf die Bibel. Gerade, weil sie so praktisch ist und sich mit Problemen beschäftigt, denen wir in unserem Alltag begegnen.

Die Bibel ist in erster Linie Gottes Botschaft an uns. Sie ist nicht ein Buch, in dem menschliche Ideen und Ratschläge niedergeschrieben wurden, sondern sie ist Gottes Wort. Er hat es uns gegeben, damit wir daraus lernen, wie wir richtig leben sollen. »Denn alle Schrift, von Gott eingegeben, ist nütze zur Lehre, zur Zurechtweisung, zur Besserung, zu der Erziehung in der Gerechtigkeit, daß der Mensch Gottes vollkommen sei, zu allem guten Werk geschickt« (2. Timotheus 3,16-17). Gott kennt uns viel besser als wir uns selbst kennen, und er weiß auch, was wir brauchen, wenn wir so leben wollen, wie es zu unserem Besten dient.

Wir leben zwar in einer Welt, die sehr verschieden ist von der damaligen, doch der Mensch ist immer noch derselbe. Unser größtes Bedürfnis ist die Versöhnung mit Gott, der uns geschaffen hat. Durch die Bibel erfahren wir, daß das durch unseren Glauben an Jesus Christus möglich ist. Sie sagt uns außerdem, wie wir leben sollen, was richtig und was falsch ist und wie wir andere lieben und mit ihnen auskommen können. »Dein Wort ist meines Fußes Leuchte und ein Licht auf meinem Weg« (Psalm 119,105).

Ich möchte Sie einladen, die Bibel selbst zu entdecken. (Vielleicht sollten Sie mit den Sprüchen im Alten und dem Johannesevangelium im Neuen Testament anfangen.) Lesen Sie jeden Tag einen Abschnitt, und bitten Sie Gott, Ihnen seinen Weg für Ihr Leben zu zeigen. Sie werden dann nicht nur erfahren, daß er Sie im Alltag führt, sondern die wunderbare Tatsache erkennen, daß Gott, der Autor der Bibel, Sie ganz persönlich liebt und möchte, daß Sie durch den Glauben an Jesus Christus sein Kind werden.

Wahrscheinlich erscheint Ihnen meine Frage töricht, aber wo sind die zehn Gebote zu finden? Erwartet Gott immer noch von uns, sie zu befolgen? Ich kann mich nicht erinnern, schon einmal eine Predigt darüber gehört zu haben.

Sie brauchen sich nicht zu entschuldigen für Ihre, wie Sie meinen, »törichte« Frage. Es ist tragisch, daß so viele Menschen die wirklich wichtigen Fragen niemals stellen (z.B.: »Wie kann ich gerettet werden?«), weil sie Angst haben, jemand würde sie auslachen.

Die zehn Gebote finden Sie an zwei Stellen in der Bibel. Einmal in 2.Mose Kapitel 20, die Verse 1-17; und in 5.Mose 5, in den Versen 6-21. In beiden Stellen wird betont, daß die zehn Gebote von Gott gegeben worden sind und uns klarmachen, was Gott von uns erwartet. Wenn Sie sich näher damit beschäftigen, stellen Sie fest, daß die ersten vier Gebote unser Verhältnis zu Gott betreffen. Wir sollen Gott lieben und ihm dienen. Die letzten sechs Gebote betreffen unser Verhältnis zu anderen Menschen.

Auch heute noch haben die zehn Gebote dieselbe Gültigkeit wie damals, als Gott sie Mose gegeben hat. Sie spiegeln die moralischen Ansprüche wider, die Gott an uns stellt, und sie sind die Grundlage für unser Zusammenleben mit anderen Menschen. Gottes Wesen ändert sich nicht, auch nicht seine Moralvorstellungen. Auch im Neuen Testament finden Sie einige Stellen, die sich auf die zehn Gebote beziehen.

Doch Sie müssen sich eines ins Gedächtnis rufen. Gott zeigt uns in den zehn Geboten, wie wir leben sollen. Wenn wir ehrlich sind, müssen wir zugeben, daß wir sie nicht gänzlich einhalten können. Keiner von uns liebt Gott so vollkommen. Keiner von uns hat noch nie einen anderen um seinen Besitz beneidet. Mit anderen Worten, wir können nicht dadurch gerettet werden, daß wir die zehn Gebote halten, weil wir sie einfach nicht halten können. Doch Christus konnte es! Durch den Glauben an ihn können wir Vergebung unserer Sünden erhalten und die Freude kennenlernen, jeden Tag in seiner Nachfolge zu leben.

Seit zwei Wochen bin ich an der Universität, und ich stelle jetzt alles in Frage, was ich je geglaubt habe. Ich fange an, mich zu fragen, ob Gott wirklich existiert, oder ob er nicht nur das Produkt unserer Einbildung und Wünsche ist. Können Sie mir helfen?

Ihre Erfahrung ist nicht ungewöhnlich. Es kommt häufig vor, daß sich junge Studenten in ihrem Glauben von anderen, die intelligenter und erfahrener wirken, in Frage gestellt sehen. Es besteht die Gefahr, daß sich Zweifel einschleichen und Sie ins Wanken bringen, wenn Sie nichts dagegen unternehmen.

Ich möchte Ihnen einiges sagen. Erstens, es gibt Antworten auf die Fragen, die Sie vielleicht haben — gute und stichhaltige Antworten. Sie sind nicht der erste Mensch in der Geschichte, der sich die Fragen stellt, die Sie im Augenblick bewegen. Es gibt viele hochintelligente Menschen, die Jesus Christus treu nachfolgen. Vielleicht kann Ihr Pastor Ihnen einige Bücher nennen, die sich mit diesen Themen beschäftigen.

Sie brauchen jetzt die Gemeinschaft und Ermutigung anderer Christen. Sicherlich gibt es an ihrer Universität viele überzeugte Christen, und Sie sollten darum beten, daß Gott sie zu ihnen führt. (Es gibt verschiedene überkonfessionelle Gruppen, die an Universitäten arbeiten, wie die Navigatoren oder Campus Crusade). Sie werden nicht nur Gleichgesinnte finden, die sich mit denselben Fragen auseinandergesetzt haben, vor denen Sie stehen, sondern Sie werden auch durch die regelmäßige Gemeinschaft mit anderen Christen gestärkt werden.

Außerdem sollten Sie eine bestimmte Zeit am Tag allein mit Gott verbringen. Es gibt keinen Ersatz für das tägliche Bibellesen und Gebet. Sie werden Gott besser kennenlernen und den Versuchungen Satans und Ihren Zweifeln besser begegnen können. Sie werden dann auch in der Lage sein, anderen, die mit denselben Fragen wie Sie zu kämpfen haben, besser zu helfen. »Seid allezeit bereit zur Verantwortung vor jedermann, der von euch Rechenschaft fordert über die Hoffnung, die in euch ist« (1.Petrus 3,15). Wenn Sie Ihr Leben Jesus Christus nie richtig übergeben haben, dann ist jetzt die richtige Zeit, mehr über ihn und seinen Anspruch an Ihr Leben zu erfahren.

23. Wie sollten wir die Bibel lesen ?

Ich bin neunzig Jahre alt, und in den letzten fünfzig Jahren habe ich das Neue Testament mehr als zweihundertmal durchgelesen. Jedesmal fällt mir etwas Neues auf. Ich wünschte, ich könnte die Menschen ermutigen, mehr in der Bibel zu lesen.

Vielen Dank für Ihr Zeugnis über die Wichtigkeit der Bibel. Ja, auch ich finde immer wieder etwas Neues, wenn ich in der Bibel lese. Das kann jeder erfahren, der die Bibel in der Erwartung liest, mehr über Gott zu erfahren.

In Ihrem Brief habe ich einige Gedanken gefunden, deren Bedeutung ich in bezug auf das Bibellesen nur unterstreichen kann. Sie geben uns eine Leitlinie, wie wir die Bibel lesen sollten.

Erstens, wir sollten die Bibel in einer Erwartungshaltung lesen. Sie ist nicht einfach nur ein Buch, sondern das Wort, das uns von Gott gegeben wurde, um uns zu helfen, in der Welt richtig zu leben. Der Psalmist sagt: »Dein Wort ist meines Fußes Leuchte und ein Licht auf meinem Weg« (Psalm 119,105).

Darum sollten wir die Bibel in der Erwartung lesen, daß Gott uns neue Wahrheiten über sich und seinen Willen für unser Leben offenbart. Wir sollten immer beten, wenn wir die Bibel öffnen und den heiligen Geist (der die Schreiber der Bibel inspiriert hat) bitten, uns die Bedeutung des Gelesenen für unser Leben zu erschließen. Wir sollten sorgfältig lesen und nicht die Verse überfliegen oder sie lesen, ohne sie zu verstehen.

Zweitens, wir sollten die Bibel systematisch lesen. Ich bin begeistert davon, daß Sie das Neue Testament in den letzten fünfzig Jahren zweihundertmal durchgelesen haben, im Durchschnitt also ungefähr alle drei Monate einmal. Sicher waren auch Sie oft sehr beschäftigt und hätten Ihre Zeit anders verbringen können, doch Sie haben die Vorteile eines systematischen und disziplinierten Lesens entdeckt.

Schließlich sollten wir die Bibel in der Bereitschaft lesen, dem Wort Gottes gehorsam zu sein. Gott hat uns die Bibel »zur Lehre, zur Zurechtweisung, zur Besserung, zur Erziehung in der Gerechtigkeit« gegeben (2.Timotheus 3,16). Die Bibel kann unser Leben verändern, wenn wir sie jeden Tag lesen und ihr dann auch gehorchen.

Ich fange an, in der Bibel zu lesen. Sollte ich nach einer bestimmten Methode vorgehen?

Das sollten Sie ganz sicher. Lesen Sie die Bibel mit dem Wunsch, jede Wahrheit, die Sie entdecken, auch für sich anzunehmen. Natürlich können Sie kritisch sein, doch sie müssen fair und offen sein. Lesen Sie systematisch, nicht nur hin und wieder. Die Bibel wird für Sie zur Segensquelle werden, wenn Sie sie systematisch studieren. Lesen Sie morgens die Bibel von Anfang an. Konzentrieren Sie sich abends auf ein bestimmtes Buch der Bibel. Ich würde Ihnen das Johannesevangelium und danach den Römerbrief vorschlagen.

Lesen Sie betend und vertrauen Sie Gott, daß er Sie fähig macht zu verstehen, was Sie lesen. Sie werden feststellen, daß die Gemeinschaft mit Gott innig ist und Sie ausfüllen wird. Nehmen Sie verläßliche Bücher zum Bibellesen dazu, doch machen sie sich nicht von ihnen abhängig. Achten Sie darauf, daß Sie aus der Bibel lernen und nicht die Ansichten von bestimmten Personen übernehmen. Es ist sehr bereichernd, wenn Sie erfahren, wie Gott Ihnen bestimmte Dinge klarmacht.

Ich würde die christliche Religion gern besser verstehen, doch die Bibel gibt mir nicht sehr viel. Können Sie mir ein Buch oder einen Kommentar empfehlen, der meine Fragen etwas verständlicher beantwortet?

Kein Buch kann je die Bibel ersetzen. Sie ist ihr eigener Kommentar. Ich möchte Sie dringend bitten, sie auch weiterhin zu lesen. Nur bei der Bibel können Sie sicher sein, daß Sie die Wahrheit lesen. Ich möchte Ihnen einige Hilfestellungen geben.

Seien Sie offen für das, was Sie lesen. Wenn Sie mit Vorurteilen belastet sind, werden Sie blind für das, was dort steht, oder Sie interpretieren etwas hinein, das gar nicht dort steht.

Handeln Sie nach dem, was Sie lesen. Die Bibel gibt Leitlinien, die Menschen zum persönlichen Glauben an Gott führen. Wie eine Landkarte wird Sie Ihnen den Weg weisen, doch Sie müssen einen Schritt nach dem anderen gehen.

Bitten Sie Gott, Sie zu erleuchten. Mit anderen Worten, lesen Sie betend. Die Worte allein helfen Ihnen nicht weiter, Sie müssen verstehen, was Sie lesen. Gott hilft denen, die das aufrichtig wollen.

Seien Sie beständig in Ihren Studien. Seien Sie geduldig, denn wir lernen Gott allmählich und langsam kennen. Die Tasache, daß Gott unendlich ist, läßt das Lesen seines Wortes zu einer

Lebensaufgabe werden. Die Bibel ist für Ihre Seele, was das Brot für Ihren Körper ist. Sie brauchen es täglich. Nur eine gute Mahlzeit reicht auch nicht für das ganze Leben.

Vor einiger Zeit habe ich begonnen, das Neue Testament zu lesen. Jetzt habe ich erfahren, daß die Kirche schon vor dem Neuen Testament existierte und von daher mehr Autorität hat als die Bibel. Können Sie mir das erklären?

Historisch gesehen gab es die Kirche schon vor dem Neuen Testament. Das bedeutet aber nicht, daß sie mehr Autorität hat als die Bibel. Sie werden erkennen, daß die Schreiber des Neuen Testamentes sich immer auf das Alte Testament als Quelle beziehen. Sie werden auch feststellen, daß Gott die Echtheit des Werkes und die Verläßlichkeit der Schreiber anerkannt hat. Die sogenannten kanonischen Bücher konnten sich durch die Bedeutung ihres Inhalts gegen die falschen und Pseudobücher durchsetzen. Der Beweis liegt in der Macht ihrer Botschaft. Die Tatsache, daß die Bibel in jeder Generation lebendig ist, sollte Ihnen zeigen, daß sie über jeden Zweifel erhaben ist. Ihre Macht, Leben zu verändern, ist ihre Legitimation.

Mein Freund behauptet, die Bibel sage nichts aus über Drogen. Stimmt das? Ich habe mich immer so schuldig gefühlt, als ich anfing, Drogen zu nehmen. Ich weiß aber jetzt, daß die Drogen mir helfen und ich durch sie viel kreativer werde. Zwar weiß ich, daß einige Drogen schädlich sind, doch wenn man vernünftig damit umgeht, dann kann man die schädlichen Auswirkungen vermeiden.

Es stimmt nicht, daß die Bibel nichts über Drogen sagt. Sie verurteilt den Gebrauch von Wirkstoffen, die das Denken verändern oder verzerren (einschließlich des Alkohols, der damals gebräuchlichsten Droge). Vielleicht interessiert es Sie, daß im Neuen Testament das griechische Wort für eine Person, die okkulte Praktiken ausführte oder Drogen mischte, »pharmakeus« war. (Unsere heutiges Wort Pharmazie ist z.B. von diesem alten griechischen Wort abgeleitet.) Solche Praktiken sind in der Liste der »Werke des Fleisches« in Galater 5,19-21 aufgeführt, die Gott richten wird.

Ihr Brief beunruhigt mich sehr, weil Sie sich in den Bann der Drogen haben ziehen lassen. Die Menschen fühlen sich durch einige Drogen (wie Kokain) stark und munter — das Gefühl trügt, denn langfristig ist die Wirkung genau entgegengesetzt. Lassen Sie sich nicht täuschen. Sie befinden sich in einer Einbahnstraße. Ich bete darum, daß Sie das erkennen und sich von Ihrem Tun abwenden, bevor es zu spät ist.

In der Bibel heißt es: »Seid nüchtern und wacht; denn euer Widersacher, der Teufel, geht umher wie ein brüllender Löwe und sucht, wen er verschlinge. Dem widersteht« (1.Petrus 5,8-9). Wie können Sie der Versuchung widerstehen, dem Leben mit Hilfe von Drogen zu entfliehen? Gestehen Sie sich Ihre Hilflosigkeit ein, und bitten Sie Christus um Vergebung und Hilfe. Lesen Sie sein Wort, und suchen Sie die Gemeinschaft mit anderen Christen, die Ihnen helfen können, mit diesem Problem fertigzuwerden.

Wenn die Bibel wirklich Gottes Wort ist, wie Sie immer behaupten, warum berichtet sie dann von so vielen Menschen, die negative Erfahrungen mit Gott gemacht haben?

Weil es so viele Sünder in der Welt gibt. Die Bibel ist kein idealisiertes Märchenbuch, sondern ein Bericht über das Handeln Gottes mit der Menschheit und mit einzelnen Menschen. Nichts belegt die Inspiration der Heiligen Schrift eindeutiger, als der wahrheitsgemäße Bericht über das Leben der Menschen und ihr Versagen. Einer der bedeutendsten Männer in der Bibel ist zum Beispiel König David. Und doch wird uns von ihm berichtet, daß er sowohl Ehebruch als auch Mord begangen hat. Aber wir hören auch von seiner Reue und erneuten Hingabe an Gott. All diese Berichte sind als Warnung und Hilfe gedacht. Sie verdeutlichen, daß der sündige Mensch Gott und das Erlösungswerk Jesu Christi braucht, und sie zeigen, daß viele, die diese Liebe angenommen haben, verändert wurden. Doch diese sündigen Ereignisse glorifizieren die Sünde nicht und sollen auch die Menschen nicht veranlassen, das nachzumachen. Die Bibel zeigt die Sünde als das, was sie ist, nämlich eine Beleidigung Gottes. Wir müssen sie bereuen und uns von ihr abwenden. Versuchen Sie, die Bibel mit dieser Einstellung zu lesen, und Sie werden erfahren, daß sie Gottes Wort ist.

Manche Leute sind der Meinung, wir sollten der Bibel gegenüber nicht kritisch sein. Wie kann man intellektuell ehrlich und nicht kritisch sein? Müssen wir alles schlucken, ohne es genauer zu untersuchen?

Die Antwort auf Ihre Frage dreht sich im wesentlichen um das Wort »kritisch«. Normalerweise verwendet man dieses Wort im Sinne von mißbilligend, auf der Suche nach Fehlern. Sicher gibt es aber auch noch andere Bedeutungen. Im Zusammenhang mit dem Bibellesen meint kritisch jedoch ein bewertendes, analysierendes Studieren des historischen, linguistischen und kulturellen Hintergrundes der Zeit, in der die Bibel geschrieben wurde. Ein solches kritisches Studium der Bibel hat ein enormes Maß an Informationen hervorgebracht, die Bedeutung von vielen Passagen erhellt und es uns ermöglicht, die Botschaft, die Gott uns übermitteln will, viel besser zu verstehen.

Auf der anderen Seite gibt es eine Form der Bibelkritik, die von vorgefaßten Meinungen ausgeht und versucht, die Bibel anhand dieser vorgefaßten Meinungen zu interpretieren. Wenn jemand zum Beispiel die Wunder und alles Übernatürliche ablehnt, dann bezieht sich das auf die gesamte Bibel. Es ist die Frage, in welcher Grundhaltung man sich mit der Bibel beschäftigt, nur rational oder mit Ehrfurcht und mit dem Wunsch, Gott zu verstehen. Ein Pathologe z.B. geht mit einer ganz anderen Einstellung an die Untersuchung eines toten Körpers heran als ein Chirurg, der im Operationssaal einen lebendigen Menschen operiert. Man sollte sich mit der Bibel in der Gewißheit beschäftigen, daß sie von Gott inspiriert ist und wir die wunderbare Möglichkeit haben herauszufinden, was er uns zu sagen hat. Paulus schreibt an Timotheus: »Denn alle Schrift, von Gott eingegeben, ist nütze zur Lehre, zur Zurechtweisung, zur Besserung, zur Erziehung in der Gerechtigkeit, daß der Mensch Gottes vollkommen sei, zu allem guten Werk geschickt« (2.Timotheus 3,16-17). In dieser Haltung sollten wir die Bibel lesen.

Fast alle meine Bekannten und die Mitglieder meiner Familie sind Christen. Sie drängen mich ständig, die Bibel zu lesen und herauszufinden, wie man als Christ lebt. Aber ehrlich gesagt, ich finde die Bibel langweilig, und wenn ich zu beten versuche, dann muß ich an tausend andere Dinge denken. Stimmt irgend etwas nicht mit mir?

Ich denke, Ihr Empfinden ist typisch für fast alle jungen Leute, die in einem religiösen Elternhaus aufgewachsen sind. Sie erleben im Augenblick eine Phase der inneren Auflehnung gegen Ihre religiöse Erziehung und Ihre Umgebung. Sie möchten selbständig sein und Ihre eigenen Entscheidungen ohne Beeinflussung von seiten der Familie treffen.

Doch Sie sollten noch etwas anderes wissen. Der Teufel versucht, junge und alte Menschen gleichermaßen auf diese Weise anzugreifen. Er weiß, daß das Wort Gottes sehr mächtig ist, und er versucht auf diese Weise, Sie davon abzuhalten, darin zu lesen. Das bedeutet, daß sich in Ihrem Innern ein geistlicher Krieg abspielt.

Wenn Sie einen Moment nachdenken würden, dann würden Sie erkennen, daß Ihre Eltern nur das Beste für Sie wollen. Rebellieren Sie nicht, sondern geben Sie Gott die Gelegenheit, Ihr Leben zu verändern und Ihnen durch die Probleme der Jugend hindurchzuhelfen. Salomo hat einmal gesagt: »Denk an deinen Schöpfer in deiner Jugend« (Prediger 12,1). Das sollten Sie beherzigen.

Ich finde es hilfreich, meine Bibel jeden Morgen auf dem Weg zur Arbeit im Zug zu lesen. Einige meiner Freunde sind der Meinung, ich sollte das nicht tun, weil ich auf diese Weise meine Religion zur Schau stellen und andere sich dadurch unbehaglich fühlen könnten. Was raten Sie mir?

An Ihrer Stelle würde ich mir keine Gedanken machen über das, was andere in dieser Angelegenheit sagen oder denken.

Lesen Sie unter allen Umständen auch weiterhin Ihre Bibel im Zug, wenn Sie das hilfreich finden. Bleiben Sie bei der guten Nachricht von Gott, während die Menschen um Sie herum sich mit den schlechten Neuigkeiten über Katastrophen und Unglücke beschäftigen.

Ich gebe zu, daß ein überfülltes Zugabteil nicht unbedingt der beste Ort ist, um die Bibel zu lesen, weil man sich unter solchen Bedingungen nur schwer konzentrieren kann. Richtiges Bibelstudium erfordert aber Konzentration. Trotzdem ist es in Ordnung, jede Gelegenheit des Tages auszunutzen, und zweifellos vergeudet man mit den Anfahrtswegen viel Zeit, die auch besser genutzt werden kann.

Ich verstehe nicht so ganz, warum ihr Bibellesen in der Öffentlichkeit bei anderen Unbehagen erzeugen sollte — es sei denn, es handelte sich um Nichtchristen. In diesem Fall wäre es ganz in Ordnung, wenn sie sich unbehaglich fühlen! Sie müssen aus ihrer bequemen Gleichgültigkeit aufgerüttelt werden und an die Ansprüche erinnert werden, die Gottes Wort an uns stellt; vielleicht dient Ihr Vorbild dazu, sie an das Buch zu erinnern, das sie vernachlässigt haben.

24. Sagt die Bibel etwas darüber, ob es Leben auf anderen Planeten gibt?

Ich bin fasziniert von der Weltraumfahrt und frage mich, ob es intelligentes Leben auf anderen Planeten gibt, von dem wir vielleicht sogar etwas lernen könnten — zum Beispiel, wie wir Frieden auf der Erde schaffen können.

Nein, die Bibel sagt uns nichts über Leben auf anderen Planeten; sie sagt aber auch nicht ausdrücklich, daß es kein Leben auf anderen Planeten gibt; sie schweigt einfach zu dieser Frage.

Es ist natürlich interessant, Spekulationen über diesen Punkt anzustellen. Ich möchte jedoch betonen, daß Gott auch uns einen Plan für den Frieden gegeben hat. Haben Sie sich schon einmal die Frage gestellt, warum, obwohl sich alle danach sehnen, kein Friede auf dieser Erde herrscht? Das Problem ist nicht, daß wir das Wissen nicht haben, sondern daß das menschliche Herz von Natur aus egoistisch ist. In der Bibel heißt es: »Woher kommt der Kampf unter euch, woher der Streit? Kommt's nicht daher, daß in euren Gliedern die Gelüste gegeneinander streiten? Ihr seid begierig und erlangt's nicht; ihr mordet und neidet und gewinnt nichts; ihr streitet und kämpft und habt nichts, weil ihr nicht bittet« (Jakobus 4,1-2).

Als erstes müßte das menschliche Herz verändert werden. Wie aber ist das möglich? Erziehung allein reicht nicht aus. Friedensverträge oder gerechtere wirtschaftliche und politische Systeme auch nicht. Die einzige Antwort ist Gott; nur er allein kann unser Herz verändern. Das ist einer der Gründe, warum Jesus Christus in diese Welt gekommen ist — um uns mit Gott zu versöhnen, damit wir Frieden mit ihm und untereinander haben können. »Laßt uns lieben, denn er hat uns zuerst geliebt« (1.Johannes 4,19). Haben Sie schon Gottes Frieden erfahren, indem Sie sich Jesus Christus zugewandt und ihn gebeten haben, in Ihr Leben zu kommen? Setzen Sie Ihre Hoffnung nicht auf Spekulationen über mögliches Leben auf anderen Planeten; setzen Sie Ihre Hoffnung auf Jesus Christus.

Ich studiere Physik. Einige meiner Studienkollegen glauben, daß es Leben auf anderen Planeten gibt. Wenn es tatsächlich Menschen gibt, die diese Planeten bewohnen, welche Auswirkungen hätte das auf unseren Glauben an das Evangelium? Kann es wirklich sein, daß Gott in erster Linie an unserem Planeten interessiert ist?

Ich kann in der Bibel nichts finden, das den Glauben an das Evangelium erschüttern könnte, wenn es wirklich Leben auf anderen Planeten gäbe. Die Bibel ist eindeutig für diesen Planeten bestimmt; das sollten wir uns klarmachen. Sie will uns nicht mitteilen, was Gott woanders getan hat, sondern sie richtet sich an die Erdenbewohner, spricht über ihren Ursprung, den Grund dafür, daß sie leben, die Ursache für ihre Not und den Erlösungsplan für ein gefallenes Volk. Ich bin sicher, daß mögliche Bewohner anderer Planeten entweder nicht mit dem Problem der Sünde zu tun haben, oder Gott auch für sie Vorsorge getroffen hat. Der Gott des Universums ist der Gott unseres Herrn Jesus Christus. Er ist durchaus in der Lage, die ganze Schöpfung zu erhalten und in Gerechtigkeit zu regieren.

Was halten Sie von den gegenwärtigen Weltraumexperimenten? Ist es möglich, daß sie sich störend auf andere Planeten auswirken, zum Beispiel auf die Sonnenenergie oder die Stellung der Erde zum Mond? Wenn ja, kann Gott diese Abenteuer im Weltraum nicht stoppen?

Obwohl ich kein Minister oder Wissenschaftler bin, glaube ich nicht, daß diese Experimente den Weltraum in Unordnung bringen können. Das wäre fast so, als wollte man sich über Kinder aufregen, die Steine ins Meer werfen, weil man befürchtet, ihr kindliches Vergnügen könnte den Rhythmus der Gezeiten durcheinander bringen. Gottes Universum ist so riesig und grenzenlos, daß das menschliche Experimentieren im Weltraum noch nicht einmal so stark ins Gewicht fällt wie ein Nadelstich auf der äußeren Haut einer Zwiebel. Unser Sonnensystem ist nur eines unter vielen Milliarden in Gottes wunderbarer Schöpfung. Nein, ich glaube, Sie brauchen keine Angst zu haben, daß die Weltraumexperimente eine Bedrohung für das Universum darstellen.

Vielleicht kann all dies unsere Aufmerksamkeit auf die Größe und Majestät Gottes lenken. In der Bibel heißt es: »Wenn ich sehe die Himmel, deiner Finger Werk, den Mond und die Sterne, die du bereitet hast: was ist der Mensch, daß du seiner gedenkst ... Herr, unser Herrscher, wie herrlich ist dein Name in allen Landen« (Psalm 8,4-5.10).

25. Kommt Jesus wieder?

Welche Grundlage haben Sie für Ihre Behauptung, Jesus Christus komme wieder? Hat Christus nicht gesagt: »Siehe, ich bin bei euch, bis an der Welt Ende«?

Wir warten auf die Wiederkunft des Herrn, weil er wiederholt gesagt hat, daß er wiederkommen wird — und weil sie eines der am meisten behandelten Themen in der Bibel ist. Christus ist heute durch seinen heiligen Geist bei uns, und er bleibt bei den Christen und der Gemeinde bis ans Ende der Zeit. Als er in den Himmel aufgefahren ist, wurde den Jüngern von zwei Engeln mitgeteilt, daß Jesus genauso wiederkommen würde, wie sie ihn haben auffahren sehen (siehe Apostelgeschichte 1,11).

Dieses entscheidende Ereignis der Geschichte liegt noch in der Zukunft. Es wird plötzlich eintreten und endgültig sein — der Höhepunkt aller Zeitalter. Es wird die ungläubige Welt in Staunen versetzen, und die Menschen werden versuchen, sich vor seiner heiligen Gegenwart zu verstecken. Bei der Wiederkunft Christi werden die Gläubigen von den Toten auferstehen. Sie werden gesammelt werden und für immer beim Herrn sein. Über die Einzelheiten seiner Wiederkunft können wir nur spekulieren. Wichtig ist allein die Tatsache, daß er wiederkommt, und daß jetzt noch Zeit ist, ihn als Herrn und Heiland anzunehmen. Die Bibel sagt, daß ihm alle eines Tages gegenüberstehen werden, entweder als ihrem Retter oder als ihrem Richter: »Wenn aber der Menschensohn kommen wird in seiner Herrlichkeit, … dann wird er sitzen auf dem Thron seiner Herrlichkeit« (Matthäus 25,31).

Glauben Sie, daß Jesus für alle sichtbar auf diese Erde wiederkommen wird?

Ja, das glaube ich von ganzem Herzen, nicht, weil andere vielleicht dieser Meinung sind, sondern weil es ganz klar in der Bibel steht. Im Alten Testament stehen viele Prophezeiungen, die sich bei der Wiederkunft unseres Herrn erfüllen werden. Im Neuen Testament finden wir mehr als dreihundert Verweise auf die Wiederkunft Jesu. Christus selbst hat immer wieder betont, daß er wiederkommen wird: »Ich gehe hin, euch eine Stätte zu bereiten. Und wenn ich hingehe … will ich wieder kommen und euch zu mir nehmen, damit ihr seid, wo ich bin« (Johannes 14,2-3). Er hat auch gesagt: »Dann werden wehklagen alle Geschlechter auf Erden und werden sehen den Menschensohn kommen auf den Wolken des Himmels mit großer Kraft und Herrlichkeit« (Matthäus 24,30).

In 1.Thessalonicher 4,16 schreibt Paulus: »Denn er selbst, der Herr, wird, wenn der Befehl ertönt, wenn die Stimme des Erzengels und die Posaune Gottes erschallen, herabkommen vom Himmel …«.

Sein Kommen wird sichtbar sein: » … er kommt mit den Wolken und es werden ihn sehen alle Augen …« (Offenbarung 1,7). Als unser Herr in den Himmel auffuhr, standen plötzlich zwei Männer bei den Jüngern und fragten: »Ihr Männer von Galiläa, was steht ihr da und seht zum Himmel? Dieser Jesus, der von euch weg gen Himmel aufgenommen wurde, wird so wiederkommen, wie ihr ihn habt gen Himmel fahren sehen« (Apostelgeschichte 1,11). In Offenbarung 1,8 sagt Jesus: »Ich bin das A und O, spricht Gott der Herr, der da ist und der da war und der da kommt, der Allmächtige«. Die Tatsache, daß Christus wiederkommt, gibt uns große Hoffnung, doch sie sollte uns auch zur Warnung dienen: » … Siehe, jetzt ist die Zeit der Gnade, siehe, jetzt ist der Tag des Heils« (2.Korinther 6,2).

Ich habe gehört, wie sich Leute über den Antichristen unterhalten haben. Wer oder was ist das? Oder ist das nur eine Bezeichnung für jemanden, der versucht, gegen die christliche Botschaft anzukämpfen?

Der Begriff »Antichrist« wird mehrmals in der Bibel verwendet. Er bezieht sich auf eine Person, die kurz vor der Wiederkunft Christi auf dieser Erde herrschen wird. »Wie ihr gehört habt, daß der Antichrist kommt« (1.Johannes 2,18).

Diese Person ist nicht der Teufel. Er wird sich aber der Hilfsmittel des Satans bedienen, um das Werk Gottes aufzuhalten. In 2.Thessalonicher 2,3 spricht Paulus von dem »Mann der Bosheit«, womit er den Antichristen meint. Er wird die Verkörperung des Bösen sein und große Macht haben, diejenigen, die ihm nachfolgen, zu täuschen. »Der Böse aber wird in der Macht des Satans auftreten mit großer Kraft und lügenhaften Zeichen und Wundern und mit jeglicher Verführung zur Ungerechtigkeit bei denen, die verloren werden« (2.Thessalonicher 2,9-10). Darum wird die Zeit kommen, wo jemand, der hart gegen Jesus Christus kämpfen wird, großen Einfluß bekommen wird. Am Ende wird er jedoch von Christus besiegt werden.

Die Bibel warnt uns auch, daß es viele Menschen in der Welt gibt, die denselben Geist haben wie der Antichrist und gegen Gottes Werk ankämpfen. »...so sind schon viele Antichristen gekommen« (1.Johannes 2,18). Das bedeutet für uns, daß wir lernen müssen zu unterscheiden und uns nicht von denen verführen lassen dürfen, die gegen Gottes Wahrheit opponieren. Wir können verhindern, uns in die Irre führen zu lassen, wenn wir unser Leben Jesus Christus anvertrauen und die Wahrheit Gottes, die er uns in der Bibel offenbart, immer mehr kennenlernen.

Sind Sie wirklich der Meinung, daß diese Erde vergehen wird?

Ja, ich bin davon überzeugt, daß diese Welt, wie wir sie kennen, vergehen wird. Wann dies sein wird, weiß ich natürlich nicht, doch die Geschichte weist auf ein großartiges Ereignis hin, wo alles durch das Feuer geläutert sein wird. Das ist keine Einbildung, sondern die klare und wiederholte Aussage der Bibel. Sowohl im Alten als auch im Neuen Testament wird dieses Ereignis vorhergesagt. Unser Herr selbst hat es angekündigt. Die Erforschung des Universums, in dem unsere Erde nur ein winzig kleiner Punkt ist, zeigt, daß zahlreiche physikalische Faktoren eine solche Katastrophe auslösen können.

In der Bibel heißt es: »Es wird aber des Herrn Tag kommen wie ein Dieb; dann werden die Himmel zergehen mit großem Krachen; die Elemente aber werden vor Hitze schmelzen, und die Erde und die Werke, die darauf sind, werden ihr Urteil finden« (2.Petrus 3,10). In der Bibel steht aber auch: »Glaube an den Herrn Jesus, so wirst du und dein Haus selig« (Apostelgeschichte 16,31).

Ich gebe zu, daß das Christentum einige gute Ideen hat, doch ich bin der Meinung, wir sollten uns alle Religionen der Welt anschauen und das Beste aus allen heraussuchen. Was halten Sie von dieser Idee? Was sagt die Bibel dazu?

Vermutlich könnten sich viele mit Ihrer Idee anfreunden — obwohl wahrscheinlich nur wenige bereit wären, sich wirklich ernsthaft mit den verschiedenen Religionen dieser Welt auseinanderzusetzen. Wenn sie das nämlich täten, dann würden sie erkennen, wie widersprüchlich viele sind und wie unmöglich es ist, ihre verschiedenen Ideen zu einem vernünftigen System zusammenzufassen.

Ich möchte Sie auf zwei Probleme Ihres Plans aufmerksam machen. Erstens, nach welchen Kriterien wollen Sie beurteilen, ob die Ideen, die Sie in den verschiedenen Religionen finden, wirklich wahr sind? Sie brauchen einen Maßstab, an dem Sie diese Gedanken messen können.

Etwas anderes ist aber noch wichtiger. Es gibt so viele Religionen in der Welt, weil verschiedene Menschen verschiedene Vorstellungen von Gott hatten. Aber das Christentum hat einen einzigartigen Anspruch. Es behauptet, wir müßten nicht nach Gott suchen oder Vermutungen anstellen, wer er sein könnte. Wir können Gott persönlich kennenlernen, weil Gott selbst in menschlicher Gestalt in der Person seines Sohnes

Jesus Christus auf diese Erde gekommen ist. Wenn Sie wissen wollen, wer Gott ist, dann schauen Sie sich Christus an. »Niemand hat Gott je gesehen; der Eingeborene, der Gott ist und in des Vaters Schoß ist, der hat ihn uns verkündigt« (Johannes 1,18). Wenn das stimmt, und das ist so, dann brauchen Sie nicht in den Weltreligionen nach der Wahrheit zu suchen, weil Christus »der Weg, die Wahrheit und das Leben ist« (Johannes 14,6).

Gott ist kein Objekt, das wie ein Schmetterling oder eine chemische Verbindung studiert und analysiert werden kann. Er ist unser Vater, der uns geschaffen hat und uns liebt. Vertrauen Sie Ihr Leben Christus an, und Sie werden nicht nur die Wahrheit über Gott erfahren, Sie werden ihn persönlich kennenlernen.

SCHLUSSBEMERKUNG

Einer meiner Freunde fragte mich einmal: »Billy, wenn ich an Christus glaube, werden dann alle meine Probleme verschwinden?«

Meine Antwort lautete: »Nein, doch du wirst die Kraft bekommen, mit ihnen umzugehen.«

Wir leben in einer gefallenen Welt. Das ist nicht die Welt, die Gott ursprünglich wollte; es ist nicht eine vollkommene Welt ohne Schmerzen, ohne Leid und ohne Tod. Als die ersten Menschen, Adam und Eva, beschlossen, daß sie selbst besser wüßten als Gott, was gut und richtig für sie wäre, kam die Sünde mit all ihren schrecklichen Auswirkungen für die ganze Menschheit in diese Welt.

Deshalb glaube ich, daß die meisten unserer Probleme eine geistliche Ursache haben. Wir wollen so oft unseren eigenen Weg und nicht Gottes Weg gehen. Wir setzen unser Vergnügen, und nicht Gott, an die erste Stelle in unserem Leben. Es ist interessant zu erkennen, daß wir im Leben viel besser zurechtkommen, wenn wir Gott wieder an die erste Stelle setzen.

Wollen wir also die Lösung für unsere Probleme finden, dann müssen wir zuerst unsere Einstellung ändern. Wie wir das tun können? Wir müssen unser altes, egoistisches, gegen Gott opponierendes Wesen ändern.

Wie kann das vor sich gehen?

Die Bibel sagt uns, daß jeder mit einer Veranlagung zur Sünde geboren wird. Deswegen handeln wir so. Haben Sie schon einmal bemerkt, daß man Kindern gar nicht beizubringen braucht, egoistisch und neidisch zu sein? Sie sind es von Natur aus. Darum hat David, der große König Israels, gesagt: »Ich wurde geboren in Sünde ...«

Um unsere Probleme wirklich lösen zu können, brauchen wir ein neues Wesen. Wir bekommen es, wenn wir unser altes Ich aufgeben und Gott durch Jesus Christus in unser Leben aufnehmen.

Der Apostel Paulus schreibt: »Ist jemand in Christus, so ist er eine neue Kreatur; das Alte ist vergangen, siehe, Neues ist geworden«.

Ich habe gesehen, wie dieser Satz bei vielen tausend Menschen, die das Versprechen Gottes angenommen haben, Wirklichkeit geworden ist.

Wenn Sie Christus als Ihren Retter annehmen und ihn zum Herrn Ihres Lebens werden lassen, dann wird er Ihnen den heiligen Geist geben. Der heilige Geist wird Sie führen und leiten. Wenn Sie die Bibel lesen und Gott dienen wollen, gibt er Ihnen eine neue Einstellung, eine neue Perspektive für Ihr Leben und für die Probleme, vor denen Sie stehen.

Das geschieht natürlich nicht über Nacht. Die meisten Probleme werden auch nicht auf einen Schlag beseitigt sein. Doch das Problem Ihrer Trennung von Gott wird auf der Stelle gelöst sein, und er wird Ihnen die Kraft geben, mit Ihren anderen Problemen umzugehen. Er wird Ihnen hindurchhelfen.

Gott liebt Sie mit einer so vollkommenen Liebe, die kein einziger Mensch richtig verstehen kann. Die menschliche

Liebe ist an Bedingungen geknüpft. Gottes Liebe nicht. Sie ist so groß, daß Gott seinen Sohn Jesus Christus an unserer Stelle hat sterben lassen, um unsere Schuld zu bezahlen. Wieviele Menschen würde es wohl geben, die bereit wären, Ihre Schulden zu bezahlen, besonders, wenn Sie gegen sie rebellieren und gar nicht ihr Freund sein wollen?

Gott hat Ihre Schuld bezahlt. Wenn Sie erst einmal begreifen, wie groß das Opfer war, das er für Sie gebracht hat, dann werden Sie sich getrieben fühlen, sich Gott zuzuwenden und Jesus Christus in Ihr Leben aufzunehmen.

Werden Sie heute noch annehmen, was Jesus Christus für Sie getan hat? Es ist so einfach. Sie brauchen nur ungefähr so zu beten: »Lieber Gott, ich bekenne dir, daß ich ein Sünder bin und versucht habe, mein Leben selbst in die Hand zu nehmen. Bitte vergib mir das. Ich bitte Jesus Christus, in mein Leben zu kommen und mich von meinen Sünden zu erretten. Bitte hilf mir, dich kennenzulernen und gib mir die Kraft, mit den Problemen in meinem Leben fertigzuwerden. In Jesu Namen, amen.«

Wenn Sie dieses oder ein ähnliches Gebet gesprochen und es ernst gemeint haben, dann wird Gott tun, was er versprochen hat. Er wird in Ihr Herz und Leben kommen und, vielleicht zum ersten Mal, Ihren Geist erneuern.

Ich bitte Sie dringend, eine Gemeinde in Ihrer Nähe ausfindig zu machen, wo die Bibel als das Wort Gottes verkündigt wird. Gehen Sie jeden Sonntag dorthin. Nehmen Sie auch an den Bibelstunden teil, damit Sie Gottes Wort immer besser kennenlernen.

Es ist wichtig, daß Sie jeden Tag Ihre persönliche Stille Zeit mit Gott halten, in der Sie in seinem Wort lesen und beten. So, wie eine Diät und die richtige Bewegung dem Körper guttun, so erfordert eine geistliche Diät das »Verdauen« des Wortes Gottes und die »Bewegung« Ihrer geistlichen Muskeln durch das Gebet.